rororo computer

HERAUSGEGEBEN VON LUDWIG MOOS

SQL, die Structured Query Language, ist eine standardisierte Datenbanksprache, die in relationalen Datenbanken zur Definition, Manipulation und Sicherung, vornehmlich aber zur Abfrage von Datenmengen eingesetzt wird.
SQL-Anweisungen werden zeichenorientiert oder benutzerfreundlich in grafischen Oberflächen formuliert. Unabhängig vom Betriebssystem, der Betriebsart und der Oberfläche bleibt die Logik aber immer gleich. SQL ist deshalb der Schlüssel zum Verständnis jeder relationalen Datenbank.
Der SQL-Benutzer kommt mit wenigen Befehlen aus. Er muß nicht mehr programmieren, wie er eine Aufgabe lösen will, er gibt nur noch an, was sein Datenbanksystem als Ergebnis erreichen soll.
Dieses Arbeitsbuch beschreibt mit nachvollziehbaren Beispielen den praktischen Einsatz von SQL-Befehlen und SQL-Funktionen.

GREGOR KUHLMANN/
FRIEDRICH MÜLLMERSTADT

DATENBANKSPRACHE SQL FÜR DOS WINDOWS OS/2 UND UNIX

EINE STRUKTURIERTE EINFÜHRUNG

GRUNDKURS COMPUTERPRAXIS
HERAUSGEGEBEN
VON RUDOLF HAMBUSCH

ROWOHLT

15.–17. Tausend Mai 1998

Originalausgabe
Veröffentlicht im Rowohlt Taschenbuch Verlag GmbH,
Reinbek bei Hamburg, August 1994

Umschlaggestaltung Thomas Henning
Grafiken Carola Hennig und Ilse Parkmann
Satz Times PostScript Linotype Library, QuarkXPress 3.11
Gesamtherstellung Clausen & Bosse, Leck
Printed in Germany
ISBN 3 499 19289 6

INHALT

EDITORIAL

Folgt man den Aussagen von Bildungs- und Wirtschaftspolitikern, so wird das Zusammenleben der Menschen in Zukunft von informationsverarbeitenden Maschinen geprägt sein: Mehr als die Hälfte aller Arbeitenden wird direkt oder indirekt mit Computern zu tun haben. Eine besondere Rolle spielt dabei der heute bereits millionenfach verbreitete Jedermanncomputer, der Personal Computer (PC). Schüler, Handwerksmeister, Rechtsanwälte, Kaufleute, Lehrer und viele andere leben, spielen und arbeiten schon heute mit diesem Gerät. Der Einsatz des persönlichen Computers wird weniger von der Fähigkeit des Benutzers geprägt, das Gerät in seiner Technizität (Hardware) zu verstehen, als vielmehr davon, es mit Hilfe der Computerprogramme (Software) zu bedienen.
Die Serie «Grundkurs Computerpraxis» erklärt Informationsverarbeitung sehr konkret und auf einfache Weise. Dabei steht das, was den Computer im eigentlichen Sinne funktionieren läßt, im Vordergrund: die Software.
Sie umfaßt

- Betriebssysteme,
- Anwenderprogramme,
- Programmiersprachen.

Ausgewählt werden Programme, die sich hunderttausendfach bewährt und einen Standard gesetzt haben, der Gefahr des Veraltens also nur in geringem Maße unterliegen.
Im «Grundkurs Computerpraxis» wird das praktische Computerwissen übersichtlich gegliedert, textverständlich strukturiert, auf das Wesentliche begrenzt und mit Grafiken, Beispielen und Übungen optimal zugänglich gemacht.

Der Herausgeber der Serie, Rudolf Hambusch, leitet am Institut für Schule und Weiterbildung des Landes Nordrhein-Westfalen unter anderem das Projekt Lehrerfortbildung in Informationsverarbeitung und Wirtschaft. Die Autoren sind erfahrene Berufspädagogen, Praktiker und Mitarbeiter im Fortbildungsprojekt.

EINLEITUNG

Datenbanksysteme haben in der letzten Zeit an Bedeutung gewonnen. Viele Unternehmen haben zunehmend das Problem, zum richtigen Zeitpunkt kostengünstig die für den Geschäftsbetrieb benötigten Daten in entsprechend aufbereiteter Weise zur Verfügung zu stellen. Diese Anforderungen kann die Informationswirtschaft auch durch die konventionelle Programmierung abdecken. Der Programmieraufwand ist jedoch viel zu groß. Die Verwaltung von großen Datenmengen wird durch Datenbankprogramme wesentlich erleichtert und beschleunigt. Abfragesprachen ermöglichen es einem Anwender, auch ohne Programmierkenntnisse unter Nutzung einer Abfragesprache die gewünschten Informationen aus der Datenbank zu gewinnen.
In diesem Buch wird Ihnen gezeigt, wie eine Datenbank entwickelt und wie aus ihr Informationen gewonnen werden. Im einzelnen wird erläutert, wie Sie mit der strukturierten Abfragesprache SQL

- Datenbanken und Tabellen anlegen, ändern und löschen,
- ein Datenbanksystem entwerfen und einrichten,
- Daten eingeben, ändern, löschen, ordnen, gruppieren, sortieren und ausgeben,
- Unterabfragen und Sichten vereinbaren,
- Daten sichern.

Die Arbeitsweise kann nicht nur theoretisch erfolgen. Wir bedienen uns daher eines praktischen Falls, auf den sich die Darstellung der Entwicklungs- und Abfragemethodik bezieht. Deshalb wird im ersten Kapitel die Problemstellung eines Unternehmens vorgestellt. Dabei werden die grundlegenden Begriffe der Datenbanktheorie erläutert.
Die Datenbanksprache SQL ist eine weit verbreitete Sprache. Sie

können mit ihr sowohl Datenbanken, die auf einem Personal Computer eingerichtet sind, wie auch Datenbanken auf Großrechnern nutzen, sofern sie SQL-Anweisungen zulassen.
Berücksichtigt werden die Datenbanksysteme DB/2, INFORMIX, GUPTA und ORACLE7. Sie gehören zu den führenden Datenbanksystemen.
Falls Sie über ein anderes SQL-fähiges Datenbanksystem verfügen, können Sie dieses Buch ebenfalls sinnvoll einsetzen. Die SQL-Anweisungen werden auch dort anwendbar sein, weil SQL weitgehend standardisiert ist.
Falls Sie noch nicht über ein Datenbanksystem verfügen, sich aber über die Abfragesprache informieren möchten, wird das Buch Ihnen sicher helfen können. Wir haben das Buch methodisch in der Weise angelegt, daß Sie die Wirkweise der Anweisungen nachvollziehen können.
Bei den SQL-bezogenen Kapiteln bieten wir Ihnen Aufgaben an, an denen Sie Ihr erworbenes SQL-Wissen trainieren können. Anhand der ebenfalls abgedruckten Lösungen können Sie die Richtigkeit Ihrer SQL-Anweisungen überprüfen.
Die Autoren danken Herrn Dipl.-Hdl. Gerhard Haase für Beratung und Korrektur bei der Erstellung des Manuskriptes.

Gregor Kuhlmann
Friedrich Müllmerstadt

Falls Sie über eines dieser Datenbanksysteme verfügen, können Sie die Anweisungen, die in diesem Buch besprochen werden, unmittelbar nachvollziehen. Wollen Sie sich Schreibarbeiten ersparen, können Sie eine Diskette bestellen, die die Daten und die SQL-Anweisungen enthält.

1 EINFÜHRUNG IN DATENBANKSYSTEME

1.1 Fallbeispiel

Die Firma Unternehmensberatung Randorf UBR ist ein Ingenieurbüro. Sie berät Firmen in Fragen automatischer Fertigungssteuerung, Transportanlagen und Hochregalläger und führt entsprechende Planungen durch. Aus dem ehemaligen Zweimannbetrieb ist heute ein Unternehmen entstanden, in dem acht Ingenieure und Kaufleute in den Abteilungen Kaufmännische Verwaltung, Fertigungssteuerung und Transportanlagen arbeiten.
Aufgrund der vielschichtigen Problemstellungen, die die Mitarbeiter entweder in Team- oder in Einzelarbeit erledigen, hat sich die Kostenkontrolle als sehr schwierig herausgestellt. Die Mitarbeiter melden deshalb täglich die Zeiten und die Tätigkeiten, die sie für Aufträge erbracht haben. Aus diesen Angaben gewinnt das Unternehmen die Daten, die für die Nachkalkulation und die Lohnberechnung erforderlich sind.
Vor diesem Hintergrund ist ein Datenbanksystem zu entwickeln, das die für die Abteilungsleiter sowie die Unternehmensführung erforderlichen Informationen erbringt. Schließlich ist auch dem Anliegen der kaufmännischen Verwaltung Rechnung zu tragen, die bei langfristigen Projekten hinreichende Unterlagen für Zwischenabrechnungen benötigt.

1.2 Datenbanksystem

1.2.1 Komponenten eines Datenbanksystems

Eine Datenbank ist eine systematische Sammlung von Daten. Zur Verwaltung und Nutzung der in der Datenbank gespeicherten Daten benötigt der Anwender ein Datenbankverwaltungssystem. Ein Datenbanksystem besteht somit aus der Datenbank und dem Datenbankverwaltungssystem. In Anlehnung an den amerikanischen Sprachgebrauch wird für das Datenbankverwaltungssystem die Abkürzung DBMS (Data Base Management System) verwendet.

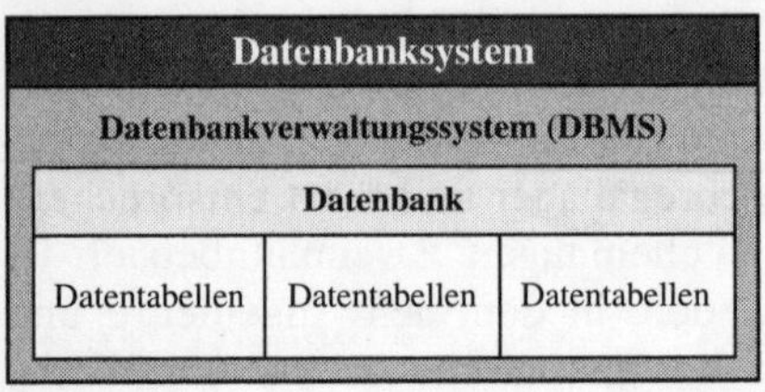

Das DBMS besteht aus einer Vielzahl von Werkzeugen und Generatoren. Zum einen stellt es dem Entwickler die Instrumente zur Verfügung, mit denen er das Datenmodell beschreiben und einrichten kann. Ferner muß das Datenbankverwaltungssystem die Funktionen anbieten, mit denen die Anwender Daten eingeben, verändern, abfragen und ausgeben können. Mittels Masken- und Listengeneratoren werden die Eingabe- und Ausgabeprogramme auf relativ einfache Weise erzeugt. Für die Abfrage schafft das SQL-Modul einen direkten Zugriff auf die Daten. Schließlich muß das Programm für die zweckmäßige Speicherung der eingegebenen Daten sorgen.

Der Entwickler teilt dem Programm die Datenlogik mit, der Anwender formuliert seine Abfrage. Wie die Daten zu speichern sind und welche Suchstrategie am besten anzuwenden ist, das ist Sache des Datenbankprogramms. Es ist also zuständig für die technische Umsetzung der Anforderungen von Entwickler und Anwender.

1.2.2 Ebenen eines Datenbanksystems

Um die Stellung des Nutzers im Datenbanksystem besser erklären zu können, bedient man sich der logischen Einteilung in Sichten (views) bzw. Ebenen.

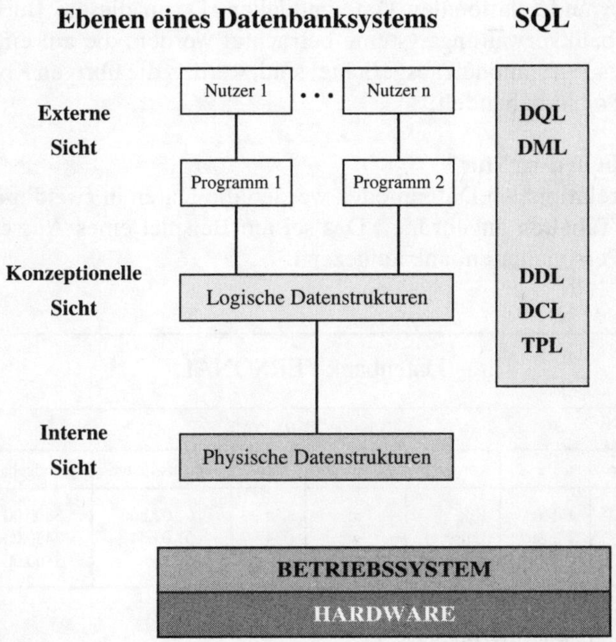

Externe Sicht
Auf der obersten Ebene befindet sich der Anwender, der das Datenbanksystem mit einer Datenabfragesprache (DQL = Data Query Language) oder Datenmanipulationssprache (DML) oder einem eigenen Anwendungsprogramm nutzt. Diese Ebene wird in Anlehnung an den amerikanischen Ausdruck «external view» auch externe Sicht genannt.

Konzeptionelle Sicht

Auf der zweiten Ebene, der konzeptionellen Sicht, wird das Datenmodell beschrieben. Unter einem Datenmodell versteht man die datenmäßige Abbildung eines bestimmten Ausschnitts der realen Umwelt. In ihm sind die Strukturen der Daten und ihre Beziehungen festgelegt. Nach der Art, wie die Beziehungen in dem Datenmodell geregelt werden, unterscheidet man zwischen hierarchischen, vernetzten und relationalen Datenmodellen. Da in diesem Buch nur Datenbankverwaltungssysteme betrachtet werden, die auf ein relationales Datenmodell ausgerichtet sind, werden die übrigen Konzepte hier nicht behandelt.

Tabellenstruktur

Beim relationalen Datenmodell werden die Daten in **zweidimensionalen Tabellen** angeordnet. Das sei am Beispiel eines Ausschnitts einer Personaldatenbank aufgezeigt.

Datenbank PERSONAL

Tabelle PERSDAT

pnr	name	vorname	geschlecht	abtnr	eintritts-datum	grundgehalt
1	Eifer	Rik	m	4	01.02.80	3800.00
2	Meyer	Luise	w	4	01.03.84	2450.00
3	Strom	Claudius	m	2	01.03.84	3800.00

Tabelle ABTEILG

abtnr	abteilungsname
1	Leitung
2	Verwaltung
3	Steuerung
4	Transport

Die Datenbank *personal* besteht aus den Tabellen *persdat* und *abteilg*. Jede Tabelle besteht aus mehreren Zeilen und Spalten. In der Tabelle *persdat* beispielsweise enthält jede Zeile die Daten genau eines Mitarbeiters. Dieser wird beschrieben durch seinen Namen, Vor-

namen usw. Aufgrund der Anordnung stehen alle Namen untereinander und bilden die Spalte *name*. Entsprechend werden alle Vornamen in der Spalte *vorname* eingetragen. In den Spalten werden die Personen beschrieben. Die Spalten enthalten somit die für den Verarbeitungszweck benötigten **Attribute** der Personen. Damit man auf die gewünschte Spalte zugreifen kann, hat jede Spalte eine eindeutige Bezeichnung.
Pro Zeile wird in der Tabelle *persdat* eine Person beschrieben. Allgemein wird pro Zeile eine **Entität** abgebildet. Entität läßt sich mit «Dasein» übersetzen. Gemeint ist damit, daß pro Zeile einer Tabelle etwas durch seine Attribute beschrieben wird, das es in der Welt der Wirklichkeit oder der Vorstellung gibt. In anderem Zusammenhang findet man auch den Begriff **Tupel**. Der Begriff Tupel stammt aus der Mathematik und bezeichnet ein geordnetes Paar von Zahlen, das infolge einer Funktionsvorschrift in einer bestimmten Beziehung zueinander steht. Übertragen auf die Tabelle, stellen die Attribute einer Zeile, eines Tupels, die Beziehung zu einem bestimmten Objekt her.

Schlüssel

Damit jede Zeile einer Tabelle sich von den anderen Zeilen unterscheidet, wird ein **Schlüsselattribut** eingeführt. In der Mitarbeitertabelle ist die Personalnummer (*pnr*) das Schlüsselattribut. Der Schlüssel muß stets eindeutig sein. Da er nicht doppelt in einer Tabelle vorkommen darf, ist gewährleistet, daß es nicht mehrere übereinstimmende Zeilen in einer Tabelle gibt. Der Schlüssel identifiziert ein Objekt eindeutig. Somit eignet er sich als Zugriffs- oder als Verbindungsschlüssel.
Die Verbindung zwischen dem Mitarbeiter und seiner Abteilung wird über die Abteilungsnummer *abtnr* hergestellt. Bei den Schlüsseln unterscheidet man Primär- und Sekundärschlüssel. Ein **Sekundärschlüssel** ist ein Schlüssel, der auf eine andere Tabelle verweist. Über ihn wird die Beziehung zwischen den Tabellen hergestellt. Deshalb wird er auch zuweilen Bezugsschlüssel genannt. In der Tabelle *persdat* ist der Schlüssel *pnr* ein **Primärschlüssel**. Er verweist auf keine weitere Tabelle. Er hat vielmehr die Aufgabe, für die Eindeutigkeit des Tupels zu sorgen.
Zum Einrichten der Datenbank mit ihren Tabellen bedient man sich der Datendefinitionssprache (DDL).

Interne Sicht

Auf der inneren Ebene erfolgt die physische Speicherung der Daten. Die Speicherlogik, die dabei angewendet wird, hängt vom DBMS ab. Darum braucht sich der Anwender aber nicht zu kümmern. Die Daten werden in sogenannten Basistabellen gespeichert. Darüber hinaus benötigt das DBMS eine Vielzahl von weiteren Informationen, die in den Systemtabellen gespeichert werden. So werden die Informationen über die logische Struktur der Datenbank in dem Systemkatalog, auch **Data Dictionary** genannt, gesammelt. Der Systemkatalog enthält Systemdateien, die zum Beispiel darüber Auskunft geben,

- welche Tabellen die Datenbank enthält,
- wie die Spalten der Tabellen heißen,
- welcher Datentyp bei einer Spalte vorliegt.

Die meisten relationalen Datenbanken verfügen mindestens über folgende Datentypen:

Zeichenkette	CHAR	Dezimalzahlen	DECIMAL
ganze Zahlen	SMALLINT	Datum	DATE

Für die Verwaltung der Zugriffsberechtigung auf die Tabellen der Datenbank werden die Anweisungen der Data Control Language eingesetzt. Die Kommandos, die für die Sicherungsmaßnahmen bei Datenübertragungen benötigt werden, bezeichnet man als TPL (Transaction Processing Language).

1.3 Rechnerarchitektur für den Datenbankbetrieb

Ein DBMS muß auf der inneren Ebene auf das Betriebssystem abgestimmt sein, auf dem es aufsetzt. Datenbankverwaltungssysteme wie zum Beispiel GUPTA, INFORMIX, ORACLE oder DB2/2 laufen nämlich auf Einzelplatz- und Mehrplatzbetriebssystemen sowie auch in lokalen Netzwerken. Die externe und die konzeptionelle Ebene werden davon nicht berührt.

1.3.1 Zentrale Architektur

Bei einer zentralen Architektur ist das Datenbanksystem auf einem zentralen Rechner installiert, an den eine Vielzahl von Terminals angeschlossen ist.

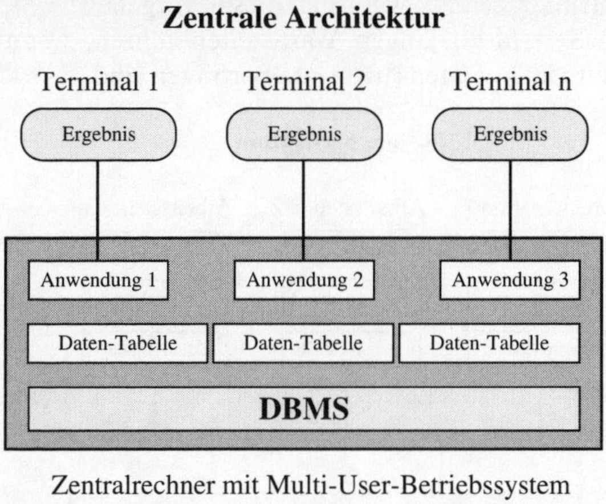

Verteilte Datenbanken

Bei großen Datenbanksystemen, die im Multi-User-Betrieb mit vielen Benutzern laufen, tritt ebenfalls das Problem langer Antwortzeiten auf. Um den Datenzugriff zu beschleunigen, werden die Tabellen des Datenbanksystems auf verschiedene Rechner aufgeteilt. Man spricht dann von einer verteilten Datenbank. Für den Anwender wie auch für den Entwickler des Datenbanksystems ist es nicht von Bedeutung, wie auf der internen Ebene die Speicherung und der Zugriff organisiert werden. Die Entwicklung und Anwendung einer Datenbank ist unabhängig vom Rechner- und vom Betriebssystem.

1.3.2 Netzwerkarchitektur

In Netzwerken übernimmt ein Rechner, auch Server genannt, bestimmte Datenbankfunktionen. Der Server arbeitet entweder als File-Server oder als Client-Server, auch SQL-Server genannt. Die Daten werden auf dem Server vorgehalten.

File-Server

In einem File-Server-System werden bei der Durchführung jeder Abfrageanweisung beim Server die benötigten Tabellen angefordert und vollständig an den fragenden Arbeitsplatzrechner übertragen. Das Programmodul zur Auswertung der Abfrageanweisung läuft in dem Arbeitsplatzrechner. Aufgrund dieser Vorgehensweise kann das File-Server-System zu langen Wartezeiten führen, wenn mehrere Tabellen mit vielen Datensätzen zu übertragen sind.

File-Server-System

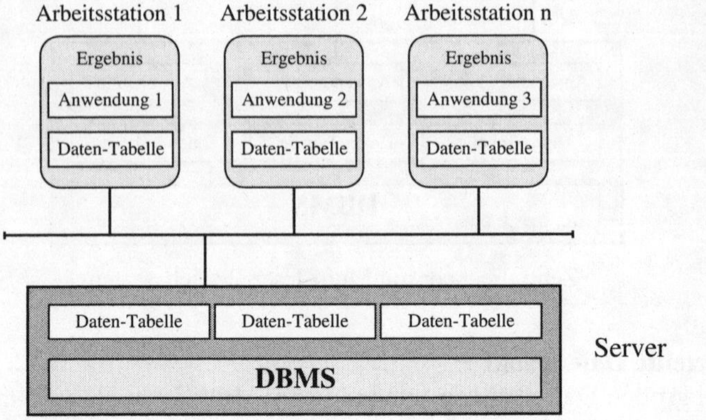

Client-Server

Beim Client-Server-System laufen auf dem Server, nun **Backend** genannt, auch die Datenbankdienste. An den Arbeitsplatzrechner, hier mit **Frontend** bezeichnet, wird nur noch das Ergebnis der Abfrage übertragen. Damit wird der Nachteil langer Wartezeiten vermieden.

Client-Server-System

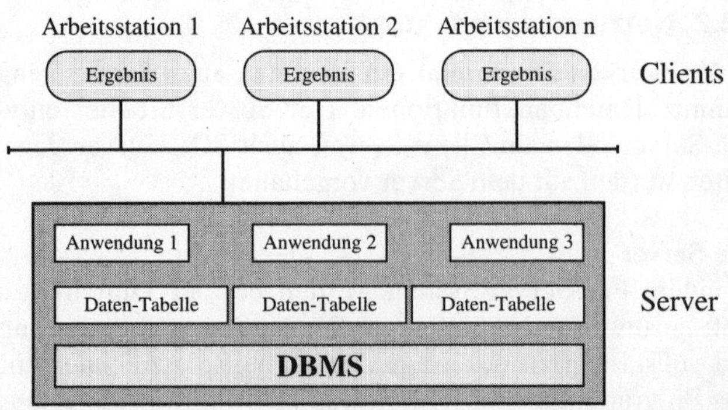

2 MIT SQL-ANWEISUNGEN DATEN DEFINIEREN, EINGEBEN UND VERWALTEN

Für das Einrichten und Verwalten von Datenbank und Tabellen werden eine Reihe von Anweisungen benötigt, mit denen Sie

- eine Datenbank mit ihren Tabellen anlegen,
- Daten in die Tabellen eingeben und abrufen sowie
- Tabellen ändern und löschen

können. In diesem Kapitel zeigen wir Ihnen an Beispielen, wie Sie dies mit SQL-Anweisungen und Datenbankbefehlen erreichen. Einige Anweisungen werden in diesem Abschnitt nur in Form einer Übersicht behandelt, weil sie an anderer Stelle eingehend besprochen werden.

Bei der Darstellung der Befehle ergibt sich eine methodische Schwierigkeit. Die meisten SQL-Anweisungen können in allen SQL-basierten Datenbanksystemen eingesetzt werden. Trotz Standardisierung besitzt aber jedes Datenbanksystem eigene Ausprägungen von SQL-Befehlen. Das gleiche gilt auch für die Datentypen, mit denen Spalten definiert werden. Damit die Darstellung des Entwicklungsgangs nicht zu häufig durch Verweise auf die Unterschiedlichkeiten bei den verschiedenen Datenbanken unterbrochen wird, finden Sie die Darstellung der Anweisungen und Datentypen, die in den verschiedenen Datenbanksystemen zugelassen sind, in Kapitel 13.

Um die nachfolgende Darstellung der Anweisungen unmittelbar am Rechner nachvollziehen zu können, sollten Sie Ihr Datenbanksystem geöffnet haben und SQL-Anweisungen eingeben können.

Wir haben unsere Beispiele in vier Datenbanksystemen getestet:

1. INFORMIX: INFORMIX-SE unter DOS in der Windows-kompatiblen Version 4.1 im Einplatzbetrieb. Für SQL wurde das menügesteuerte INFORMIX-SQL eingesetzt und INFORMIX-DBA unter Windows.

2. ORACLE: Die SQL-Anweisungen wurden im SQL*Plus-Windows-Bildschirm in ORACLE 7 unter OS/2 eingesetzt.
3. DB2/2 unter OS/2.
4. GUPTA: SQLWindows Corporate Edition unter Windows. Die SQL-Anweisungen wurden im Objekt *SQLTalk* eingegeben.

Nachfolgend werden die SQL-Anweisungen durch die Buchstaben **I**(nformix), **D**(B2/2), **O**(racle) und **G**(upta) gekennzeichnet, um anzugeben, für welches Datenbanksystem die Anweisung gültig ist.

Semikolon: In GUPTA müssen alle SQL-Anweisungen mit dem Semikolon beendet werden. In INFORMIX ist dies nicht zwingend vorgeschrieben. In DB2/2 und ORACLE darf das Semikolon nicht eingesetzt werden. Um Wiederholungen zu vermeiden, beenden wir nachfolgend alle Anweisungen ohne Semikolon. Beachten Sie, daß Sie es in GUPTA ergänzen müssen.

2.1 Datenbank anlegen, öffnen, schließen und löschen

Alle für die Firma UBR benötigten Daten sollen in Tabellen der Datenbank *testdb* gespeichert werden. Der Name *testdb* ist willkürlich gewählt. Sie könnten die Datenbank auch anders nennen. Der Name muß lediglich den Vorschriften für die Namensbildung entsprechen.

2.1.1 Datenbank anlegen

Der Befehl

CREATE DATABASE datenbankname

erstellt eine Datenbank mit ihren zugehörigen Systemtabellen. Mit dieser SQL-Anweisung wird der Rahmen für die spätere Einrichtung der Tabellen geschaffen. Wenn Sie nach der Anweisung

```
CREATE DATABASE TESTDB
```

sich das Verzeichnis anschauen, in dem die Datenbank aufgebaut worden ist, so finden Sie dort bereits eine Vielzahl von Dateien vor.

Es handelt sich um die Systemtabellen, auch Systemkatalog oder Data Dictionary genannt. In ihm werden alle Informationen über die logische Struktur der Datenbank gesammelt. Er enthält unter anderem Informationen darüber, welche Tabellen eine Datenbank enthält, wieviel Datensätze vorhanden sind, wie die Spalten einer Tabelle heißen und mit welchen Datentypen die Spalten definiert sind. Bei jeder SQL-Anweisung informiert sich das System zunächst in diesen Systemtabellen, bevor es die Anweisung durchführt. Sie können die in den Systemtabellen gespeicherten Informationen jederzeit abrufen und sich damit eine Übersicht über die Inhalte der Datenbank verschaffen.

2.1.2 Datenbank löschen

Mit dem Befehl

DROP DATABASE datenbankname (I,D)

wird eine Datenbank in INFORMIX und DB2/2 entfernt. Das bedeutet, daß die für die Datenbank angelegten Systemtabellen und alle Datentabellen mit den Daten physikalisch gelöscht werden. Vor dem Löschen muß die Datenbank mit

```
CLOSE DATABASE                (I)
```

geschlossen werden.

Beispiel: Erstellen Sie die Datenbank UEBDB, und löschen Sie sie anschließend wieder (I, D):

```
CREATE DATABASE uebdb               (A2102)  (I,D)
CLOSE DATABASE                      (A2103)  (I)
DROP DATABASE uebdb                          (I,D)
```

ORACLE: In ORACLE7 wird eine Datenbank mit dem Namen *oracle* bei der Installation des Systems angelegt. Sie können diese Datenbank modifizieren, durch eine andere ersetzen oder eine andere hinzufügen. Wir arbeiten in diesem Buch nur mit der Datenbank *oracle* und setzen die Befehle CREATE DATABASE und DROP DATABASE nicht für *oracle* ein. Bevor Sie in ORACLE eine andere Datenbank erstellen, müssen Sie die Struktur genau planen.

GUPTA: In SQLWindows von GUPTA werden neue Datenbanken im Objekt *SQLTalk* mit der Menüauswahl *Install Database* erstellt und mit *Deinstall Database* gelöscht. Die Eingabe der Anweisungen CREATE DATABASE und DROP DATABASE ist nicht möglich.

2.2 Tabellen erstellen und löschen

Bevor in der Tabelle einer Datenbank Daten gespeichert werden können, muß dem System die Struktur der Tabelle mitgeteilt worden sein. Eine solche Strukturdefinition enthält die Namen der Tabellenspalten sowie die Informationen, ob in den Spalten Texte, Zahlen oder Datumswerte gespeichert werden sollen und wieviel Zeichen eine Tabellenspalte aufnehmen soll.

Die Struktur der Tabelle *persdat* könnte wie folgt gestaltet sein:

Spaltenname	Datentyp	Länge	Spaltenbedingung
PERSNR	Numerisch: SMALLINT		NOT NULL
PNAME	Text : CHAR	18	
PVNAME	Text : CHAR	18	
GESCHLECHT	Text : CHAR	1	
ABTNR	Numerisch: SMALLINT		
EINTRITT	Datum : DATE	8	
GEHALT	Numerisch: DECIMAL	8,2	

Tabellennamen können maximal 18 Zeichen lang sein. Sie müssen mit einem Klein- oder Großbuchstaben beginnen und dürfen in der Regel keine Leerzeichen enthalten.

Beispiele für gültige Spaltennamen:

I,D: Personal_Identnummer

D : 'Personal Identnummer', $Betrag, #feld, @f

Die Längenangabe 8,2 für die Spalte *gehalt* besagt, daß insgesamt 8

Stellen vorgesehen werden, davon 6 für Vorkommastellen und 2 für Nachkommastellen.
Bei Schlüsselspalten ist es üblich, mit der Spaltenbedingung NOT NULL festzulegen, daß in diese Spalten unbedingt Werte einzugeben sind. Bei der Bedingung NULL bleibt die Eingabe eines Wertes optional. Bei DB2/2 ist es möglich, die NOT NULL-Bedingung zu erweitern: die Angabe NOT NULL WITH DEFAULT bewirkt, daß den Spalten vom System Standardanfangswerte zugeordnet werden, nämlich der Wert 0 bei numerischen Spalten und Leerzeichen bei Zeichenfeldern.

2.2.1 Tabellen erstellen

Mit der SQL-Anweisung CREATE TABLE tabellenname wird eine neue Tabelle angelegt. Hinter dem Tabellennamen sind in Klammern die Spaltennamen jeweils mit Datentyp und Längenangabe zu definieren. Die einzelnen Spaltenbeschreibungen werden mit Kommata getrennt. Die Liste der Spaltennamen ist von runden Klammern umschlossen.

Beispiel: Der Datenbankadministrator erstellt die Tabelle *persdat* mit folgender SQL-Anweisung:

```
I,O,D:  CREATE TABLE persdat                          (CRPERSDA)
          (
          persnr          SMALLINT NOT NULL,
          pname           CHAR(18),
          pvname          CHAR(18),
          geschlecht      CHAR(1),
          abtnr           SMALLINT,
          eintritt        DATE,
          gehalt          DECIMAL(8,2)
          )
```

```
G:      CREATE TABLE persdat                          (CRPERSDA)
          (
          persnr          SMALLINT NOT NULL,
          pname           CHAR(18),
```

```
           pvname          CHAR(18),
           geschlecht      CHAR(1),
           abtnr           SMALLINT,
           eintritt        DATE,
           gehalt          DECIMAL(8,2)
           );
```

Hinweis: Die Klammern am rechten Rand der SQL-Anweisungen enthalten den Namen der Datei, unter der sie auf der Begleitdiskette gespeichert sind.

Datentypen: Datentypen charakterisieren eine Spalte als Zeichen-, Zahlen- oder Datumsspalte. Wir verwenden in unseren Beispielen nur die Datentypen CHAR() für Zeichenketten, DECIMAL() für Dezimalzahlen, SMALLINT und INTEGER für Ganzzahlen sowie DATE für Datumswerte.

Datentyp	**Beispiele**
INTEGER	12
DECIMAL()	23.56
CHAR()	'Hans', 'W' "Hans" (nur bei INFORMIX)
DATE	'01.02.1980' bei INFORMIX, DB2/2, GUPTA '01-feb-80' bei ORACLE

Welche weiteren Datentypen in den Datenbanksystemen verfügbar sind, ist im Kapitel 13 beschrieben.

Spaltenbedingung NOT NULL: Die Spalte *persnr* (Personalnummer) ist mit der Spaltenbedingung NOT NULL angelegt. Damit wird sichergestellt, daß in diese Spalten stets Werte eingegeben werden müssen.

UNIQUE-Index: Bei einem professionellen Einsatz muß sichergestellt werden, daß die in die bezeichnete Datenspalte eingegebenen Werte eindeutig sind. Das bedeutet, daß in jeder Zeile dieser Tabelle in der Spalte *persnr* eine andere Personalnummer stehen muß. Um eindeutige Werteingaben für eine Tabellenspalte festzulegen, müssen Sie die Tabellenspalte indexieren. Dies beschreiben wir in Kapitel 10.

2.2.2 Tabellen löschen

Mit der Anweisung DROP TABLE tabellenname wird eine Tabelle mit den darin gespeicherten Daten aus der Datenbank und in den Systemtabellen gelöscht.

Beispiel: Erstellen Sie in der Datenbank TESTDB die Tabelle *ueb* mit den Spalten *uebnr* integer und *uebbez* char(20), und löschen Sie diese Tabelle anschließend.

Tabelle erstellen:

```
CREATE TABLE ueb                                        (A2202)
  (
  uebnr    INTEGER,
  uebbez   CHAR(20)
  )
```

Löschen Sie die Tabelle *ueb*:

```
DROP TABLE ueb                                          (A2203)
```

Nach der Ausführung einer SQL-Anweisung meldet das System jedesmal, ob die Anweisung korrekt bearbeitet werden konnte.
Wenn Sie ein erfahrener Computerbenutzer sind, wissen Sie, daß man Dateien auch auf Betriebssystemebene löschen kann. Tun Sie dies jedoch nicht bei Tabellen eines Datenbanksystems. Sie riskieren dann, daß die Integrität der Datenbank zerstört wird.

2.3 Daten in Tabellen eingeben

Sie wollen Werte in die Spalten *persnr*, *pname*, *geschlecht*, *abtnr*, *eintritt* und *gehalt* der Tabelle *persdat* eingeben. In diesem Buch beschreiben wir drei Möglichkeiten, wie Sie Daten in Tabellen speichern:

- Mit der Anweisung
  INSERT INTO tabellenname VALUES ()
  geben Sie Werte zeilenweise ein. Diese Vorgehensweise beschreiben wir anschließend.
- Mit dem SQL-Befehl
  INSERT INTO tabellenname SELECT-Anweisung
  übertragen Sie Werte aus anderen Tabellen. In Kapitel 6 gehen wir im Abschnitt 6.5 darauf ausführlich ein.
- Mit Importbefehlen werden Daten aus ASCII-Dateien in SQL-Tabellen importiert. Da die Datenbankbefehle zum Importieren in jedem Datenbanksystem anders lauten, beschreiben wir sie in den Abschnitten des Kapitels 12.

2.3.1 Eine Tabellenzeile vollständig eingeben

Mit der INSERT-Anweisung können Daten in eine Tabelle eingeschrieben werden.

Beispiel: Es sind die Daten von Hans Will, männlich, Abteilung 3, Eintrittsdatum 01.05.1982, Grundgehalt 4500 DM, in die Tabelle *persdat* einzutragen.

```
I,D,G: INSERT INTO persdat                              (A2301)
             VALUES (99,'Will','Hans','M',3,
                     '01.05.1982',4500.00)

O:     INSERT INTO persdat                              (A2301)
       VALUES (99,'Will','Hans','M',3,'01-may-82',4500.00)
```

Bei INFORMIX, DB2/2 und GUPTA werden die Datumswerte eingeschlossen in Hochkommata in der Form tt.mm.jjjj eingegeben. In ORACLE ist für Datumseingaben zwingend die Struktur tt-monatskürzel-jj vorgegeben. Als Monatskürzel werden akzeptiert: JAN, FEB, MAR, APR, MAY, JUN, JUL, AUG, SEP, OCT, NOV und DEC.
In den Klammern hinter VALUES werden die Werte in der Reihenfolge der Tabellenstruktur aufgeführt. Dabei ist zu beachten, daß die Datentypen der angegebenen Werte mit den vereinbarten Datenty-

pen übereinstimmen. Zeichenketten, Datumswerte und Zeitwerte werden in Hochkommata (') eingeschlossen. Das Zeichen ' finden Sie auf der Tastatur über dem Zeichen #. Es entspricht dem ASCII-Code 39. Bei INFORMIX können Sie anstelle des Hochkommas ' auch das Anführungszeichen " für Zeichenfolgen ("Hans") und Datumswerte ("01.02.1980") verwenden.

SQL-Anweisungen hintereinanderreihen: Zu den SQL-Anweisungen, die in der Regel nur ein einziges Mal aufgerufen werden, zählen die Anweisungen CREATE TABLE und INSERT INTO. Diese Befehle können Sie auch als Anweisungsfolge eingeben. Dann muß jede Anweisung außer der letzten mit einem Semikolon abgeschlossen werden. Diese Anweisungsfolge läuft nicht unter DB2/2.

Beispiel: Legen Sie eine Tabelle *ueb* an. Die Tabelle verfügt über die Spalten

uebnr	INTEGER
uebbez	CHAR(20)

Tragen Sie dann folgende Werte in die Tabelle ein:

10	Handbuch
15	Sachbuch
3	Katalog

Lösung:

```
CREATE TABLE ueb                                          (A2303)
   (uebnr INTEGER, uebbez CHAR(20));
INSERT INTO ueb VALUES (10,'Handbuch');
INSERT INTO ueb VALUES (15,'Sachbuch');
INSERT INTO ueb VALUES (3,'Katalog')
```

2.3.2 Werte in bestimmte Spalten einer Datenzeile eingeben

Wenn Sie Werte in bestimmte Spalten einer Tabellenzeile eingeben wollen, müssen Sie hinter dem Tabellennamen zusätzlich die Namen der Spalten nennen, in denen die Daten gespeichert werden sollen.

Beispiel: Es sollen Werte nur in die Spalten *persnr* und *gehalt* der Tabelle *persdat* eingegeben werden.

```
INSERT INTO persdat (persnr, gehalt)                    (A2302)
   VALUES (98, 2345.78)
```

2.4 Daten ausgeben

Daten-Abfragen (englisch: queries) werden mit der Anweisung SELECT ausgeführt und einer Ergebnistabelle zur Ausgabe übergeben. Wir besprechen den SELECT-Befehl in aller Ausführlichkeit ab Kapitel 4. In diesem Abschnitt zeigen wir, wie Sie in einer Tabelle bestimmte Spalten und bestimmte Zeilen zur Anzeige auswählen.

Beispiel: Es sollen alle Tabellenzeilen und alle Spalten der Tabelle *ueb* ausgegeben werden.

```
SELECT * FROM ueb                                      (A2401)
```

Ergebnisliste:

UEBNR	UEBBEZ
10	Handbuch
15	Sachbuch
3	Katalog

Mit dem Zeichen * werden alle Spalten einer Tabellenzeile angesprochen. Hinter FROM steht der Name der anzusprechenden Tabelle.

Beispiel: Aus der Tabelle *ueb* sollen alle Tabellenzeilen, darin jedoch nur die Werte der Spalte *uebbez* ausgegeben werden.

```
SELECT uebbez FROM ueb                                 (A2402)
```

Ergebnisliste:

UEBBEZ
Handbuch
Sachbuch
Katalog

Zur Auswahl der Spalte *uebbez* wird der Spaltenname hinter dem Schlüsselwort SELECT eingesetzt. Eine Spaltenauswahl bezeichnet man auch als **Projektion** einer Tabelle.
Die Ausgabe der Daten kann aber auch von Bedingungen abhängig gemacht werden.

Beispiel: Aus der Tabelle *ueb* soll nur die Zeile ausgegeben werden, in der *uebnr* den Wert 15 aufweist.

```
SELECT * FROM ueb                                    (A2403)
  WHERE uebnr = 15
```

Ergebnisliste:	UEBNR	UEBBEZ
	15	Sachbuch

Die Abfrage von Spalteninhalten ist nicht auf numerische Werte beschränkt. Auch Zeichenketten können abgefragt werden.

Beispiel: Aus der Tabelle *ueb* sind die Zeilen auszugeben, in denen *uebbez* den Eintrag «Katalog» enthält.

```
SELECT * FROM ueb                                    (A2404)
  WHERE uebbez = 'Katalog'
```

Ergebnisliste:	UEBNR	UEBBEZ
	3	Katalog

Die Zeilenauswahl wird mit der Vereinbarung einer Bedingung hinter dem Schlüsselwort WHERE erreicht. Eine Zeilenauswahl bezeichnet man als **Selektion** oder **Restriktion**.

2.5 Daten aktualisieren

In der Tabelle *ueb* sollen in Abhängigkeit von einer Bedingung Werte in den Spalten *uebnr* und *uebbez* geändert werden. Wir beschreiben in diesem Buch zwei Möglichkeiten, wie Sie Tabellendaten aktualisieren können:

- Mit der Anweisung

  UPDATE tabellenname SET

  werden Daten bedingungsabhängig geändert. Darauf gehen wir anschließend ein.

- Die Bedingung zur Zeilenauswahl kann auch in einer SELECT-Unterabfrage vereinbart werden. In Kapitel 6 besprechen wir, wie Sie solche SELECT-Unterabfragen im Befehl UPDATE einsetzen.

Beispiel: In einer Zeile der Tabelle *ueb* steht in der Spalte *uebnr* der Wert 3 und in *uebbez* der Text «Katalog». Der Wert 3 in der Spalte *uebnr* soll durch den Wert 25 ersetzt werden, an die Stelle von «Katalog» soll der Text «Lernfibel» treten.

```
UPDATE ueb                                  (A2501)
  SET uebnr = 25,
      uebbez = 'Lernfibel'
  WHERE  uebnr = 3
```

Im Anschluß an das Schlüsselwort UPDATE wird die Tabelle genannt, in der die Änderungen durchgeführt werden sollen. Hinter SET werden den zu ändernden Spalten die neuen Werte zugewiesen. Die Bedingung hinter dem Zusatz WHERE definiert die Zeile, in der die Änderungen durchgeführt werden sollen. Die Tabelle *ueb* enthält nach dem UPDATE-Befehl folgende Werte:

```
SELECT * FROM ueb                           (A2401)
```

Ergebnisliste:	UEBNR	UEBBEZ
	10	Handbuch
	15	Sachbuch
	25	Lernfibel

Wenn in einer einzugebenden Zeichenkette ein Hochkomma steht, muß es bei der Eingabe durch zwei aufeinanderfolgende Hochkommata ersetzt werden.
Wird beim UPDATE-Befehl die WHERE-Bedingung weggelassen, so werden alle Zeilen der Tabelle geändert.

Beispiel: In der Tabelle *ueb* sollen alle Werte in der Spalte *uebnr* um 10 erhöht werden. Da die Spalte *uebnr* als numerische Spalte angelegt worden ist, können in ihr Rechenoperationen vorgenommen werden.

```
UPDATE ueb                                    (A2502)
    SET uebnr = uebnr + 10
```

Inhalt von *ueb*:	UEBNR	UEBBEZ
	20	Handbuch
	25	Sachbuch
	35	Lernfibel

NULL-Werte: Spalten, in denen keine Werte eingegeben worden sind, haben den Wert NULL. Dem Wert NULL entspricht weder die Zahl 0 noch eine Zeichenfolge mit Leerzeichen. NULL bedeutet, daß kein Eintrag vorliegt. Der Wert NULL kann zum Rücksetzen eines Wertes auf NULL, aber auch zur Abfrage genutzt werden.

Beispiel: Der Eintrag «Sachbuch» in der Zeile mit der *uebnr* 25 soll gelöscht und durch einen NULL-Wert ersetzt werden.

```
UPDATE ueb                                    (A2504)
  SET uebbez = NULL
  WHERE uebnr = 25
```

Inhalt von *ueb*:	UEBNR	UEBBEZ
	20	Handbuch
	25	
	35	Lernfibel

Sie können auch überprüfen, ob ein NULL-Wert vorhanden ist. Die Abfrage auf NULL-Werte wird mittels IS NULL formuliert:

```
SELECT * FROM ueb WHERE uebbez IS NULL     (A2505)
```

2.6 Daten löschen

Daten werden mit der Anweisung

DELETE FROM tabellenname

aus einer Tabelle entfernt. Mit dem Zusatz

WHERE bedingung

erfolgt die Zeilenauswahl.

Beispiel: In der Tabelle *ueb* soll die Zeile mit der *uebnr* 25 gelöscht werden:

```
DELETE FROM ueb                                    (A2601)
  WHERE uebnr = 25
```

Wird der Befehl DELETE FROM ohne WHERE-Zusatz eingegeben, werden alle Tabellenzeilen gelöscht. Die Anweisung

```
DELETE FROM ueb                                    (A2603)
```

löscht alle Daten der Tabelle *ueb*.

2.7 Ein Tabellenfeld nachträglich einfügen, ändern, löschen

Mit der Anweisung

ALTER TABLE tabellenname

werden in eine vorhandene Tabellenstruktur neue Spalten eingefügt, vorhandene Spalten geändert oder gelöscht.

2.7.1 Neue Spalten mit ADD einfügen

Hinter dem Schlüsselwort ALTER TABLE wird die Tabelle genannt, deren Struktur geändert werden soll. Mit dem Zusatz ADD wird das System angewiesen, eine oder mehrere neue Spalten einzufügen. Die einzufügenden Spalten werden mit Namen und Datentyp definiert.

Beispiel: Die Tabelle *ueb* soll um die Tabellenspalten «MENGE DECIMAL(8,2)» und «TE CHAR(20)» ergänzt werden:

INFORMIX und ORACLE:

```
ALTER TABLE ueb ADD                              (A2701)
   (
   menge          DECIMAL(8,2),
   te             CHAR(20)
   )
```

DB2/2 und GUPTA: In diesen Datenbanken wird keine Klammer um die Spaltendefinitionen eingegeben.

```
ALTER TABLE ueb                               (A2701)
   ADD menge          DECIMAL(8,2)
   ADD te             CHAR(20)
```

2.7.2 Vorhandene Spalten mit MODIFY ändern

Mit dem Zusatz MODIFY wird das System angewiesen, einer vorhandenen Spalte einen anderen Datentyp zuzuweisen. Die Spalte wird mit ihrem Namen genannt und der neue Datentyp danach definiert.

Beispiel: In der Spalte *menge* soll der Datentyp in SMALLINT geändert werden:

```
I,O:  ALTER TABLE ueb MODIFY                     (A2702)
       (
       menge     SMALLINT
       )
```

Diese Anweisung läuft nicht in DB2/2 und nicht in GUPTA.

2.7.3 Vorhandene Spalten mit DROP löschen

Mit dem Zusatz DROP wird das System angewiesen, eine vorhandene Spalte zu löschen. Die Spalte wird mit ihrem Namen genannt. In DB2/2 kann der Zusatz DROP nur zum Löschen des PRIMARY KEY (DROP PRIMARY KEY) oder des FOREIGN KEY (DROP FOREIGN KEY) eingesetzt werden. Informationen dazu finden Sie im folgenden Abschnitt. In ORACLE kann der Zusatz DROP nicht eingesetzt werden.

Beispiel (nur in INFORMIX): Die Spalte *menge* soll gelöscht werden.

```
I:    ALTER TABLE ueb DROP                                (A2703)
       (
       menge
       )
```

In GUPTA entfält die Klammer:

```
G:    ALTER TABLE ueb DROP menge;                         (A2703)
```

2.7.4 Tabellennamen ändern

In INFORMIX und ORACLE können Sie mit dem Datenbankbefehl RENAME Tabellen nachträglich umbenennen.

Beispiel: Die Tabelle *ueb* soll in *ueb1* umbenannt werden:

```
I:     RENAME TABLE ueb TO ueb1                           (A2704)
```

```
O:     RENAME ueb TO ueb1                                 (A2704)
```

2.7.5 Spaltennamen ändern

In INFORMIX können Sie mit RENAME nachträglich auch Spaltennamen ändern. Die zu ändernde Spaltenbezeichnung muß in der Anweisung mit dem Namen der Tabelle qualifiziert werden.

Beispiel: Die Spalte *uebbez* soll in *uebzkette* umbenannt werden:

```
RENAME COLUMN uebl.uebbez TO uebzkette          (A2705)
```

2.8 Kommandodateien erstellen und aufrufen

Sie können SQL-Anweisungen speichern. Wir nennen diese Dateien **Kommandodateien.** Gespeicherte Anweisungen brauchen Sie nicht mehr neu einzugeben, Sie müssen sie nur aufrufen und starten.

Kommandodateien erstellen
Kommandodateien können Sie mit dem Editor des Datenbanksystems oder mit Ihrem ASCII-Editor schreiben und speichern.

Kommandodateien aufrufen
Alle von uns beschriebenen Anweisungen finden Sie als Kommandodateien gespeichert auf der für dieses Buch erhältlichen Diskette. Das gilt auch für die Lösungen der Übungsaufgaben. Für jedes Kapitel gibt es ein eigenes Unterverzeichnis. Die Kommandodateien des Kapitels 2 stehen in dem Unterverzeichnis KAP2. Die beschriebenen Beispiele tragen das Präfix A (Beispiel: A2704 = bedeutet: 4. Anweisung in Kapitel 2, Abschnitt 7), die Übungen UE. Die erste Übung hat den Bezeichner UE2901. Mit Dateikennzeichen unterscheiden wir die Kommandodateien für die einzelnen Datenbanksysteme:

INFORMIX:	.SQL	ORACLE:	.ORA
DB2/2:	.CMD	GUPTA:	.WTS

Nachstehend beschreiben wir ein Beispiel für den Aufruf der Kommandodateien in den verschiedenen Datenbanksystemen.

Beispiel: Aufruf der Kommandodatei UE2901 in den einzelnen Datenbanksystemen.

INFORMIX: In INFORMIX haben die Kommandodateien den Zusatz .SQL.
Sie rufen diese Dateien im SQL-Bildschirm mit der Auswahl

Choose auf und geben hinter CHOOSE>> den Namen der Kommandodatei ohne den Zusatz .SQL ein.

Aufruf in INFORMIX-SQL:

Fenster/Menü	**Eingabe/Auswahlpunkt**	**Aktion**
INFORMIX-SQL	Query-Language	↵
SQL	Choose a:\kap2\ue2901 ↵	↵ eingeben

Aufruf in INFORMIX-DBA:

Fenster/Menü	**Eingabe/Auswahlpunkt**	**Aktion**
SQL Direct Entry	Import SQL	links-klicken
Import	File Name a:\kap2\ue2901.sql OK	links-klicken eingeben links-klicken

ORACLE: Die ORACLE-Kommandodateien erkennen Sie auf der Diskette an dem Zusatz .ORA. Sie rufen diese Dateien hinter dem Bereitschaftszeichen des Dienstprogrammes SQL*Plus auf.

```
SQL> GET A:\kap2\a2901.ora
```

Nach dem Aufruf starten Sie den Befehlsstring mit RUN:

```
SQL> RUN
```

Aufgerufen und unmittelbar gestartet werden SQL-Anweisungen mit dem Datenbankbefehl START.

```
SQL> START A:\kap2\a2901.ora
```

DB2/2: Für diese Datenbank haben wir die Kommandos in OS/2-Batchdateien gespeichert. OS/2-Batchdateien werden mit dem Zusatz .CMD definiert, beispielsweise UE2901.CMD.
Die Anweisungen in den Batchdateien werden mit dem Befehlszeilenprozessor DBM gestartet. Dazu müssen sie als Befehlsstring ohne Absatz gespeichert und mit dem Befehl DBM eingeleitet sein. Das zeigt das folgende Beispiel UE2901.CMD.

```
DBM CREATE TABLE ueb2(uenr SMALLINT.uename
    CHAR(15),uegehalt DECIMAL(8,2),uedatum DATE)
```

In DB2 Version 2 (ab 1996) lautet der Einleitungsbefehl nicht DBM sondern DB2! Sie können ab dieser Version bereits mit der Tabellenstruktur Grenzwerte (mit CHECK und CONSTRAINT) für die Dateneingaben vereinbaren, um Fehleingaben zu verhindern. Darüber hinaus können Sie in einer Trigger-Tabelle (Trigger, deutsch Auslöser) Aktionen definieren, die nach Dateneingaben automatisch ablaufen sollen.
Anweisungsfolgen in OS/2-Batchdateien werden mit dem Befehl CALL eingeleitet. Sie rufen die Batchdateien am OS/2-Bereitschaftszeichen auf.

Fenster/Menü	**Eingabe/Auswahlpunkt**	**Aktion**
OS/2-Arbeitsoberfläche	System	links-doppelklicken
System-Symbolanzeige	Befehlszeilen	links-doppelklicken
Befehlszeilen-Symbol-anzeige	OS/2 Gesamtbildschirm	links-doppelklicken
[c:\]	cd sqllib a:\kap2\ue2901	eingeben eingeben

GUPTA: In *SQL-Windows 4.0* rufen Sie Kommandodateien im Objekt *SQLTalk* im Menü *File* mit der Auswahl *Open* auf und starten im Menü *Session* mit *Current Command*:

Fenster/Menü	**Eingabe/Auswahlpunkt**	**Aktion**
SQLTalk	File Open	links-klicken links-klicken
Open File	a:\kap2\ue2901.wts OK	eingeben links-klicken
SQLTalk	Session Current Command	links-klicken links-klicken

Gespeicherte Anweisungsfolgen starten Sie mit der Auswahl *Script*.

Fenster/Menü	Eingabe/Auswahlpunkt	Aktion
SQLTalk	Session Script	links-klicken links-klicken
Run File	a:\kap3\crinstab.wts OK	eingeben links-klicken

2.9 Übungen

UE2901: Erstellen Sie die Tabelle *ueb2* mit folgender Tabellenstruktur:

Datenfeld	Datentyp		Länge	Spaltenbedingung
uenr	Numerisch:	SMALLINT		NOT NULL
uename	Text:	CHAR	15	
uegehalt	Numerisch:	DECIMAL	8,2	
uedatum	Datum			

UE2902: Geben Sie mit INSERT INTO Daten in die Tabelle *ueb2* ein.

UENR	UENAME	UEGEHALT	UEDATUM
23	Heinrich	4239.50	23.05.1944
5	Berta	999999.00	01.01.1932
659	Oskar	29.03.1939	

UE2903: Zeigen Sie auf dem Bildschirm alle Zeilen der Tabelle *ueb2* an.

UE2904: Geben Sie nur die Zeile mit der *uenr* 5 aus.

UE2905: Geben Sie alle Zeilen der Spalten *uenr* und *uename* aus.

UE2906: Fügen Sie in die Tabelle *ueb2* die neue Tabellenspalte *uemenge* mit dem Datentyp INTEGER ein.

UE2907: Ändern Sie den Datentyp der Tabellenspalte *uemenge* um in ein numerisches Feld mit 7 Vor- und 3 Nachkommastellen.
Die entsprechende Anweisung läuft nicht in DB2/2.

UE2908: Löschen Sie die Spalte *uegehalt* aus der Tabelle. Die entsprechende Anweisung läuft nicht in DB2/2.

UE2909: Ändern Sie in der Zeile mit der *uenr* 659 den Wert in «Oskar Werner» und den Wert in *uedatum* in «21.05.1940».

UE2910: Löschen Sie die Werte der Zeile mit dem Namen «Berta».

UE2911: Benennen Sie die Tabelle *ueb2* um in *ueb3*. Die entsprechende Anweisung läuft nicht in DB2/2.

UE2912: Löschen Sie die Tabelle *ueb3* (in DB2/2: *ueb2*).

2.10 Lösungen

UE2901:

```
CREATE TABLE ueb2
  (
  uenr      SMALLINT,
  uename    CHAR(15),
  uegehalt  DECIMAL(8,2),
  uedatum   DATE
  )
```

UE2902:

```
INSERT INTO ueb2 VALUES
  (23, 'Heinrich', 4239.50, '23.05.1944')
INSERT INTO ueb2 VALUES
  (5, 'Berta', 999999.00, '01.01.1932')
INSERT INTO ueb2 (uenr, uename, uedatum) VALUES
  (659, 'Oskar', '29.03.1939')
```

UE2903:

```
SELECT * FROM ueb2
```

UE2904:

```
SELECT * FROM ueb2
  WHERE uenr = 5
```

UE2905:

```
SELECT uenr, uename FROM ueb2
```

UE2906:

```
ALTER TABLE ueb2 ADD                     <- INFORMIX
  (
  uemenge    INTEGER
  )
ALTER TABLE ueb2 ADD                       <- DB2/2
  uemenge    INTEGER
```

UE2907:

```
ALTER TABLE ueb2 MODIFY       <- Läuft nicht
  (                              in DB2/2, GUPTA
  uemenge    DECIMAL (10,3)
  )
```

UE2908:

```
ALTER TABLE ueb2 DROP                <- Läuft nicht
  (                                     in DB2/2,
  uegehalt                              ORACLE
  )
ALTER TABLE ueb2 DROP uegehalt;  <- GUPTA
```

UE2909:

```
UPDATE ueb2
  SET uename = 'Oskar Werner',
      uedatum = '21.05.1940'
  WHERE uenr = 659
```

UE2910:

```
DELETE FROM ueb2
  WHERE uename = 'Berta'
```

UE2911:

```
RENAME TABLE ueb2 TO ueb3    <- Läuft nicht
RENAME ueb2 TO ueb3             in DB2/2, GUPTA
```

UE2912:

```
DROP TABLE ueb3                   <- INFORMIX,
                                     ORACLE
DROP TABLE ueb2                   <- DB2/2, GUPTA
```

3 RELATIONALE DATENBANK ENTWICKELN

3.1 Vorgehensweise

Die Entwicklung einer Datenbank vollzieht sich in mehreren Schritten. Zunächst ist festzustellen, welche Informationen die Anwender vom Datenbanksystem erwarten. Aufgrund dieser Erhebung leitet der Entwickler ab, welche Tabellen aufzubauen sind. Ferner legt er die Datentypen der einzelnen Tabellenspalten fest. Diesen Prozeß bezeichnet man auch als Datenmodellierung. Erst nach Abschluß der Datenmodellierung können die CREATE-Anweisungen formuliert werden, mit denen die Datenbank und ihre Tabellen eingerichtet werden. Der Entwicklungsprozeß vollzieht sich also in drei Schritten:

1. Informationsstruktur
2. Datenstruktur
3. Aufnahmestruktur

Bei der Ermittlung der Informationsstruktur sind prinzipiell zwei Vorgehensweisen möglich: Bottom-up- oder Top-down-Verfahren.

Bottom-up-Verfahren
Beim Bottom-up-Verfahren ist ein spezielles Problem der Ausgangspunkt für die Datenbankentwicklung. Dabei werden die im Unternehmen bereits eingesetzten Belege und Dateien untersucht und daraus abgeleitet, welche Informationen das Datenbanksystem liefern soll. Bei einer kleinen Anwendung im privaten Bereich mag dieses Verfahren hinreichend sein. In Unternehmen, in denen eine Vielzahl von Anforderungen an die Datenbank gestellt werden, kann diese Entwurfsmethode zu einer Vielzahl von Datenbanken führen, die nicht aufeinander abgestimmt sind. Es besteht dann die Gefahr,

daß Daten in verschiedenen Tabellen redundant, also mehrfach geführt werden.

Top-down-Verfahren
Beim Top-down-Verfahren bestimmt nicht die einzelne Anwendung, sondern die Informationsanforderungen aller späteren Datenbanknutzer die Entwicklung des Datenmodells. So geben beispielsweise die verschiedenen Abteilungen an, welche Informationen sie über die Mitarbeiter benötigen. Aus den einzelnen Anforderungen wird also abgeleitet, was an Informationen über die Mitarbeiter in der Datenbank enthalten sein muß. Für alle Datenbankanwendungen gibt es dann nur eine einzige Personentabelle. Es werden somit keine Daten mehrfach gespeichert.
Im folgenden wird die Top-down-Methode eingesetzt.

3.2 Grundsätze

Daten werden seit Anbeginn der automatisierten Datenverarbeitung in Dateien gespeichert. In der Regel waren die Dateien nicht untereinander abgestimmt. So kam es beispielsweise vor, daß die Personaldaten eines Mitarbeiters in mehreren Dateien gespeichert wurden. Abgesehen von dem Mehraufwand an Speicher ist eine solche Doppelspeicherung gleicher Daten mit Risiken der Mutationsanomalien behaftet. Unter Mutationsanomalie versteht man, daß sich in einem Dateisystem Unregelmäßigkeiten einstellen, wenn Daten verändert werden. Beispielsweise wird in der Lohndatei das Geburtsdatum eines Mitarbeiters korrigiert, in der Mitarbeiterstammdatei jedoch unterbleibt die Änderung.

Keine Redundanz
Um sich die Programmierung der Briefschreibung zu erleichtern, wurde beispielsweise eine Adreßdatei wie folgt aufgebaut:

Vor-/Hausname	Vorname	Straße	PLZ
Walter Wolters	Walter	Birkenweg 1	44121
Werner Wissing	Wernher	Steinweg 6	44521
Siegfried Soller	Sigfried	Seestr. 12	44622

Der Vorname einer Person wird in zwei verschiedenen Spalten gespeichert. Das führt zu einem unnötigen Mehraufwand an Speicherplatz und Arbeit. Darüber hinaus besteht bei der Mehrfachspeicherung die Gefahr, daß die Doppelangaben nicht übereinstimmen oder sich gar widersprechen. Deshalb darf jede Angabe zu einer Person oder Sache nur einmal in der Datenbank gespeichert sein.

Eindeutigkeit

Eine Datenbank enthält Angaben zu den Eigenschaften einer Person oder Sache. Mittels dieser Angaben muß eindeutig eine bestimmte Entität identifizierbar sein. Bezogen auf eine Personendatei müssen die Angaben in der Weise beschaffen sein, daß sie nur auf eine ganz bestimmte Person zutreffen können.

Das Datenbankverwaltungsprogramm verfügt nicht über einen definierten Zugriffsweg auf einen bestimmten Datensatz. Deshalb muß in jeder Zeile einer Tabelle ein Wert enthalten sein, der diesen Eintrag eindeutig kennzeichnet. Um die Eindeutigkeit der Tabellenzeilen zu gewährleisten, erweitert man den Datensatz um ein Identifikationsmerkmal. So wird beispielsweise dem Personaldatensatz eine Personalnummer, dem Artikelsatz eine Artikelnummer hinzugefügt. Durch ein solches Identifikationsmerkmal wird die eindeutige Zuordnung zwischen den Daten in der Tabellenzeile und der zu beschreibenden Entität sichergestellt. Dieses Merkmal wird **Schlüsselbegriff**, **Schlüsselattribut** oder einfach nur **Schlüssel** genannt.

Beim Festlegen des Schlüsselbegriffs kann man selber einen Schlüssel definieren, man kann aber auch einen fremddefinierten Schlüssel verwenden. Bei einem Buch ist beispielsweise die ISBN ein fremdbestimmter Schlüssel, bei einer Person die Sozialversicherungsnummer. Da aber Umstände eintreten können, die zu einer Änderung solcher fremddefinierten Schlüssel führen, die von dem Datenbankverwalter nicht kontrolliert werden können, empfiehlt es sich trotz des Mehraufwandes, eigendefinierte Schlüssel zu verwenden.

Entitäten – keine Prozeßdaten

Prozeßdaten sind solche Daten, die durch einen Rechenprozeß gebildet werden. Werden Prozeßdaten gespeichert, so besteht die Gefahr, daß diese Daten in kurzer Zeit nicht mehr richtig sein werden. Das mag folgendes Beispiel zeigen: Neben dem Geburtsdatum wird bei der Ersterfassung auch das Alter der Person in den Datensatz

eingetragen. Spätestens nach einem Jahr ist dieser Eintrag falsch. Die Altersangabe ist ein Prozeßdatum, das sich aus der Differenz von aktuellem Datum und Geburtsdatum errechnet.
Diese Grundsätze müssen unbedingt beachtet werden, damit eine redundanzfreie, erweiterungsfähige und anwendungsunabhängige Datenbank geschaffen werden kann. Damit das gelingt, hat E. J. Codd, der Erfinder der relationalen Datenbank, ein System von Regeln formuliert. Die Regeln werden **Normalformen** genannt. Ihre Anwendung wird im nachfolgenden Kapitel dargestellt.

3.3 Datenmodell entwickeln

3.3.1 Informationsstruktur ableiten

Im ersten Schritt werden die Informationsanforderungen, die im Unternehmen gestellt werden, erfaßt und analysiert. Das Ergebnis der Analyse ist die Zusammenstellung der benötigten Informationen, also die Informationsstruktur. Das Ableiten der Informationsstruktur wird nachstehend an einem Beispiel ausführlich dargestellt.

Beispielfall: Das Ingenieurbüro UBR berät Firmen in Fragen der automatischen Fertigungssteuerung und des innerbetrieblichen Transports und führt die entsprechenden Planungen durch. Aus dem ehemaligen Zweimannbetrieb ist inzwischen ein Unternehmen mit insgesamt acht Mitarbeitern entstanden, die die Aufträge in der Regel im Team durchführen. Das Unternehmen gliedert sich in folgende Bereiche:

Abteilungsnummer	**Abteilungsname**
1	Geschäftsleitung
2	Verwaltung
3	Steuerung
4	Transport

Aufgrund des Wachstums und der Teamarbeit wurde es notwendig, den Mitarbeitern eine leistungsgerechte Honorierung anzubieten. Man hat sich deshalb entschlossen, zusätzlich zu einem Grundgehalt und den Familienzuschlägen eine Prämie auszuschütten. Um mit möglichst geringem Aufwand die Bruttolohnabrechnung zu bewerkstelligen, soll ein Datenbanksystem eingerichtet werden.

Bei der Hereinnahme und Abwicklung von Aufträgen fallen eine Reihe von Tätigkeiten an, die in einem Tätigkeitskatalog zusammengestellt sind:

Tätigkeitskatalog		
Kennziffer	Bezeichnung	Stundenverrechnungspreis
1	Akquisition	90.00
2	Vorbesprechung	100.00
3	Beratung	130.00
4	Projektentwurf	120.00
5	Kalkulation	110.00
6	Zeichnen	90.00
7	Schreibarbeiten	80.00

Für diese Tätigkeiten sind von der Kostenrechnung als innerbetriebliche Stundenverrechnungspreise die sogenannten Tätigkeitspreise festgelegt worden. Die Tätigkeitspreise decken die Selbstkosten. Ferner enthalten sie einen Gewinnzuschlag für das Unternehmen.

Die Mitarbeiter der Abteilungen Leitung, Steuerung und Transport berichten täglich auf einem Tätigkeitsnachweis, wieviel Zeit und in welcher Tätigkeitsart sie an den verschiedenen Aufträgen gearbeitet haben.

Beispiel: Der Mitarbeiter Meieris mit der Personalnummer 7 meldet am 01.03.1994, daß er für den Auftrag 2222 6.5 Stunden gezeichnet hat. Die Tätigkeitsnummer für das Zeichnen ist 6. Die Berichtsnummer leitet sich aus der umgekehrten Schreibweise des Datums des Arbeitstages ab.

Tätigkeitsnachweis				
Name: Heinz Meieris			Personalnummer: 7	
Berichtsnummer	Auftragsnummer	Tätigkeitsnummer	Tätigkeitsbezeichnung	Stunden
940301	2222	6	Zeichnen	6.50
940301	3333	5	Kalkulation	1.50

Der monatliche Bruttolohn errechnet sich aus der Summe von Grundgehalt, Familienzuschlag und Prämie. Der Bruttolohn ist vertraglich für jeden Mitarbeiter festgelegt. Die Regelung des Familienzuschlages sieht einen Zuschlag von 60 DM für den Ehepartner und 40 DM für jedes Kind vor.
Bei der Berechnung der persönlichen Prämie werden die bei einem Auftrag erbrachten Leistungen aller Mitarbeiter dem Auftragswert gegenübergestellt. Die Differenz ist die zu verteilende Prämie. Sie wird im Verhältnis der persönlichen Leistung zur Gesamtleistung auf die einzelnen Mitarbeiter aufgeteilt.
Weiterhin stellt die Personalabteilung folgende Informationsanforderungen. Sie möchte hinsichtlich eines jeden Mitarbeiters wissen,

- zu welcher Abteilung er gehört,
- wer sein Vorgesetzter ist,
- wann er in das Unternehmen eingetreten ist und
- wie hoch der Bruttolohn in den einzelnen Monaten war.

Auch soll feststellbar sein, von welchen Mitarbeitern die verschiedenen Abteilungen geführt werden. Das Unternehmen weist derzeit folgende Organisationsstruktur auf.

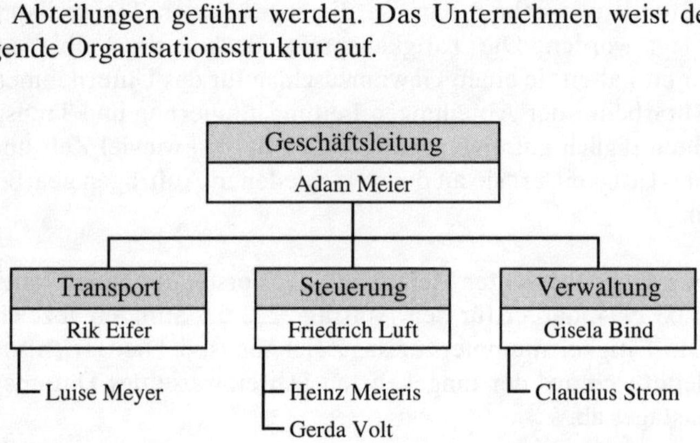

Aus den obigen Anforderungen ist nun abzuleiten, welche Personalinformationen benötigt werden. Diese Zusammenstellung der für das Informationssystem erforderlichen Daten wird **Informationsstruktur** genannt.

Informationsstruktur	
Datenfeld	**Bedeutung**
Personalnummer	eindeutige Identifizierung des Mitarbeiters
Nachname	Name des Mitarbeiters
Vorname	Vorname des Mitarbeiters
Geschlecht	männlich (M) / weiblich (W)
F.Mitgl.Vorname	Vornamen der Familienmitglieder
Verwandtschafts-verhältnis	Ehemann, Ehefrau, Sohn, Tochter
Familienzuschuß	Gehaltszuschuß je Familienmitglied
Eintrittsdatum	Tag des Eintritts in das Unternehmen
Grundgehalt	Mindestgehalt lt. Arbeitsvertrag
Monatsgehälter	Grundgehalt + Prämie + Familienzuschuß in den verschiedenen Monaten
Tätigkeitsnummer	Nummer lt. Tätigkeitskatalog
Tätigkeits-bezeichnung	Akquisition, Vorbesprechung, Beratung, Projekt-entwurf, Kalkulation, Zeichnen, Schreibarbeiten
Tätigkeitspreise	Verrechnungspreis je Leistungsart
Tätigkeitsstunden	geleistete Stunden je Auftrag und Art
Auftragsnummer	Kennzeichnung des Auftrages
Auftragswert	vereinbarter Rechnungswert
Abrechnungsdatum	Datum der Rechnungsstellung
Berichtsnummer	Nummer JJMMTT für den Tätigkeitsnachweis
Abteilungsname	Leitung, Verwaltung, Steuerung, Transport
Abteilungsleiter Vorgesetzter	Angabe der Personalnummer des Vorgesetzten

3.3.2 Datenstruktur – konzeptionelles Datenmodell

Die in der Informationsstruktur festgelegten Datenfelder können nicht einfach in eine Tabelle übernommen werden, da dann nicht die Redundanzfreiheit gewährleistet ist. Das muß aber nach der Regel der ersten Normalform sichergestellt sein. Die Regel besagt:

> Eine Tabelle befindet sich in der **Ersten Normalform,** wenn jedes Attribut nur einmal in der Tabelle vorkommt.

Diese Vorschrift fordert, daß sich wiederholende Daten, Wiederholungsdaten also, in eine gesonderte Tabelle auszugliedern sind. Diesen Vorgang der Ausgliederung von Datenfeldern bezeichnet man als **Normalisierung**. Bei der Zuordnung der Datenfelder auf Tabellen ist nämlich zu beachten, daß die Anzahl der Spalten einer Tabelle nicht variabel ist. Sie kann nicht von Satz zu Satz geändert werden. Das zeigt das folgende Beispiel einer Tabelle, die die Familienstandsdaten der Mitarbeiter enthält.

p-nr	name	vorname	ehepartner	1. kind	2. kind	3. kind
14	Bethe	Bernd	Monika	Bernd	Susi	Petra
15	Doren	Dorle	Heinrich	Willi	Dieter	–
16	Hamm	Heiko	–	–	–	–

Wenn die Mitarbeitertabelle in dieser Form aufgebaut wird, ergeben sich zwei Unzulänglichkeiten. Die eine besteht darin, daß in jeder Zeile Platz für eventuelle Einträge der Familienangehörigen vorgehalten werden muß. Bei ledigen Mitarbeitern bedeutet das eine Verschwendung von Speicherplatz. Die zweite Unzulänglichkeit: Bernd und Monika Bethe haben ein 4. Kind bekommen. Bei dieser Datenstruktur kann es nicht berücksichtigt werden. Deshalb ist die obige Datenstruktur nicht geeignet, die möglichen Familienstandsdaten aufzunehmen.

Die Angaben zu den Familienangehörigen sind Attribute, die sich wiederholen. Sie stellen somit **Wiederholungsdaten** dar und werden deshalb in eine eigene Tabelle ausgelagert. Die Tabellen lauten dann:

Tabelle *personal*

p-nr	name	vorname
14	Bethe	Bernd
15	Doren	Dorle
16	Hamm	Heiko

Tabelle *familienstand*

vorname	verwandtschaftsverhältnis
Monika	Ehefrau
Bernd	Sohn
Susi	Tochter
Petra	Tochter
Heinrich	Ehemann
Willi	Sohn
Dieter	Sohn

Die Auslagerung der Wiederholungsdaten in eine eigene Tabelle löst die obigen Probleme. Die Platzverschwendung wird vermieden. Das Eintragen eines weiteren Familienmitgliedes ist problemlos möglich, da an eine Tabelle beliebig viele Zeilen angefügt werden können. Bei der obigen Form der Familienstandstabelle ist aber die Information verlorengegangen, auf welchen Mitarbeiter sich die Angaben beziehen.

Damit jederzeit festgestellt werden kann, zu welchem Mitarbeiter die Familienstandsdaten gehören, wird die Tabelle um eine Spalte *p-nr* erweitert. In ihr wird bei jedem Eintrag die Nummer des Mitarbeiters vermerkt.

p-nr	name	vorname
14	Bethe	Bernd
15	Doren	Dorle
16	Hamm	Heiko

p-nr	vorname	verwandtschaftsverhältnis
14	Monika	Ehefrau
14	Bernd	Sohn
14	Susi	Tochter
14	Petra	Tochter
15	Heinrich	Ehemann
15	Willi	Sohn
15	Dieter	Sohn

Die Personalnummer in der Spalte *p-nr* stellt also die Verbindung zwischen den beiden Tabellen her. Man bezeichnet sie deshalb als **Schlüssel**.

Bei Schlüsseln unterscheidet man Primärschlüssel und Fremdschlüssel oder Bezugsschlüssel. In der Tabelle *personal* stellt die Personalnummer einen **Primärschlüssel** dar. Er darf in dieser Tabelle nur einmal vorkommen, weil er einen Datensatz eindeutig identifiziert. Würde dort beispielsweise der Schlüssel zweimal vergeben werden, so wäre kein eindeutiger Zugriff auf einen genau bestimmten Datensatz mehr möglich.

In der Tabelle *familienstand* stellt die Personalnummer einen **Fremdschlüssel** oder einen **Bezugsschlüssel** dar. Über diesen Schlüsseleintrag wird die Beziehung zur Personaltabelle hergestellt. Ein Bezugsschlüssel darf in einer Tabelle mehrfach auftreten.

> Unter Anwendung von Bezugsschlüsseln kann man Datenfelder auf verschiedene Tabellen aufteilen, ohne Informationen zu verlieren.

Diese Erkenntnis über die Notwendigkeit des Ausgliederns von Wiederholungsdaten ist nun auf die obige Informationsstruktur anzuwenden. Um zu erkennen, welche Datenfelder auszugliedern sind, empfiehlt es sich, geeignete Testdaten einzusetzen. Das zeigt das nachstehende Beispiel:

Personal

Datenfeld	**Beispielwerte**	
PERSONALNUMMER	5	
Nachname	Luft	
Vorname	Friedrich	
Geschlecht	M	
F.Mitgl.Vorname	Beate	Wiederholungsgruppe
Verwandtschaft	Ehefrau	Familienmitglieder
Familienzuschuß	60.00	
F.Mitgl.Vorname	Heinz	Wiederholungsgruppe
Verwandtschaft	Sohn	Familienmitglieder
Familienzuschuß	40.00	
Abteilungsname	Steuerung	
Eintrittsdatum	15.05.1985	
Grundgehalt	4500.00	
M.Gehalt Jan 94	5000.00	Wiederholungsfelder
M.Gehalt Feb 94	6063.63	Monatsgehälter
M.Gehalt	...	

Berichtsnummer	940228	Wiederholungsgruppe
Auftragsnummer	1111	Leistungsbericht
Tätigkeitsnummer	3	
Tätigkeitsbezeichnung	Beratung	
Tätigkeitsstunden	4	
Tätigkeitspreis	130.00	
Berichtsnummer	940228	Wiederholungsgruppe
Auftragsnummer	1111	Leistungsbericht
Tätigkeitsnummer	2	
Tätigkeitsbezeichnung	Vorbesprechung	
Tätigkeitsstunden	1.5	
Tätigkeitspreis	100.00	
Berichtsnummer	940228	Wiederholungsgruppe
Auftragsnummer	2222	Leistungsbericht
Tätigkeitsnummer	5	
Tätigkeitsbezeichnung	Kalkulation	
Tätigkeitsstunden	3	
Tätigkeitspreis	110.00	

Folgende Datenfelder der Informationsstruktur können nicht sinnvoll der Personalnummer zugeordnet werden:

Auftragswert
Abrechnungsdatum
Abteilungsleiter

Weil sie nicht unmittelbar mit dem Mitarbeiter, der durch die Personalnummer identifiziert wird, in Verbindung gebracht werden können, müssen diese Datenfelder in weitere Tabellen eingebracht werden.
Die Untersuchung der Personaltabelle auf Wiederholungsdaten zeigt, daß eine Reihe von Datenfeldern wiederholt auftritt. Sie sind aus der Personaltabelle zu entfernen und in eigenständige Tabellen einzubringen. Es ergeben sich dann drei neue Tabellen:
- *familienmitglieder*
- *monatsgehälter*
- *leistungsbericht*

Tabelle *familienmitglieder*
Wie bei den obigen Vorüberlegungen zur Ausgliederung von Informationen in eine andere Tabelle dargelegt wurde, muß die neue Ta-

belle nicht nur Spalten für die Wiederholungsdaten, sondern auch eine Spalte für den Bezugsschlüssel aufweisen. Die Tabelle, die die Daten der Wiederholungsgruppe Familienmitglieder aufnimmt, könnte dann wie folgt aufgebaut sein:

Tabelle familienmitglieder			
personal- nummer	familienmitglieds- vorname	verwandt- schaft	familien- zuschuß
5	Beate	Ehefrau	60.00
5	Heinz	Sohn	40.00

Diese Tabellenstruktur ist aber noch zu überarbeiten. Auf jede Zeile einer Tabelle muß man über einen Schlüssel eindeutig zugreifen können. Das ist in der obigen Tabelle nicht mehr gewährleistet, da der Schlüssel Personalnummer in mehreren Zeilen auftritt. Da es aber möglich sein soll, jeden Datensatz einer Tabelle mit einem eindeutigen Schlüssel anzusprechen, muß der Schlüssel erweitert werden, beispielsweise um eine Familienmitgliedsnummer.

Tabelle familienmitglieder				
personal- nummer	familienmitglieds- **nummer**	vorname	verwandt- schaft	familien- zuschuß
5	1	Beate	Ehefrau	60.00
5	2	Heinz	Sohn	40.00

Die Felder *personalnummer* und *familienmitgliedsnummer* bilden nun einen **zusammengesetzten Schlüssel.** Die neu gebildete Tabelle ist ebenfalls hinsichtlich der Ersten Normalform zu überprüfen. Dabei ist festzustellen, daß sich die Werte im Verwandtschaftsfeld wiederholen. Deshalb wird eine neue Tabelle *verwandtschaftsgrade* gebildet, die wie folgt aufgebaut ist:

Tabelle verwandtschaftsgrade	
verwandtschaftsschlüssel	verwandtschaft
m	Ehemann
f	Ehefrau
s	Sohn
t	Tochter

In der Tabelle *familienmitglieder* wird das Feld Verwandtschaft ersetzt durch *verwandtschlüssel*. Dadurch wird der Datensatz für Familienmitglieder kürzer.

Tabelle familienmitglieder				
personal-nummer	familienmitglieds- **nummer**	vorname	verwandt-schlüssel	familien-zuschuß
5	1	Beate	f	60.00
5	2	Heinz	s	40.00

Tabelle *monatsgehälter*

Bei der Festlegung der Tabellenstruktur *monatsgehälter* ist zu berücksichtigen, daß die Monatsgehälter nicht nur in Beziehung zur Personalnummer, sondern auch zum Jahr und zum Monat stehen, in dem sie gezahlt wurden. Deshalb enthält die Tabelle *monatsgehälter* neben einer Spalte, in der das Monatsgehalt eingetragen wird, auch Spalten für die *personalnummer*, *jahr* und *monat*. Sie weist also einen Schlüssel auf, der sich aus drei Elementen zusammensetzt.

Tabelle monatsgehälter			
personalnummer	**jahr**	**monat**	m-gehalt
5	94	1	5000.00
5	94	2	6063.63

Tabelle *leistungsbericht*

Die Ausgliederung der Wiederholungsgruppen des Leistungsberichtes führt zu einer Tabelle, in der sich der Schlüssel aus den Datenfeldern *personalnummer*, *berichtsnummer*, *auftragsnummer* und *tätigkeitsnummer* zusammensetzt. Diese Angaben werden benötigt, um die erbrachte Leistung zu identifizieren. Die Tabelle *leistungsbericht* weist somit folgende Struktur auf:

Tabelle leistungsbericht						
personal-nummer	**berichts-nummer**	**auftrags-nummer**	**tätigkeits-nummer**	bezeichnung	stunden	preis
5	940228	1111	3	Beratung	4	130.00
5	940228	1111	2	Vorbesprech.	1.5	100.00
5	940228	1111	5	Kalkulation	3	110.00

Mit der Ausgliederung der Wiederholungsdaten sind aus der unnormalisierten Tabelle *personal* mehrere Tabellen entstanden, die sich in der Ersten Normalform befinden. Die Tabelle *personal* weist nun folgende Struktur auf:

Tabelle personal	
Spaltenname	**Beispielwerte**
PERSONALNUMMER	5
Nachname	Luft
Vorname	Friedrich
Geschlecht	M
Abteilungsname	Steuerung
Vorgesetzter	10
Eintrittsdatum	15.05.1985
Grundgehalt	4500.00

Weitere Tabellen sind noch erforderlich, um die bislang nicht zugewiesenen Datenfelder aufzunehmen. Die Datenfelder Auftragswert und Abrechnungsdatum kann man als eine eigene Entitätsklasse auffassen und in einer Tabelle zusammenfassen. Der Schlüssel für diese Tabelle ist die Auftragsnummer.

Tabelle auftrag		
auftragsnummer	auftragswert	abrechnungsdatum

Diese Tabelle, so zeigt bereits der erste Blick, befindet sich in der Ersten Normalform. Somit bleibt als Restposten das Datenfeld Abteilungsleiter. Es ist nun zu prüfen, wie dieses Datenfeld am günstigsten in die Datenbank eingebracht werden kann. Der Abteilungsleiter ist als Mitarbeiter durch seine Personalnummer identifizierbar. Dennoch kann man kein Feld Abteilungsleiter in die Personaltabelle einfügen, weil dieses Feld nur bei wenigen Mitarbeitern benötigt wird. In der Fachsprache würde man sagen, daß zwischen Personalnummer und Abteilungsleiter keine direkte Abhängigkeit besteht. Wohl aber besteht eine solche Abhängigkeit zwischen der Abteilung und dem Leiter der Abteilung. Somit bietet es sich an, eine Tabelle Abteilung zu schaffen, die folgende Struktur aufweist:

Tabelle abteilung		
abteilungsnummer	abteilungsname	abteilungsleiter
1	Leitung	10
2	Verwaltung	9
3	Steuerung	5
4	Transport	1

Die Einführung einer Tabelle *abteilung* hat eine positive Auswirkung auf die Tabelle *personal*. Das dortige Datenfeld Abteilungsname kann nun ersetzt werden durch das Datenfeld Abteilungsnummer. Das hat den Vorteil, daß die Länge des Personaldatensatzes verkleinert wird. Auch sinkt der Eingabeaufwand, wenn statt des Namens nur die Nummer der Abteilung bei dem Mitarbeiter anzugeben ist. Die Personaltabelle lautet dann:

Tabelle personal	
Spaltenname	**Beispielwerte**
PERSONALNUMMER	5
Nachname	Luft
Vorname	Friedrich
Geschlecht	M
Abteilungsnummer	3
Vorgesetzter	10
Eintrittsdatum	15.05.1985
Grundgehalt	4500.00

Zweite Normalform

Eine Datei ist in der **Zweiten Normalform,** wenn sie der Ersten Normalform entspricht und die Nichtschlüsselfelder ausschließlich vom Gesamtschlüssel, nicht von einem Teilschlüssel, abhängen.

Die Zweite Normalform bezieht sich auf solche Tabellen, die über einen zusammengesetzten Schlüssel verfügen. Alle Nichtschlüsselfelder müssen vom Gesamtschlüssel abhängen. Besteht eine Abhängigkeit nur von einem Teil des zusammengesetzten Schlüssels, so müssen die betreffenden Felder ausgegliedert werden.
Ein Beispiel mag die Notwendigkeit verdeutlichen. Es wird angenommen, daß die Mitarbeiter auch noch zu besonderen Anlässen

steuerfreie Prämien erhalten, die nicht in die Monatsgehälter einbezogen werden, sondern in Form von Sonderzahlungen irgendwann im Laufe des Jahres ausgezahlt werden. Würde man sie in die Tabelle Monatsgehälter aufnehmen, so ergäbe sich folgendes Bild:

Tabelle monatsgehälter			
personalnummer	jahr	monat	m-gehalt
5	94	1	5000.00
5	94	2	6063.63
5	**94**	**??**	**2000.00**

Die Sonderzahlung in Höhe von 2000,00 DM ist wohl der Person und dem Jahr zuzurechnen. Da die Zahlung keinen Bezug zu einem bestimmten Monat aufweist, besteht nur eine Abhängigkeit von der Personalnummer und dem Jahr. Sie ist nicht vom Gesamtschlüssel, sondern nur von Teilen des Schlüssels abhängig.

Zusammengesetzte Schlüssel liegen in folgenden Tabellen vor:
- *familienmitglieder*
- *monatsgehälter*
- *leistungsbericht*

In der Tabelle *familienmitglieder* besteht der Gesamtschlüssel aus *personalnummer* und *familienmitgliedsnummer*. Diese beiden Teilschlüssel bestimmen eindeutig das Familienmitglied mit Namen, Verwandtschaftsverhältnis und Familienzuschuß. Bei der Tabelle *monatsgehälter* wurde bereits bei den Vorüberlegungen festgestellt, daß sie die Forderung der Zweiten Normalform erfüllt.

Die Tabelle *leistungsbericht* weist einen Gesamtschlüssel auf, der sich aus den Schlüsselfeldern *personalnummer*, *berichtsnummer*, *auftragsnummer* sowie *tätigkeitsnummer* zusammensetzt. Die Nichtschlüsselfelder *tätigkeitsbezeichnung* und *tätigkeitspreis* sind jedoch nicht vom Gesamtschlüssel, sondern nur von dem Teilschlüssel *tätigkeitsnummer* abhängig. Somit ist die Tabelle *leistungsbericht* umzustrukturieren und erhält hier den Namen *tätigkeitsposten*. Ihr Aufbau:

Tabelle tätigkeitsposten				
personal-nummer	**berichts-nummer**	**auftrags-nummer**	**tätigkeits-nummer**	stunden
5	940228	1111	3	4
5	940228	1111	2	1.5
5	940228	1111	5	3

Die ausgegliederten Felder werden in eine neue Tabelle *tätigkeitsarten* eingebracht. Ergänzt um die weiteren Tätigkeitsarten, ist die Tabelle wie folgt aufgebaut:

Tabelle tätigkeitsarten		
tätigkeits-nummer	bezeichnung	preis
1	Akquisition	70.00
2	Vorbesprechung	100.00
3	Beratung	130.00
4	Projektentwurf	100.00
5	Kalkulation	110.00
6	Zeichnen	70.00
7	Schreibarbeiten	60.00

Dritte Normalform

Eine Datei ist in der **Dritten Normalform,** wenn sie der Zweiten Normalform entspricht und die Nichtschlüsselfelder nicht von anderen Nichtschlüsselfeldern abhängen.

Nach der Dritten Normalform sind Datenfelder, die von Nichtschlüsselfeldern abhängen, in eine eigene Tabelle auszugliedern. Betrachtet man die Tabelle *familienmitglieder* mit ihren Beispielwerten, so könnte hier ein Verstoß gegen die Dritte Normalform vorliegen:

Tabelle familienmitglieder				
personal-nummer	familienmitglieds-**nummer**	vorname	verwandt-schlüssel	familien-zuschuß
5	1	Beate	f	60,00
5	2	Heinz	s	40,00
8	1	Christa	f	60,00

personal-	familienmitglieds-		verwandt-	familien-
nummer	**nummer**	vorname	schlüssel	zuschuß
10	1	Hanna	f	60.00
10	2	Theo	s	40.00
10	3	Else	t	60.00

Wie aus der Tabelle zu entnehmen ist, erhalten Mitarbeiter für ihren Ehepartner einen Zuschlag von 60 DM. Für Söhne beträgt der Zuschlag 40 DM. Daraus ließe sich die Vermutung ableiten, daß die Höhe des Familienzuschusses von dem Verwandtschaftsschlüssel abhängt:

Verwandtschafts-schlüssel	Familienzuschuß
f	—> 60.00
s	—> 40.00
t	—> 60.00

Für diesen Fall wäre das Feld *familienzuschuß* von dem Nichtschlüsselfeld *verwandtschlüssel* abhängig und müßte ausgegliedert werden. In dem vorliegenden Fall besteht die vermutete Abhängigkeit nicht, da in den Arbeitsverträgen die Zuschüsse für die Familienmitglieder gesondert festgelegt werden.

Die Überprüfung der übrigen Tabellen ergibt keine Verstöße gegen die Forderung der Dritten Normalform. Damit sind die erforderlichen Tabellen abgeleitet.

Denormalisierung

Die starke Aufgliederung der einzelnen Informationselemente in eine Vielzahl von Tabellen hat den Nachteil, daß der Rechner bei Suchvorgängen, die sich über mehrere Tabellen erstrecken, viel Zeit benötigt. Kommt es zu unerträglich langen Antwortzeiten, so wird das Datenmodell umgebaut, indem Ausgliederungen wieder zurückgenommen werden. Diesen Vorgang bezeichnet man als Denormalisierung.

Nach Abschluß der Normalisierung besteht das Datenbankmodell aus folgenden Tabellen:

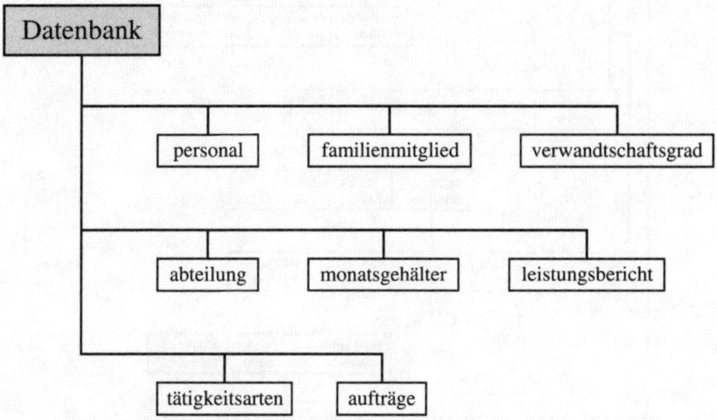

3.3.3 Beziehungen zwischen den Tabellen untersuchen

Das Datenmodell ist in zweierlei Hinsicht zu prüfen. Zum einen muß sichergestellt sein, daß zusammengehörende Tabellen miteinander verbunden werden können. Es ist also sicherzustellen, daß jedem Bezugsschlüssel ein Primärschlüssel zugeordnet werden kann. Zum anderen ist zu untersuchen, ob die Beziehungen, die zwischen den Tabellen bestehen, im Rahmen einer relationalen Datenbank zulässig sind.

Um die Beziehungen zwischen den verschiedenen Tabellen zu verdeutlichen, kann man die Methode des Streifendiagramms anwenden (siehe Grafik auf nächster Seite).

Die Primärschlüssel sind in Fettschrift, die Fremd- bzw. Bezugsschlüssel in kursiver Schrift geschrieben. Aus dem Streifendiagramm ist zu ersehen, daß sich alle Fremdschlüssel auf Primärschlüssel beziehen.

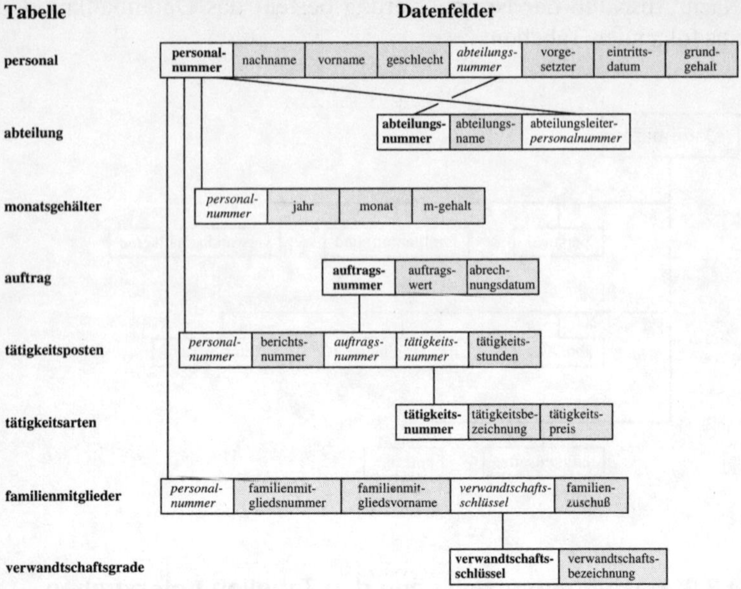

Beziehungen überprüfen

Ferner ist zu prüfen, ob die Beziehungen im Datenbanksystem abgebildet werden können. Die wichtigsten Arten von Beziehungen zwischen Tabellen sind:

Beziehungsart	*Schreibweise*
■ Eins-zu-eins-Beziehung	1 : 1
■ Eins-zu-mehrfach-Beziehung	1 : m
■ Mehrfach-zu-mehrfach-Beziehung	m : m
■ Eins-zu-eins-bedingte-Beziehung (c steht für konditionell = bedingt)	1 : 1c
■ Eins-zu-mehrfach-bedingte-Beziehung	1 : mc
■ rekursive Beziehung	

Folgende Beispiele verdeutlichen die Beziehungsarten:

1:1-Beziehung

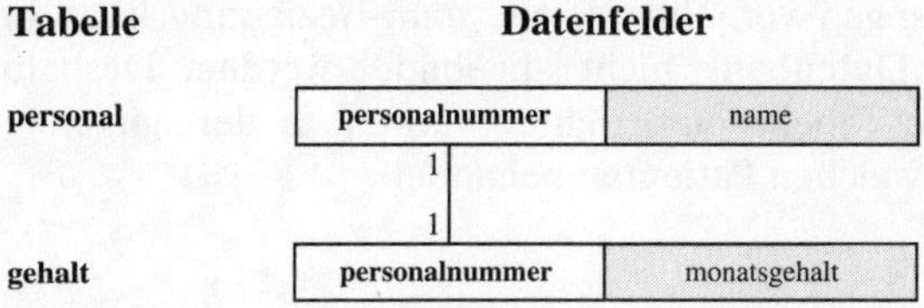

Jedem Eintrag in der Tabelle *personal* entspricht genau ein Eintrag in der Tabelle *gehalt* und umgekehrt. Man könnte die beiden Tabellen zusammenfassen. Aus Datenschutzgründen wird die getrennte Speicherung oftmals vorgezogen.

1:m-Beziehung

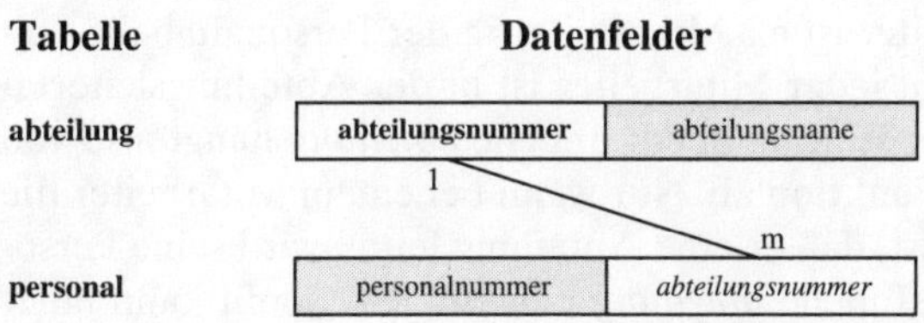

Zwischen der Personaltabelle und der Tabelle *abteilung* besteht eine 1:m-Beziehung. Jeder Abteilungsnummer in der Tabelle *abteilung* sind ein oder mehrere Einträge im Feld *abteilungsnummer* der Tabelle *personal* zugeordnet. Während eine bestimmte Abteilungsnummer nur einmal in der Tabelle *abteilung* existiert, kann sie in der Personaltabelle häufiger auftreten.

m:m-Beziehungen

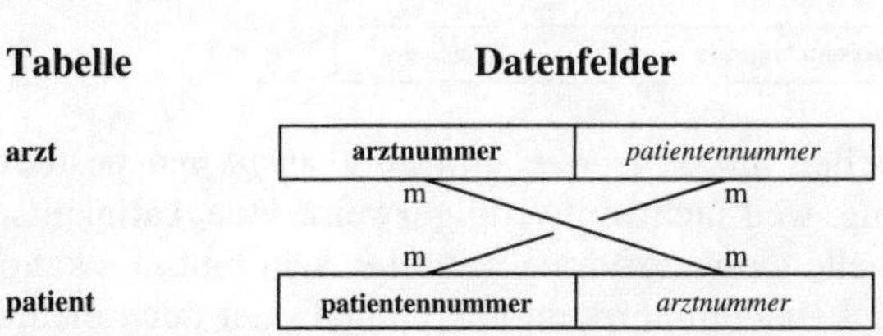

Jeder Zeile einer Tabelle A können ein oder mehrere Einträge einer Tabelle B zugeordnet sein, aber auch umgekehrt. Es liegen hier Überkreuz-Beziehungen vor. Eine solche m:m-Beziehung kann in einer relationalen Datenbank nicht abgebildet werden. Deshalb müßte eine weitere Tabelle eingerichtet werden, in der dargelegt wird, welcher Arzt welchen Patienten behandelt.

1:1c-Beziehung

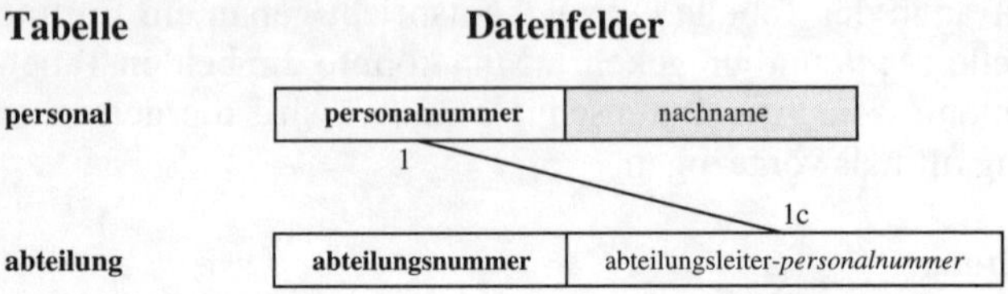

Jeder Abteilungsleiter ist als Mitarbeiter in der Personaltabelle eingetragen, aber nicht jeder Mitarbeiter ist in der Abteilungsleitertabelle vermerkt. Der Eintrag in der Tabelle *abteilung* hängt also von der betrieblichen Funktion ab. Nur wenn bei einem Mitarbeiter die Bedingung erfüllt ist, daß er eine Abteilung leitet, wird seine Personalnummer in der Tabelle *abteilung* eingetragen. Somit kann einer Personalnummer in der Tabelle *personal* keine oder nur eine Entsprechung in der Tabelle Abteilung haben.

1:mc-Beziehungen

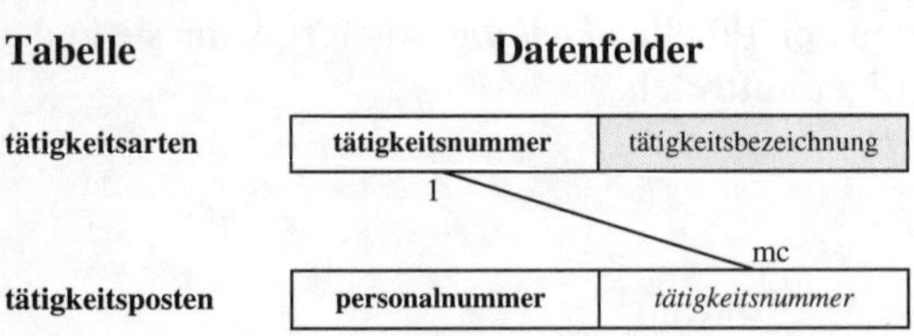

Zwischen den Tabellen *tätigkeitsarten* und *tätigkeitsposten* besteht eine 1:mc-Beziehung, weil nicht notwendigerweise jede Tätigkeitsnummer in der Tabelle *tätigkeitsposten* vertreten sein muß. Es kann also auch eine Tätigkeitsnummer keinmal, einmal oder auch mehrmals in der Tabelle *tätigkeitsposten* auftreten.

Rekursive Beziehungen

Tabelle **Datenfelder**

personal

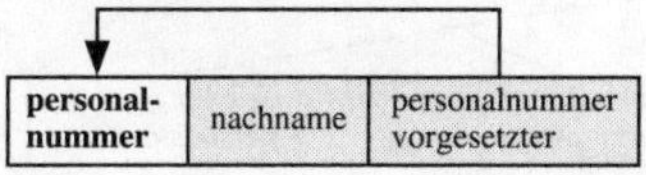

Jeder Vorgesetzter ist gleichzeitig Mitarbeiter. Deshalb werden seine Daten auch in der Personaltabelle geführt. Um bei einem Mitarbeiter den Vorgesetzten anzugeben, genügt die Angabe der Personalnummer.

Beispiel:

personalnummer	nachname	personalnummer vorgesetzter
01	Eifer	10
03	Meyer	01
10	Adam	10

Bei dieser Tabellenstruktur bezieht sich das Feld *personalnummer vorgesetzter* auf das Feld *personalnummer*. Es liegt somit eine rekursive Beziehung vor, weil Einträge in zwei verschiedenen Spalten in unterschiedlichen Zeilen einer Tabelle untereinander abhängig sind. Eine solche rekursive Beziehung ist nicht zulässig. Das mag folgende Überlegung zeigen. Bei der Eingabe der Mitarbeiterdaten in die Datenbank darf nur eine zulässige Mitarbeiternummer in der Vorgesetztenspalte eingetragen werden. Zulässig ist eine Nummer, die bereits in der Tabelle gespeichert ist. Ist die Vorgesetzten-Personalnummer noch nicht erfaßt, wird die Eingabe der Personalnummer in der Vorgesetztenspalte abgelehnt.

In dem obigen Beispiel liegt eine **direkte Rekursion** vor. In Zusammenhang mit einer zweiten Tabelle ergeben sich auch **indirekte Rekursionen.**

Tabelle **Datenfelder**

personal

abteilung

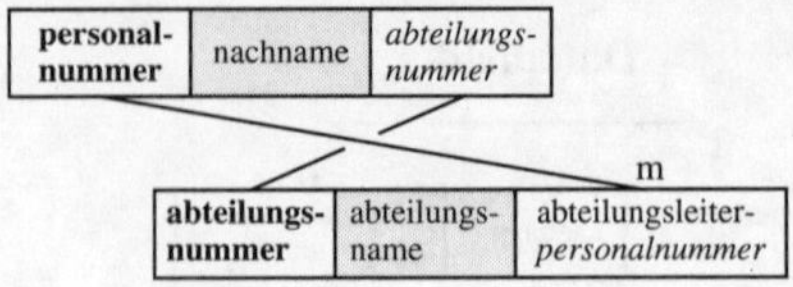

Auch die indirekte Rekursion ist nicht zulässig. Am Beispiel der Eingabe von Daten erkennt man, warum eine solche Datenstruktur unzulässig ist. Bei der Eingabe eines Mitarbeiters wird vorausgesetzt, daß die Abteilungsnummer schon existiert. Andererseits müssen bei der Eingabe der Abteilungsdaten alle Personaldaten schon erfaßt sein. Die Einträge in den beiden Tabellen setzen sich gegenseitig voraus. Die Tabellenstruktur ist deshalb zu ändern, um solche indirekten Rekursionen zu vermeiden.
In einer relationalen Datenbank sind die Beziehungsarten

1 : 1
1 : m
1 : 1c
1 : mc

zugelassen. Werden in dem Datenmodell noch andere Beziehungsarten festgestellt, so müssen die Tabellen umgeformt werden, damit sie den zugelassenen Beziehungsarten entsprechen.

In dem Datenmodell auf der nächsten Seite liegen Rekursionen vor. In der Tabelle *personal* ist die direkte Rekursion zu beheben. Zwischen den Tabellen *personal* und *abteilung* ist die indirekte Rekursion zu beseitigen. Um die Information über den Vorgesetzten zu erfassen, muß die Personalnummer des Vorgesetzten in eine weitere Tabelle ausgegliedert werden. Die Tabelle *vorgesetzter* umfaßt dann zwei Felder:

Tabelle vorgesetzter	
Personalnummer Mitarbeiter	Personalnummer Mitarbeiter
01	10
03	01

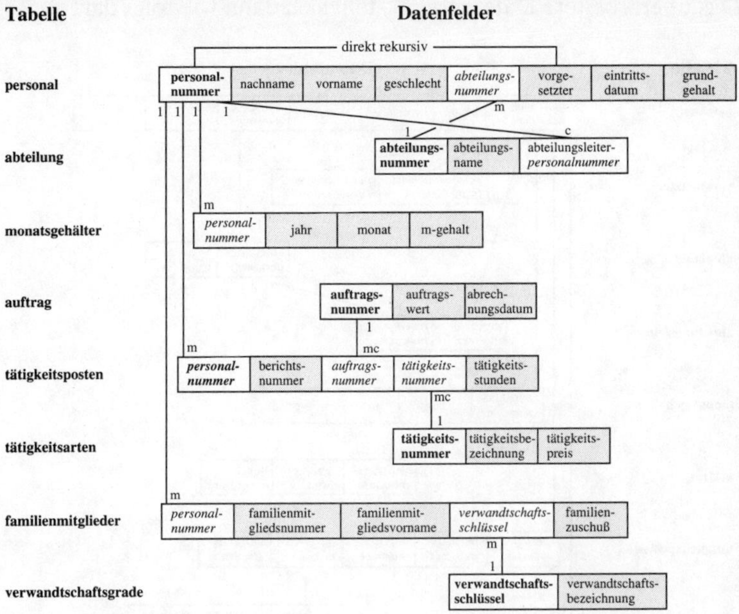

Bei dieser Konstruktion werden zunächst die Personaldaten erfaßt. Anschließend werden die Daten der Tabelle *vorgesetzter* eingetragen. Somit ist ein gegenseitiges Blockieren nicht mehr möglich.
Die indirekte Rekursion wird dadurch aufgehoben, daß die Personalnummer des Abteilungsleiters aus der Tabelle *abteilung* ausgegliedert wird. In einer neuen Tabelle *abteilungsleiter* werden die Personalnummer sowie die Abteilungsnummer vermerkt.

Tabelle abteilungsleiter	
Personalnummer Abteilungsleiter	Abteilungsnummer
01	4
05	3

Das überarbeitete Datenmodell stellt sich dann wie folgt dar:

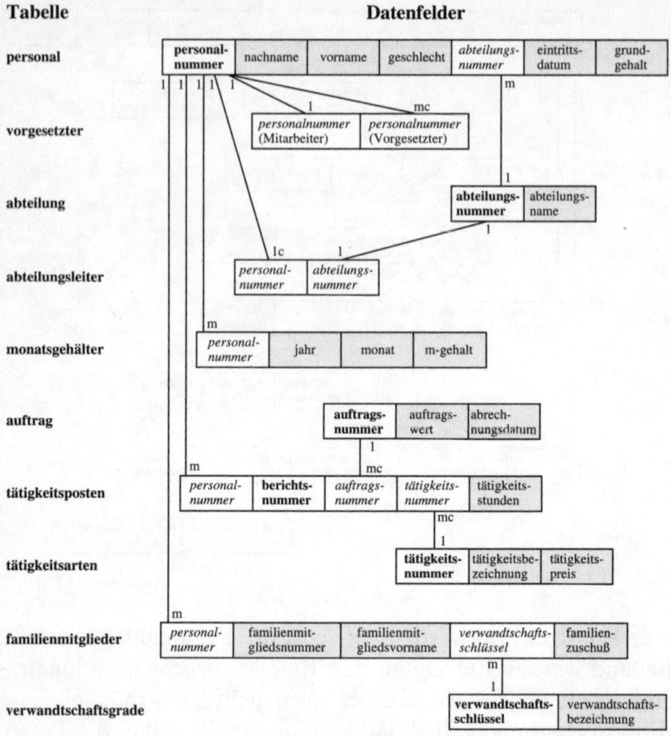

Die Beziehungen, die in dem obigen Datenmodell bestehen, sind zulässig. Es kann somit in einem relationalen Datenbanksystem verwirklicht werden.

3.3.4 Aufnahmestruktur

Zur Umsetzung des Datenmodells in ein lauffähiges Datenbanksystem müssen die Datentypen für die einzelnen Tabellenfelder festgelegt werden. Da die verschiedenen Datenbanken unterschiedliche Datentypen aufweisen, werden hier nur solche Datentypen verwendet, die von allen Datenbankverwaltungssystemen unterstützt werden.

Die Tabellen und ihre Felder erhalten Kurzbezeichnungen, um den Vorschriften für Tabellen- und Feldnamen zu genügen. Unterschiedliche Datenbankverwaltungsprogramme lassen unterschiedlich lange Namen zu. In einer Schlüsselspalte werden Felder durch ein P bzw. B als Primär- bzw. als Bezugsschlüssel gekennzeichnet.
Bei numerischen Datentypen wird durch Angabe der Größe gekennzeichnet, ob es sich um einen ganzzahligen oder um einen dezimalen Datentyp handelt. Die Angabe 6,2 besagt, daß das Feld insgesamt 6 Stellen lang sein soll, davon zwei Nachkommastellen.

Tabelle persdat (Personal)

Attribut	**Datenfeld**	**Datentyp**	**Größe**	**Schlüssel**
PERSONALNUMMER	persnr	Numerisch	2	P
Nachname	pname	Text	12	
Vorname	pvname	Text	12	
Geschlecht	geschlecht	Text	1	
Abteilungsnummer	abtnr	Numerisch	1	B
Eintrittsdatum	eintritt	Datum		
Grundgehalt	gehalt	Numerisch	8,2	

Tabelle abteilg (Abteilung)

Attribut	**Datenfeld**	**Datentyp**	**Größe**	**Schlüssel**
ABTEILUNGSNUMMER	abtnr	Numerisch	1	P
Abteilungsname	abtname	Text	12	

Tabelle vorg (Vorgesetzter)

Attribut	**Datenfeld**	**Datentyp**	**Größe**	**Schlüssel**
PERSONALNUMMER	persnr	Numerisch	2	B
Personalnummer	vpersnr	Numerisch	2	

Tabelle ableiter (Abteilungsleiter)

Attribut	**Datenfeld**	**Datentyp**	**Größe**	**Schlüssel**
ABTEILUNGSNUMMER	abtnr	Numerisch	1	B
Personalnummer	persnr	Numerisch	2	

Tabelle mgehalt (Monatsgehälter)

Attribut	Datenfeld	Datentyp	Größe	Schlüssel
PERSONALNUMMER	persnr	Numerisch	2	B } Kombi-
JAHR	jahr	Numerisch	2	} schlüs-
MONAT	monat	Numerisch	2	} sel
Monatsgehalt	mgehalt	Numerisch	8,2	

Tabelle auftrag (Auftrag)

Attribut	Datenfeld	Datentyp	Größe	Schlüssel
AUFTRAGSNUMMER	aufnr	Numerisch	4	P
Auftragswert	aufwert	Numerisch	8,2	
Abrechnungsdatum	abdatum	Datum		

Tabelle tposten (Tätigkeitsposten)

Attribut	Datenfeld	Datentyp	Größe	Schlüssel
BERICHTSNUMMER	tbnr	Numerisch	4	}Kombi-
PERSONALNUMMER	persnr	Numerisch	2	B } schlüs-
AUFTRAGSNUMMER	aufnr	Numerisch	4	B } sel
TÄTIGKEITSNUMMER	tartnr	Text	1	B }
Tätigkeitsstunden	tstd	Numerisch	4	

Tabelle tarten (Tätigkeitsarten)

Attribut	Datenfeld	Datentyp	Größe	Schlüssel
TÄTIGKEITSNUMMER	tartnr	Text	1	P
Tätigkeitsbezeichnung	tbez	Text	15	
Tätigkeitspreis	tpreis	Numerisch	6,2	

Tabelle fmitglieder (Familienmitglieder)

Attribut	Datenfeld	Datentyp	Größe	Schlüssel
PERSONALNUMMER	persnr	Numerisch	2	B } Kombi-
FAMILIENMITGLIEDS-				} Schlüs-
NUMMER	fmnr	Numerisch	2	} sel
Familienmitgliedsvorname	vorname	Text	12	
Verwandtschaftsschlüssel	vwgrad	Text	1	B
Familienzuschuß	zuschlag	Numerisch	8,2	

Tabelle vwgrade (Verwandtschaftsgrade)

Attribut	Datenfeld	Datentyp	Größe	Schlüssel
VERWANDTSCHAFTS-SCHLÜSSEL	vwgrad	Text	1	P
Verwandtschafts-bezeichnung	vwname	Text	7	

Die Tabellen sind jetzt in einer Weise definiert, daß man sie in die Datenbank aufnehmen kann. Die obige Darstellung bezeichnet man deshalb auch als **Aufnahmestruktur**. Die Darstellung der Aufnahmestruktur sowie die Beziehungsgrafik gehören zur Dokumentation einer Datenbank.

3.4 Tabellen der Beispieldatenbank erstellen

In Kapitel 2 haben wir gezeigt, wie Sie Tabellen vereinbaren und Daten in diesen Tabellen speichern. Wenn Sie die in den nachfolgenden Kapiteln eingesetzten Beispiele nachvollziehen wollen, müssen Sie die im vorhergehenden Abschnitt beschriebenen Tabellen anlegen und die dort beschriebenen Daten eingeben. Sie können die Tabellen der Beispieldatenbank auch mit der Kommandodatei CRINSTAB (CReateINSertTABellen) anlegen, die Sie auf der für dieses Buch erhältlichen Arbeitsdiskette finden. Diese Batchdatei definiert nicht nur die Tabellenstrukturen, sondern trägt auch die Daten ein. In CRINSTAB sind alle erforderlichen Befehle in einer Anweisungsfolge zusammengefaßt. Diese Technik wendet man an, wenn mehrere SQL-Anweisungen nur ein einziges Mal aufgerufen werden müssen. Alle Einzelanweisungen außer der letzten müssen darin mit einem Semikolon beendet werden.
Falls Sie die Diskette nicht besitzen, können Sie sich die Batchdatei mit Ihrem Editor selbst erstellen

3.4.1 Tabellen unter INFORMIX erzeugen

CRINSTAB in INFORMIX-SQL aufrufen und starten: Sie rufen die Datei im SQL-Bildschirm mit der Auswahl *Choose* auf und geben hinter CHOOSE>> den Namen der Kommandodatei ohne den Zusatz .SQL ein.

Fenster/Menü	Eingabe/Auswahlpunkt	Aktion
INFORMIX-SQL	Query-Language	↵
SQL	Choose a:\kap3\crinstab ↵ Run	↵ eingeben ↵

CRINSTAB.SQL in INFORMIX-DBA aufrufen und starten:

Fenster/Menü	Eingabe/Auswahlpunkt	Aktion
SQL Direct Entry	Import SQL	links-klicken
Import	File Name a:\kap3\crinstab OK Schiebepfeil_nach_unten Ausführen	links-klicken eingeben links-klicken links-klicken, bis Dateiende erreicht links-klicken

Die Anweisungsfolge, die in der Tabelle CRINSTAB.SQL enthalten ist, ist wie folgt aufgebaut.

CRINSTAB.SQL:

```
CREATE TABLE persdat
  (persnr      SMALLINT  NOT NULL,
   pname       CHAR(12),
   pvname      CHAR(12),
   geschlecht  CHAR(1),
   abtnr       SMALLINT,
   eintritt    DATE,
   gehalt      DECIMAL(8,2));
INSERT INTO persdat VALUES
   (9,'BIND','Gisela','W',2,'15.05.1985',4000.00);
INSERT INTO persdat VALUES
   (8,'Volt','Gerda','W',3,'01.02.1980',4200.00);
INSERT INTO persdat VALUES
   (7,'Meieris','Heinz','M',3,'01.02.1980',2450.00);
INSERT INTO persdat VALUES
   (5,'Luft','Friedrich','M',3,'15.05.1985',4500.00);
INSERT INTO persdat VALUES
```

```
   (4,'Strom','Claudius','M',2,'01.03.1984',3800.00);
INSERT INTO persdat VALUES
   (3,'Meyer','Luise','W',4,'01.03.1984',2450.00);
INSERT INTO persdat VALUES
   (1,'Eifer','Rik','M',4,'01.02.1980',3800.00);
INSERT INTO persdat VALUES
   (10,'Meier','Adam','M',1,'01.01.1975',5000.00);
```

```
CREATE TABLE abteilg
  (abtnr      SMALLINT NOT NULL,
   abtname    CHAR(12));
INSERT INTO abteilg VALUES (1, 'Leitung');
INSERT INTO abteilg VALUES (2, 'Verwaltung');
INSERT INTO abteilg VALUES (3, 'Steuerung');
INSERT INTO abteilg VALUES (4, 'Transport');
```

```
CREATE TABLE vorg
  (persnr     SMALLINT NOT NULL,
   vpersnr    SMALLINT);
INSERT INTO vorg VALUES (1,10);
INSERT INTO vorg VALUES (3,1);
INSERT INTO vorg VALUES (4,9);
INSERT INTO vorg VALUES (5,10);
INSERT INTO vorg VALUES (7,5);
INSERT INTO vorg VALUES (8,5);
INSERT INTO vorg VALUES (9,10);
INSERT INTO vorg VALUES (10,0);
```

```
CREATE TABLE ableiter
  (abtnr   SMALLINT NOT NULL,
   persnr  SMALLINT);
INSERT INTO ableiter VALUES (1,10);
INSERT INTO ableiter VALUES (2,9);
INSERT INTO ableiter VALUES (3,5);
INSERT INTO ableiter VALUES (4,1);
```

```
CREATE TABLE fmitglieder
  (persnr   SMALLINT NOT NULL,
```

```
  fmnr      SMALLINT,
  vorname   CHAR(12),
  vwgrad    CHAR(1),
  zuschlag  DECIMAL(8,2));
INSERT INTO fmitglieder VALUES (10,3,'Else','t',60.00);
INSERT INTO fmitglieder VALUES (10,2,'Theo','s',40.00);
INSERT INTO fmitglieder VALUES (10,1,'Hanna','f',60.00);
INSERT INTO fmitglieder VALUES (8,1,'Christa','t',40.00);
INSERT INTO fmitglieder VALUES (5,2,'Heinz','s',40.00);
INSERT INTO fmitglieder VALUES (5,1,'Beate','f',60.00);
INSERT INTO fmitglieder VALUES (3,1,'Heinrich','m',60.00);
```

```
CREATE TABLE vwgrade
  (vwgrad      CHAR(1) NOT NULL,
   vwname      CHAR(7));
INSERT INTO vwgrade VALUES ('m','Ehemann');
INSERT INTO vwgrade VALUES ('f','Ehefrau');
INSERT INTO vwgrade VALUES ('s','Sohn');
INSERT INTO vwgrade VALUES ('t','Tochter');
```

```
CREATE TABLE mgehalt
  (persnr  SMALLINT NOT NULL,
   jahr    DECIMAL(2),
   monat   SMALLINT,
   mgehalt DECIMAL(8,2));
INSERT INTO mgehalt VALUES (10,94,2,6001.74);
INSERT INTO mgehalt VALUES (1,94,2,4482.40);
INSERT INTO mgehalt VALUES (3,94,2,3428.28);
INSERT INTO mgehalt VALUES (4,94,2,3800.00);
INSERT INTO mgehalt VALUES (5,94,2,6063.63);
INSERT INTO mgehalt VALUES (9,94,2,4000.00);
INSERT INTO mgehalt VALUES (8,94,2,4240.00);
INSERT INTO mgehalt VALUES (7,94,2,2929.65);
INSERT INTO mgehalt VALUES (10,94,1,5900.00);
INSERT INTO mgehalt VALUES (9,94,1,4250.00);
INSERT INTO mgehalt VALUES (8,94,1,4760.00);
INSERT INTO mgehalt VALUES (7,94,1,2700.00);
INSERT INTO mgehalt VALUES (5,94,1,5000.00);
```

```
INSERT INTO mgehalt VALUES (4,94,1,3820.10);
INSERT INTO mgehalt VALUES (3,94,1,3200.00);
INSERT INTO mgehalt VALUES (1,94,1,4100.00);
```

```
CREATE TABLE tarten
  (tartnr    CHAR(1),
   tbez      CHAR(15),
   tpreis    DECIMAL(6,2));
INSERT INTO tarten  VALUES ('1','Akquisition',90.00);
INSERT INTO tarten  VALUES ('2','Vorbesprechung',100.00);
INSERT INTO tarten  VALUES ('3','Beratung',130.00);
INSERT INTO tarten  VALUES ('4','Projektentwurf',120.00);
INSERT INTO tarten  VALUES ('5','Kalkulation',110.00);
INSERT INTO tarten  VALUES ('6','Zeichnen',90.00);
INSERT INTO tarten  VALUES ('7','Schreibarbeiten',80.00);
```

```
CREATE TABLE tposten
  (tbnr         INTEGER,
   persnr       SMALLINT,
   aufnr        SMALLINT,
   tartnr       CHAR(1),
   tstd         DECIMAL(8,2));
INSERT INTO tposten VALUES (940301,10,2222,'4',3.0);
INSERT INTO tposten VALUES (940301,10,2222,'2',4.0);
INSERT INTO tposten VALUES (940228,1,3333,'5',9.0);
INSERT INTO tposten VALUES (940228,1,3333,'3',5.0);
INSERT INTO tposten VALUES (940228,5,1111,'3',18.0);
INSERT INTO tposten VALUES (940301,5,2222,'6',6.0);
INSERT INTO tposten VALUES (940301,7,2222,'7',6.5);
INSERT INTO tposten VALUES (940301,8,4444,'2',8.0);
INSERT INTO tposten VALUES (940301,3,4444,'6',4.0);
INSERT INTO tposten VALUES (940301,3,4444,'7',3.0);
INSERT INTO tposten VALUES (940301,1,4444,'2',8.0);
INSERT INTO tposten VALUES (940228,5,1111,'2',24.0);
INSERT INTO tposten VALUES (940228,5,1111,'1',18.0);
INSERT INTO tposten VALUES (940228,3,2222,'7',38.0);
INSERT INTO tposten VALUES (940228,3,2222,'6',12.0);
INSERT INTO tposten VALUES (940228,3,1111,'7',24.0);
```

```
INSERT INTO tposten VALUES (940228,3,1111,'6',70.0);
INSERT INTO tposten VALUES (940228,1,2222,'6',24.0);
INSERT INTO tposten VALUES (940228,1,2222,'5',7.0);
INSERT INTO tposten VALUES (940228,1,2222,'3',4.0);
INSERT INTO tposten VALUES (940228,1,1111,'6',32.0);
INSERT INTO tposten VALUES (940228,1,1111,'5',18.0);
INSERT INTO tposten VALUES (940228,1,1111,'3',12.0);
INSERT INTO tposten VALUES (940228,5,1111,'4',42.0);
INSERT INTO tposten VALUES (940228,5,1111,'5',12.0);
INSERT INTO tposten VALUES (940228,5,2222,'5',17.0);
INSERT INTO tposten VALUES (940228,5,2222,'6',32.0);
INSERT INTO tposten VALUES (940228,7,1111,'7',58.0);
INSERT INTO tposten VALUES (940228,7,2222,'7',35.0);
INSERT INTO tposten VALUES (940228,8,1111,'5',4.0);
INSERT INTO tposten VALUES (940228,8,1111,'6',62.0);
INSERT INTO tposten VALUES (940228,8,2222,'5',7.0);
INSERT INTO tposten VALUES (940228,8,2222,'6',42.0);
INSERT INTO tposten VALUES (940228,10,1111,'1',38.0);
INSERT INTO tposten VALUES (940228,10,1111,'2',42.0);
INSERT INTO tposten VALUES (940228,10,1111,'3',38.0);
INSERT INTO tposten VALUES (940228,1,3333,'6',39.0);
INSERT INTO tposten VALUES (940228,3,3333,'6',12.0);
INSERT INTO tposten VALUES (940228,3,3333,'7',18.0);
INSERT INTO tposten VALUES (940228,7,3333,'7',62.0);
INSERT INTO tposten VALUES (940228,8,3333,'6',39.0);
INSERT INTO tposten VALUES (940228,10,3333,'1',17.0);
INSERT INTO tposten VALUES (940228,10,3333,'2',18.0);
INSERT INTO tposten VALUES (940228,10,3333,'3',12.0);
```

```
CREATE TABLE auftrag
  (aufnr     SMALLINT,
   aufwert   DECIMAL(8,2),
   abdatum   DATE);
INSERT INTO auftrag VALUES(1111,56400.00,'28.02.1994');
INSERT INTO auftrag (aufnr, aufwert)
➪      VALUES(2222,52700.00);
INSERT INTO auftrag VALUES(3333,20800.0,'28.02.1994');
INSERT INTO auftrag (aufnr) VALUES(4444);
```

3.4.2 Tabellen unter ORACLE erzeugen

CRINSTAB.ORA aufrufen und starten: In ORACLE rufen Sie die Kommandodatei CRINSTAB in SQL*Plus mit dem Datenbankbefehl START auf und starten sie gleichzeitig.

SQL> START A:\KAP3\crinstab.ora

Die Datenbankbefehle GET und RUN zum Aufruf von Kommandodateien können Sie für Anweisungsfolgen nicht einsetzen.

CRINSTAB.ORA:
Die Datei CRINSTAB.ORA entspricht im Inhalt der oben ausgedruckten Datei CRINSTAB.SQL. Jedoch müssen die Datumswerte im ORACLE-Format eingegeben werden. Beispiel für eine Datenzeile mit ORACLE-Datumsformat:

```
INSERT INTO persdat VALUES
   (9,'BIND','Gisela','W',2,'15-may-85',4000.00);
```

Alle Einzelanweisungen werden mit einem Semikolon beendet.

3.4.3 Tabellen unter DB2/2 erzeugen

CRINSTAB.CMD aufrufen und starten: Sie rufen die CMD-Batchdatei am OS/2-Bereitschaftszeichen auf.

Fenster/Menü	**Eingabe/Auswahlpunkt**	**Aktion**
OS/2-Arbeitsoberfläche	System	links-doppelklicken
System-Symbolanzeige	Befehlszeilen	links-doppelklicken
Befehlszeilen-Symbolanzeige	OS/2 Gesamtbildschirm	links-doppelklicken
[c:\]	cd sqllib	eingeben
[c:\sqllib]	a:\kap3\crinstab	eingeben

CRINSTAB.CMD: In DB2/2 müssen Sie Anweisungsfolgen in CMD-Kommandodateien mit dem Befehl CALL eingeben. CALL ruft in OS/2-Stapeldateien andere Stapeldateien auf. Da die Befehle am OS/2-Bereitschaftszeichen gestartet werden sollen, müssen sie mit dem Schnittstellenbefehl DBM (DB2 in Version 2 ab 1996) beginnen. Zu beachten ist weiterhin, daß die einzelnen Anweisungen innerhalb der Stapeldatei nicht durch Semikolon getrennt werden dürfen.

Beispiel für Anweisungszeilen:

```
CALL DBM CREATE TABLE persdat
  (persnr SMALLINT NOT NULL,pname CHAR(12),
➪     pvname CHAR(12),
   geschlecht CHAR(1),abtnr SMALLINT,eintritt DATE,
➪     gehalt DECIMAL(8,2))
CALL DBM INSERT INTO persdat
   VALUES (9,'BIND','Gisela','W',2,'15.05.1985',4000.00)
CALL DBM INSERT INTO persdat
   VALUES (8,'Volt','Gerda','W',3,'01.02.1980',4200.00)
  ...
```

Jede Einzelanweisung ist als Befehlsstring ohne Absatz gespeichert und weicht insofern von der obigen Befehlsdarstellung ab.

3.4.4 Tabellen unter GUPTA erzeugen

CRINSTAB.WTS aufrufen und starten:

Fenster/Menü	Eingabe/Auswahlpunkt	Aktion
SQLTalk	Session Script	links-klicken links-klicken
Run File	a:\kap3\crinstab.wts OK	eingeben links-klicken

CRINSTAB.WTS: Die Datei CRINSTAB.WTS entspricht im Inhalt der oben angegebenen Datei CRINSTAB.SQL.

Beispiel für eine Datenzeile:

```
INSERT INTO persdat VALUES
   (9,'BIND','Gisela','W',2,'15.05.1985',4000.00);
```

4 DATEN IN EINER TABELLE SUCHEN UND ANZEIGEN

Sind die erforderlichen Daten in der Datenbank gespeichert, so können Sie auf verhältnismäßig einfache Weise die gewünschten Informationen aus der Datenbank gewinnen. Denn das Suchen und Anzeigen gespeicherter Werte gehört zu den wichtigsten Fähigkeiten eines Datenbanksystems. Damit werden wir uns in den folgenden Kapiteln beschäftigen. In diesem Kapitel befassen wir uns mit Abfragen, die in nur einer Tabelle durchgeführt werden, und besprechen die vielfältigen Möglichkeiten, die SQL zur Spalten- und Zeilenauswahl bereitstellt.
Es ist Ihnen bereits bekannt, daß die einzelnen Datenbanksysteme die Datumswerte in unterschiedlicher Form ausgeben. In den nachfolgenden Darstellungen zeigen wir Datumswerte jedoch nur in der Form tt.mm.jjjj oder tt.mm.jj an. Beachten Sie auch, daß in GUPTA alle SQL-Anweisungen mit dem Semikolon beendet werden müssen.

4.1 Alle Zeilen einer Tabelle anzeigen

In einer Abfrage muß stets angegeben werden, aus welchen Spalten und aus welcher Tabelle Daten abgerufen werden sollen. Das können Sie aus dem folgenden Beispiel erkennen, das eine Übersicht über alle in der Tabelle *persdat* gespeicherten Mitarbeiterdaten bietet.

```
SELECT *                                        ( A4101)
  FROM persdat
```

Ergebnisliste:

PERSNR	PNAME	PVNAME	G	ABTNR	EINTRITT	GEHALT
1	Eifer	Rik	M	4	01.02.1980	3800.00
3	Meyer	Luise	W	4	01.03.1984	2750.00
4	Strom	Claudius	M	2	01.03.1984	3800.00
5	Luft	Friedrich	M	3	15.05.1985	4500.00
7	Meieris	Heinz	M	3	01.02.1980	2450.00
8	Volt	Gerda	W	3	01.02.1980	4200.00
9	Bind	Gisela	W	2	15.05.1985	4000.00
10	Meier	Adam	M	1	01.01.1975	5000.00

SELECT leitet die Anweisung ein, mit der Daten in der Datenbank gesucht und angezeigt werden. Hinter SELECT werden die Namen der auszuwählenden Spalten angegeben. Der Stern * hinter dem Schlüsselwort veranlaßt die Anzeige **aller Tabellenspalten** in der Reihenfolge, in der die Spalten mit CREATE TABLE angelegt worden sind. Hinter dem Zusatz FROM wird der Name der Tabellen genannt, aus der die Daten gewonnen werden sollen.

4.2 Spalten auswählen

In vielen Fällen werden nur die Daten bestimmter Spalten benötigt.

Problem: Für eine Statistik braucht der Personalleiter eine Liste, die den Namen des Mitarbeiters und das Eintrittsdatum aufweist.

```
      SELECT pname, eintritt                    (A4201)
        FROM persdat
```

Ergebnisliste:

PNAME	EINTRITT
Eifer	01.02.1980
Meyer	01.03.1984
Strom	01.03.1984
Luft	15.05.1985
Meieris	01.02.1980
Volt	01.02.1980
Bind	15.05.1985
Meier	01.01.1975

Mit der Auflistung der gewünschten Spaltennamen hinter dem Schlüsselwort SELECT wird die Anzeige auf die namentlich genannten Spalten beschränkt. Die Ausgabe erfolgt dabei in der Reihenfolge, in der Sie die Spaltennamen hinter SELECT angeordnet haben.

4.3 Inhaltlich gleiche Zeilen von der Ausgabe ausschließen

In der Tabelle *persdat* gibt es Spalten, in denen ein Wert mehrfach vorkommt. Das ist in den Spalten *geschlecht*, *abtnr*, *eintritt* und *gehalt* der Fall. Manchmal möchte man lediglich wissen, welche Werte überhaupt in einer Spalte stehen, nicht aber, wie oft sie vorhanden sind. Dazu ergänzt man die SELECT-Anweisung um den Zusatz DISTINCT. Mit DISTINCT wird die Mehrfachausgabe inhaltlich gleicher Ausgaben unterdrückt.

Problem: Der Personalleiter will wissen, an welchen Terminen Einstellungen erfolgt sind.

```
SELECT DISTINCT eintritt                    (A4301)
  FROM persdat
```

Ergebnisliste: EINTRITT
01.02.1980
01.03.1984
15.05.1985
01.01.1975

Ohne den Zusatz DISTINCT wären acht Eintrittsdaten angezeigt worden, weil das System standardmäßig auf den Parameter ALL eingestellt ist. Bei DB2/2 werden mit DISTINCT aufgerufene Spaltenwerte zusätzlich aufsteigend sortiert ausgegeben.
DISTINCT kann nur dann eingesetzt werden, wenn sich die Abfrage auf nur eine Spalte bezieht. Wenn Sie in der Anweisung außer der DISTINCT-Spalte eine weitere Spalte angeben, erhalten Sie eine Fehlermeldung. Das liegt an der Arbeitsweise des DBMS. Es wertet eine Tabelle zeilenweise aus. Bei der SQL-Anweisung

```
SELECT pname, DISTINCT eintritt
  FROM persdat
```

beispielsweise sollen einerseits die Namen sämtlicher Zeilen angezeigt, andererseits soll die mehrfache Ausgabe der Eintrittsdaten unterdrückt werden. Diesen Widerspruch kann das DBMS nicht lösen und weist deshalb die Anweisung mit einer Fehlermeldung zurück.

4.4 Zeilen mit einer Bedingung auswählen

Bei den meisten Abfragen sollen aus der Gesamtzahl der in einer Tabelle vorhandenen Zeilen nur ganz bestimmte Zeilen gesucht und angezeigt werden.

Problem: Der Personalleiter benötigt eine Liste der Mitarbeiter, die in der Abteilung 2 arbeiten.

Bei dieser Informationsanforderung werden nur die Datenzeilen benötigt, in denen in der Spalte *abtnr* der Wert 2 enthalten ist. Zur Auswahl solcher Zeilen wird hinter dem Zusatz WHERE eine Suchbedingung vereinbart.

```
SELECT * FROM persdat                              (A4401)
  WHERE abtnr = 2
```

Die Bedingung wird eingeleitet durch die Klausel WHERE. Darauf folgt der Bedingungsausdruck, der sich wie folgt aufbaut:

Spaltennamen   Vergleichsoperator   Vergleichswert

Operatoren sind Symbole für eine auszuführende Operation. Mit SQL können verschiedene Arten von Operatoren eingesetzt werden. In diesem Abschnitt verwenden wir nur Basisoperatoren, die auch Vergleichsoperatoren oder relationale Operatoren genannt werden:

Operator	Bedeutung
=	gleich
<	kleiner als
>	größer als
<>	ungleich
<=	kleiner gleich
>=	größer gleich

Die Reihenfolge innerhalb des Bedingungsausdrucks ist unerheblich. Er kann auch wie folgt formuliert werden:

Vergleichswert Vergleichsoperator Spaltennamen

Besteht der Vergleichswert aus einer Zeichenkette oder einem Datum, so muß er in Hochkommata eingeschlossen werden. Enthält eine Zeichenkette ein Hochkomma, muß es doppelt eingegeben werden: 'D''Albert'. In ORACLE müssen die Monatswerte im Datum mit den Bezeichnungen JAN, FEB, MAR, APR, MAY, JUN, JUL, AUG, SEP, OCT, NOV und DEC eingesetzt werden.

Beispiele für Bedingungsvereinbarungen bei Textwerten, Zahlen und Datumswerten.

'Meier' = pname	in allen Datenbanksystemen
pname = 'D''Albert'	in INFORMIX, DB2/2, GUPTA
gehalt > 4000.00	in INFORMIX, ORACLE, DB2/2
eintritt = '1.1.75'	in INFORMIX
eintritt = '01.01.1975'	in INFORMIX, DB2/2, GUPTA
eintritt = '1.jan.75'	in ORACLE
eintritt = '01.jan.1975'	in ORACLE
eintritt = '1-jan-75'	in ORACLE

Bei Zeichenketten genügt bereits ein Buchstabe, um die Zeilenauswahl zu definieren.

Problem: Welche Mitarbeiternamen beginnen mit den Buchstaben A bis L?

```
SELECT pname                                  (A4402)
FROM persdat
WHERE pname < 'M'
```

Ergebnisliste:	PNAME
	Eifer
	Luft
	Bind

In dieser Abfrage wird der erste Buchstabe des Hausnamens mit der Textkonstanten verglichen. Der Vergleichswert gibt somit an, wie viele Stellen des Hausnamens zum Vergleich herangezogen werden. Ein stellenweises Abfragen ist bei numerischen Spalten und Spalten mit Datumswerten nicht möglich. Hier wird jeweils der gesamte Wert eines Spalteneintrages in den Vergleich einbezogen. Das verdeutlichen die folgenden zwei Beispiele:

Beispiel: Welche Mitarbeiter beziehen ein Gehalt über 4500 DM?

```
SELECT pname, gehalt                        (A4403)
 FROM persdat
 WHERE gehalt > 4500
```

Ergebnisliste:	PNAME	GEHALT
	Meier	5000.00

Beispiel: Wie heißen die Mitarbeiter, die bereits beim Gründungsdatum am 1.1.75 Mitarbeiter waren?

```
SELECT pname, eintritt                      (A4404)
  FROM persdat
  WHERE eintritt = '01.01.1975'
```

Ergebnisliste:	PNAME	EINTRITT
	Meier	01.01.1975

Bei ORACLE lautet die Bedingung hinter WHERE:

```
  WHERE eintritt = '1.jan.75'
```

ORACLE

Lokale Variablen im SELECT-Befehl bei ORACLE und DB2/2

Bei den bisherigen Abfragen wurden die auszuwertenden Spalten direkt formuliert. In DB2/2 und ORACLE gibt es die Möglichkeit, lokale Variablen in Abfragen zu verwenden. Bei der Bearbeitung einer solchen Abfrage fordert das System den Benutzer auf, einen Wert in die Variable einzugeben. Dabei kann ein Spaltenname, aber auch eine Vergleichskonstante eingegeben werden.

Beispiel: Der Benutzer will in einer Abfrage zwei Spalten und eine Tabelle abfragen können. Für die vorher nicht bekannten Spaltennamen werden in die Anweisung als lokale Variablen die Bezeichner *&spalte1* sowie *&spalte2* eingesetzt, für die Tabelle *&tab*.

```
D,O:    SELECT &spalte1, &spalte2                    (A4407)
               FROM &tab
```

Bei der Ausführung des Befehls können dann zum Beispiel folgende Werte den Variablen zugeordnet werden:

Wert für SPALTE1: pname
Wert für SPALTE2: eintritt
Wert für TAB: persdat

Das System gibt dann alle Zeilen der Datei *persdat* mit den Spalten *pname* und *eintritt* aus.
Mit lokalen Variablen werden Abfragen vielfach verwendbar. Lokale Variablen, auch Austauschvariablen oder Ersatzparameter genannt, können Sie in ORACLE und im Abfragemanager, jedoch nicht mit dem Befehlszeilenprozessor von DB2/2 einsetzen. Sie werden in diesen Systemen mit dem vorangestellten Zeichen & definiert. Das nächste Beispiel zeigt, daß auch konstante Werte in Variablen eingegeben werden können.

Beispiel: Für die Auswahl bestimmter Zeilen in der Tabelle *persdat* soll der Suchwert in eine lokale Variable geschrieben werden.

```
        SELECT * FROM persdat                        (A4408)
          WHERE pname = '&name'
```

Bei dem Aufruf dieser Anweisung wird der Benutzer aufgefordert, den Namen einzugeben.

Wert für name: Meier

Handelt es sich bei dem Suchwert um eine Zeichenkette, sollte die lokale Variable in Hochkommata eingeschlossen werden, damit der Benutzer den Wert ohne diese Zeichen eingeben kann.
In ORACLE können Sie mit dem Datenbankbefehl DEF (define: definieren) den lokalen Variablen auch vor dem Aufruf des Befehls Werte zuweisen:

```
DEF spalte1 = pname
DEF spalte2 = eintritt
DEF tab = persdat
DEF name = Meier
```

4.5 Spalten mit NULL-Werten abfragen

Tabellenspalten, in denen keine Werte gespeichert sind, haben den Wert NULL. Der Wert NULL entspricht weder der Zahl 0 noch einer Zeichenfolge mit Leerzeichen. Der Wert NULL kann abgefragt werden.

Beispiel: Der für die Auftragsabwicklung zuständige Mitarbeiter möchte überprüfen, ob in der Tabelle TPOSTEN bei jeder Tätigkeit auch die angefallenen Stunden eingetragen worden sind.

```
SELECT *                                          (A4501)
  FROM tposten
  WHERE tstd IS NULL
```

4.6 Zeilen mit verbundenen Bedingungen suchen und anzeigen

Eine Bedingung kann sich aus mehreren Teilbedingungen zusammensetzen. Wie sie zu verbinden sind, zeigt das nachstehende Beispiel.

Problem: Der Geschäftsführer möchte wissen, welche Mitarbeiter der Abteilung 3 mehr als 4000 DM verdienen.

Zur Definition der Zeilenauswahl reicht der bislang verwendete einfache Bedingungsausdruck nicht aus, weil hier zwei Bedingungen zu berücksichtigen sind:

1. Bedingung: abtnr = 3
2. Bedingung: gehalt > 4000

Die Bedingungen können durch UND- oder durch ODER zu einem komplexen Bedingungsausdruck verknüpft werden. Da hier beide Teilbedingungen erfüllt sein müssen, sind sie durch UND zu verbinden. UND wird in SQL durch AND, ODER durch OR ausgedrückt. Dann lautet die Abfrage:

```
SELECT pname, abtnr, gehalt                         (A4601)
  FROM persdat
  WHERE abtnr = 3 AND
       gehalt > 4000
```

Ergebnis:	PNAME	ABTNR	GEHALT
	Luft	3	4500.00
	Volt	3	4200.00

Es werden von den Mitarbeitern in der Abteilung 3 nur jene ausgegeben, die mehr als 4000 DM verdienen.
AND (UND), OR (ODER) sowie NOT bezeichnet man als logische Operatoren. Welche Wirkung sie haben, erläutert die folgende Übersicht:

Logischer Operator	**Beispiel**	**Auswirkung**
AND	geschlecht = 'W' AND abtnr = 3	Es werden die Datenzeilen angezeigt, in denen beide Einzelbedingungen erfüllt sind: Angezeigt werden die Mitarbeiterinnen in Abteilung 3.
OR	geschlecht = 'W' OR abtnr = 3	Es werden die Datenzeilen ausgegeben, die entweder die erste oder die zweite Bedingung erfüllen: Angezeigt werden alle weiblichen Mitarbeiter sowie alle, die in der Abteilung 3 beschäftigt sind.
NOT	NOT abtnr = 2	Es werden die Datenzeilen ausgegeben, die die Bedingung nicht erfüllen. Hier werden alle Mitarbeiter angezeigt, die nicht in der Abteilung 2 arbeiten.

Die Verknüpfung erfolgt nach folgenden Regeln:

AND-Verbindung		
Teilbedingung 1	**Teilbedingung 2**	**Gesamt-bedingung**
erfüllt	erfüllt	erfüllt
nicht erfüllt	nicht erfüllt	nicht erfüllt
erfüllt	nicht erfüllt	nicht erfüllt
nicht erfüllt	erfüllt	nicht erfüllt

OR-Verbindung		
Teilbedingung 1	**Teilbedingung 2**	**Gesamt-bedingung**
erfüllt	erfüllt	erfüllt
nicht erfüllt	nicht erfüllt	nicht erfüllt
erfüllt	nicht erfüllt	erfüllt
nicht erfüllt	erfüllt	erfüllt

Folgendes Beispiel zeigt eine ODER-Verknüpfung.

Beispiel: Welche Mitarbeiter arbeiten in der Abteilung 3 beziehungsweise verdienen über 4000 DM?

```
SELECT pname, abtnr, gehalt            (A4602)
 FROM persdat
 WHERE abtnr = 3 OR
  gehalt > 4000
```

Ergebnisliste:	PNAME	ABTNR	GEHALT
	Volt	3	4200.00
	Meieris	3	2450.00
	Luft	3	4500.00
	Meier	1	5000.00

Es werden alle drei Mitarbeiter aus Abteilung 3 genannt und der Mitarbeiter Meier, der zwar in einer anderen Abteilung arbeitet, aber mehr als 4000 DM verdient.

Den Einsatz des Operators NOT zeigt das folgende Beispiel, in dem die Mitarbeiter in der Abteilung 3 gesucht sind, die 4000 DM oder weniger verdienen:

```
SELECT pname, abtnr, gehalt                    (A4603)
  FROM persdat
  WHERE abtnr = 3 AND
   NOT gehalt > 4000
```

Ergebnisliste:	PNAME	ABTNR	GEHALT
	Meieris	3	2450.00

Nur der Mitarbeiter Meieris verdient in Abteilung 3 weniger als 4000 DM. Sie können anstelle des Verneinungsoperators NOT auch den entsprechenden Vergleichsoperator verwenden. Die Abfrage für unser Beispiel lautet dann:

```
SELECT pname, abtnr, gehalt                    (A4604)
  FROM persdat
  WHERE abtnr = 3 AND
       gehalt <= 4000
```

Anstelle von NOT können Sie immer die anderen verneinenden Vergleichsoperatoren einsetzen:

Vergleichsoperator	**verneinender Operator**
=	<> bzw. !=
<>	=
>	<=
<	>=
>=	<
<=	>

Bedeutung von Klammern
Bei zusammengesetzten Bedingungsausdrücken kann die Reihenfolge der Auswertung durch Klammern beeinflußt werden. Klammerinhalte werden immer zuerst bearbeitet.

Problem: Welche männlichen Mitarbeiter verdienen über 4000 DM oder sind vor dem 1.1.84 eingetreten?

Hier sind drei Bedingungen zu beachten:

1. Bedingung: Das Geschlecht des Mitarbeiters muß männlich sein.
2. Bedingung: Er verdient über 4000 DM.
3. Bedingung: Das Eintrittsdatum liegt vor dem 01.01.84.

Das Bedingungsgefüge ist so zu formulieren, daß die erste Bedingung unbedingt erfüllt sein muß. Von der zweiten und dritten Bedingung braucht dagegen nur eine Bedingung erfüllt zu sein. Die beiden letzteren Bedingungen sind also durch OR zu verknüpfen und in ihrer Gesamtheit durch AND mit der Geschlechtsbedingung zu verbinden. Die SQL-Anweisung lautet dann:

```
SELECT pname, geschlecht, gehalt, eintritt   (A4605)
  FROM persdat
  WHERE  geschlecht = 'M'  AND
         (gehalt > 4000  OR eintritt < '1.1.1984')
```

Ergebnisliste:

PNAME	GESCHLECHT	GEHALT	EINTRITT
Eifer	M	3800.00	01.02.1980
Luft	M	4500.00	15.05.1985
Meieris	M	2450.00	01.02.1980
Meier	M	5000.00	01.01.1975

Bei der Bearbeitung dieser Anweisung wird zunächst der Klammerausdruck ausgewertet. Danach wird eine interne Zwischenliste angelegt, die nur die Datenzeilen enthält, die eine oder beide Bedingungen

Gehalt > 4000 oder

Eintrittsdatum vor dem 01.01.84

erfüllen. Anschließend werden diejenigen Datenzeilen in die Ergebnisliste übernommen, bei denen in der Spalte *geschlecht* ein M eingetragen ist.

Geben Sie zum Vergleich die Anweisung A4605 ohne Klammern ein:

```
SELECT pname, geschlecht, gehalt, eintritt   (A4606)
  FROM persdat
  WHERE  geschlecht = 'M'  AND
         gehalt > 4000  OR eintritt < '1.1.1984'
```

Ergebnisliste:

PNAME	GESCHLECHT	GEHALT	EINTRITT
Eifer	M	3800.00	01.02.1980
Luft	M	4500.00	15.05.1985
Meieris	M	2450.00	01.02.1980
Volt	W	4200.00	01.02.1980
Meier	M	5000.00	01.01.1975

Ohne Klammerung zeigt die Abfrage die Daten aller Mitarbeiter an, die vor dem 01.01.1984 in das Unternehmen eingetreten sind. Ebenso werden die Daten der männlichen Mitarbeiter mit einem Gehalt von mehr als 4000 DM ausgegeben.

4.7 Aggregatfunktionen einsetzen

4.7.1 Wirkung von Aggregatfunktionen

Problemstellung: In der Personalabteilung möchte man wissen, wie hoch das durchschnittliche Grundgehalt ist.
Zur Lösung dieses Problems müssen die Werte in der Spalte *mgehalt* der Tabelle *persdat* summiert und durch die Anzahl der Posten dividiert werden. Zur Lösung solcher Problemstellungen bietet SQL Funktionen an, die Aggregatfunktionen genannt werden.
Aggregatfunktionen (aggregate, deutsch: gesamt), auch Spaltenfunktionen genannt, ermitteln für eine einzelne Tabellenspalte aus einer Gesamtmenge die Summe, den Minimal- oder Maximalwert, den Mittelwert oder die Anzahl.
Nachstehende Tabelle gibt eine Übersicht über Aggregatfunktionen und deren Ergebnisse:

Funktion:	**Ergebnis:**
MIN(spaltenname)	Minimalwert
MAX(spaltenname)	Maximalwert
COUNT(*)	Anzahl aller vorhandenen Zeilen
COUNT(DISTINCT spaltenname)	Anzahl der Zeilen mit unterschiedlichen Werten
SUM(spaltenname)	Summe
AVG(spaltenname)	Mittelwert

Das durchschnittliche Gehalt ermittelt die SQL-Anweisung:

```
    SELECT AVG(gehalt)                                    (A4809)
     FROM persdat
```

Ergebnisliste: avg(gehalt)
3812,50

> In einer SELECT-Anweisung mit Aggregatfunktion können keine weiteren Spaltenwerte angezeigt werden.

Folgende Anweisung macht somit keinen Sinn:

```
SELECT pname, MAX(mghalt)                                (A4701)
 FROM persdat
```

Die Funktionen SUM() und AVG() werden nur bei numerischen Spalten eingesetzt. Die Funktionen MIN(), MAX() und COUNT() können nicht nur bei numerischen Spalten, sondern auch bei Zeichen- und Datumsspalten verwendet werden.

4.7.2 Aggregatfunktionen in Zeichen- und Datumsspalten

Beispiel: Welcher Mitarbeiter steht in einer alphabetisch sortierten Liste an letzter Stelle?

```
          SELECT MAX(pname) FROM persdat                 (A4701)
```

Ergebnisliste: max(pname)
Volt

Bei Zeichenketteninhalten wird der höchste Buchstabe nach dem ASCII-Code ermittelt. Das bedeutet, daß das «a» «größer» ist als das «Z» und Sonderzeichen «größer» sind als Kleinbuchstaben. Weitere Informationen über die ASCII-Sortierung erfahren Sie in Kapitel 7. Wenn außer dem «größten» Namen auch dessen Personalnummer angezeigt werden soll, wird die Formulierung der Lösung schon ein wenig kompliziert. Auf den ersten Blick mag dies die nachstehende Anweisung veranschaulichen:

```
SELECT persnr, MAX(pname) FROM persdat          (A4702)
```

Diese Anweisung verstößt jedoch gegen die obige Regel! Wird eine Aggregatfunktion eingesetzt, können keine Spalten ohne Aggregatfunktion zur Ausgabe vorgesehen werden. Um die Personalnummer zu finden, müssen Sie eine zweite Abfrage, eine Unterabfrage, einbeziehen. Die Technik und die Wirkungen von Unterabfragen besprechen wir in Kapitel 6. An dieser Stelle zeigen wir Ihnen im Vorgriff die Anweisung mit Unterabfrage:

```
SELECT persnr, pname                                   (A4704)
  FROM persdat
  WHERE pname =
    (SELECT MAX(pname) FROM persdat)
```

Ergebnisliste:

PERSNR	PNAME
8	Volt

Die Aggregatfunktionen sind auch bei Datumsspalten einsetzbar. Das zeigt folgender Fall.

Problemstellung: Der Geschäftsführer will wissen, zu welchem Termin das Unternehmen zum ersten Mal Einstellungen vorgenommen hat.

```
      SELECT MIN(eintritt) FROM persdat          (A4705)
```

Ergebnisliste: min(eintritt)
01.01.1975

4.7.3 Anzahl bestimmen

Mit der Funktion COUNT() wird festgestellt, wie viele Einträge vorliegen. Wenn Sie die Funktion COUNT() mit dem Stern als Klammerinhalt benutzen, werden alle in der Tabelle enthaltenen Zeilen gezählt. Das zeigt das nachstehende Beispiel:

```
SELECT COUNT(*) FROM persdat                          (A4706)
```

Ergebnisliste: Anzahl
8

Wenn Sie die Anzahl von Zeilen mit unterschiedlichen Spaltenwerten suchen, müssen Sie in der Klammer die DISTINCT-Klausel einsetzen und die gewünschte Spalte nennen.

Beispiel: Der Personalleiter möchte wissen, zu wie vielen Terminen Einstellungen vorgenommen worden sind.

```
SELECT COUNT (DISTINCT eintritt)          (A4707)
 FROM persdat
```

Ergebnisliste: Anzahl
4

In den acht Zeilen der Tabelle *persdat* gibt es nur vier Zeilen mit unterschiedlichen Datumswerten.
In einer einzigen Abfrage können auch mehrere Aggregatfunktionen eingesetzt werden. Das zeigt das nachstehende Beispiel, in dem ermittelt wird, wie viele Mitarbeiterinnen es gibt und wie hoch ihr Durchschnittsverdienst ist.

```
SELECT COUNT(*), AVG(gehalt) FROM persdat    (A4813)
  WHERE geschlecht = 'W'
```

Ergebnisliste:	Anzahl	Durchschnittsgehalt
	3	3650.00

4.8 Rechenoperationen durchführen

Im SELECT-Befehl kann man Ausdrücke für arithmetische Operationen vereinbaren. Die Ausdrücke werden mit den Rechenoperatoren +, -, *, / und mit den Aggregatfunktionen SUM() und AVG() gebildet.

Ausdrücke können hinter der SELECT-Klausel, in der WHERE-Klausel und/oder in der noch zu behandelnden HAVING-Klausel stehen. Gerechnet wird mit Zahlenkonstanten sowie mit den Werten in numerischen Variablen und Datumsspalten. Beispiele:

Zahlenkonstanten:	15, 123.50
Variablen:	NUMFELD1, RFELD2

4.8.1 Tabellenunabhängige Rechenoperationen

Sie können mit SQL-Anweisungen Rechenoperationen wie mit einem Taschenrechner durchführen. Sie müssen dabei jedoch immer eine in der Datenbank vorhandene Tabelle ansprechen. Wenn Sie die Ergebnisausgabe auf eine Zeile beschränken wollen, müssen Sie auch eine WHERE-Bedingung vereinbaren.

Beispiel: Multiplikation.

```
SELECT 4.9 * 1.9 FROM persdat                    (A4801)
  WHERE persnr = 1
```

Ergebnis:	Produkt
	9.31

4.8.2 Mit Werten aus numerischen Spalten rechnen

Mit den Werten aus numerischen Tabellenspalten können auch Additionen, Subtraktionen, Divisionen und Multiplikationen durchgeführt werden.

Beispiel: Wie hoch wären die Grundgehälter aller Mitarbeiter, wenn die Gehälter um 4.5 % erhöht würden?

```
SELECT pname, gehalt * 1.045                            (A4806)
  FROM persdat
```

Ergebnisliste:	Name	GEHALT_NEU
	Eifer	4180.00
	Meyer	4389.00

Strom	2560.25
Luft	4702.50
Meieris	3971.00
Volt	2560.25
Bind	3971.00
Meier	5225.00

Es können aber auch die Ergebnisse von Aggregatfunktionen in Rechenoperationen einbezogen werden. Folgende Anweisungen ermitteln das durchschnittliche Monatsgehalt.

```
SELECT AVG(gehalt)                                       (A4809)
  FROM persdat
```

bzw.

```
SELECT SUM(gehalt) / COUNT(*)                            (A4810)
  FROM persdat
```

Beide Anweisungen führen zu demselben Ergebnis, wenn alle Zeilen einen Wert in der Spalte *gehalt* aufweisen. Wenn dort NULL-Werte stehen, werden bei der Funktion COUNT(*) die Zeilen mit NULL-Werten in die Anzahl der Zeilen einbezogen. Bei der Funktion AVG() werden NULL-Werte nicht berücksichtigt.
In Version 2 von DB2 (ab 1996) können Sie mit der AS-Klausel Rechenausdrücken einen aussagefähigen Namen zuordnen.

4.9 Mit Datumsoperatoren und Datumsfunktionen arbeiten

Die Rechenoperatoren + und - können auch mit Datumsspalten zum Addieren und Subtrahieren eingesetzt werden. Sie heißen dann Datumsoperatoren. Datumsfunktionen gehören nicht zum SQL-Standard. In jedem Datenbanksystem finden Sie deshalb andere Funktionen. Wir beschränken uns darauf, einige wichtige Funktionen beispielhaft einzusetzen.
Wie bisher zeigen wir alle Datumsanzeigen nachfolgend in der Form tt.mm.jjjj an.

4.9.1 Datumsfunktionen in INFORMIX und GUPTA

In INFORMIX und GUPTA können die Funktionen DATE(), DAY(), MONTH() und YEAR() verwendet werden.

Datumsfunktion:	**Die Funktion zeigt an:**
DATE()	Tag, Monat und Jahr
DAY()	den Tag als Zahl zwischen 1 und 31
MONTH()	den Monat als Zahl zwischen 1 und 12
YEAR()	das Jahr als Zahl
WEEKDAY()	den Wochentag als Zahl zwischen 0 und 6: 0 = Sonntag

In GUPTA werden die Datumsfunktionen mit dem Zeichen @ eingeleitet.

Datumsfunktion:	**Die Funktion zeigt an:**
@DATE()	Tag, Monat und Jahr aus JJJJ,MM,TT
@DATEVALUE()	Tag, Monat und Jahr aus 'TT.MM.JJJJ'
@DAY()	den Tag als Zahl zwischen 1 und 31
@MONTH()	den Monat als Zahl zwischen 1 und 12
@MONTHBEG()	den ersten Tag eines Monats: @MONTHBEG('10.02.1994') = 01.02.1994
@YEAR()	das Jahr als Zahl zwischen –1900 und +200: 1900 = 0, 1899 = –1, 1994 = 94, 2000 = 100
@YEARBEG()	den ersten Tag eines Jahres: @YEARBEG('10.02.1994') = 01.01.1994
@YEARNO()	die Jahreszahl als vierstelligen Wert: @YEARNO('10.02.1994') = 1994
@WEEKDAY()	den Wochentag als Zahl zwischen 0 und 6: Samstag = 0
@WEEKBEG()	den ersten Tag der Woche: @WEEKBEG('02.03.1994') = 28.02.1994

Datumsfunktion DATE()

Mit der Funktion DATE() können Datumsberechnungen vorgenommen, aber auch Zeitdifferenzen berechnet werden. Das verdeutlichen die nächsten Beispiele.

Problem: Sie wollen wissen, ob das System bei dem Hinzufügen und Abziehen von Tagen das Schaltjahr berücksichtigt. Schaltjahre sind alle durch 4 teilbaren Jahre. Jahrhundertjahre sind nur dann Schaltjahre, wenn sie durch 400 teilbar sind. Das Jahr 1992 war ein Schaltjahr, das Jahr 2000 wird ein Schaltjahr sein, das Jahr 1900 war kein Schaltjahr.

```
I:  SELECT DATE('01.03.1992') - 1                        (A4901)
    FROM persdat WHERE persnr = 1
G:  SELECT @DATEVALUE('01.03.1992') - 1                 (A4901A)
    FROM persdat WHERE persnr = 1;
G:  SELECT @DATE(1992,03,01)                             (A4901)
    FROM persdat WHERE persnr = 1;
```

Ergebnis: DATUM
29.02.1992

Beachten Sie bei A4901A, daß zwischen Jahr, Monat und Tag ein Komma stehen muß.

```
I: SELECT DATE('01.03.1900') - 1                          (A4902)
   FROM persdat WHERE persnr = 1
G: SELECT @DATEVALUE('01.03.1900') - 1                    (A4902)
   FROM persdat WHERE persnr = 1;
```

Ergebnis: DATUM
28.02.1900

Problem: Wie viele Tage liegen zwischen dem 3.3.92 und 29.2.92?

```
I: SELECT                                                 (A4903)
   DATE('03.03.1992') - DATE('29.02.1992')
     FROM persdat WHERE persnr = 1
G: SELECT                                                 (A4903)
   @DATEVALUE('03.03.1992') - DATE('29.02.1992')
     FROM persdat WHERE persnr = 1;
```

Ergebnis: DIFFERENZ
3

Die Datumsangaben in Datumsspalten können in die Zeitberechnung einbezogen werden.

Beispiel: Der Mitarbeiter Luft mit der Personalnummer 5 will wissen, wieviel Tage er vor dem Mitarbeiter Eifer mit der Personalnummer 1 in das Unternehmen eingetreten ist. Luft weiß, daß er am 15.5.1985 eingetreten ist. Hinweis: Eifer ist am 1.2.1980 eingetreten.

```
I:   SELECT DATE('15.05.1985') - eintritt              (A4904)
       FROM persdat WHERE persnr = 1
G:   SELECT @DATEVALUE('15.05.1985') - eintritt
       FROM persdat WHERE persnr = 1;
```

Ergebnis: DIFFERENZ
1930

Funktion DATE(numwert)
In INFORMIX können Sie in der Klammer der Funktion DATE() auch numerische Werte oder numerische Ausdrücke einsetzen. Dann errechnet INFORMIX das Datum, das um so viele Tage nach dem 31.12.1899 liegt, wie der numerische Wert oder das Ergebnis des Ausdruckes angibt.

Beispiel: Wer ist 31025 Tage nach dem 31.12.1899 in das Unternehmen eingetreten?

```
     SELECT pname, eintritt                            (A4905)
       FROM persdat
       WHERE eintritt > DATE(31025)
```

Ergebnis:

PNAME	EINTRITT
Luft	15.05.85
Bind	15.05.85

Funktion DAY()
Die Datumsfunktionen DAY(), MONTH() und YEAR() gestatten es, auf einzelne Elemente eines Datums zuzugreifen.

Beispiel: Der Personalleiter möchte wissen, welche Mitarbeiter zum 15. eines Monats eingestellt worden sind.

```
I:   SELECT pname, eintritt                              (A4906)
     FROM persdat WHERE DAY(eintritt) = '15'
G:   SELECT pname, eintritt
     FROM persdat WHERE @DAY(eintritt) = '15';
```

Ergebnis:	PNAME	EINTRITT
	Luft	15.05.1985
	Bind	15.05.1985

Entsprechend werden die Funktionen MONTH() und YEAR() eingesetzt.

Funktion WEEKDAY()

Sind einzelne Wochentage zu bestimmen, ist die Funktion WEEKDAY() anzuwenden.

Beispiel: An welchem Wochentag ist der Mitarbeiter Luft in das Unternehmen eingetreten?

```
I:  SELECT WEEKDAY(eintritt) FROM persdat               (A4907)
    WHERE pname = 'Luft'
G:  SELECT @WEEKDAY(eintritt) FROM persdat
    WHERE pname = 'Luft';
```

Ergebnis:	Wochentag (INFORMIX)	Wochentag (GUPTA)
	3	4

Die Zählweise der Wochentage ist bei INFORMIX und GUPTA unterschiedlich. Bei INFORMIX hat der Sonntag die Ziffer 0, bei GUPTA die Ziffer 1.

Weitere Datumsfunktionen in INFORMIX

In INFORMIX gibt es außer den obengenannten noch weitere Datumsfunktionen:

Datumsfunktion:	Die Funktion zeigt aus dem DATE-Feld an:
MDY	Monat, Tag und Jahr
DAY(tage)	addiert Tageszahl zum Datum 31.12.1899 und nennt den neuen Tag
MONTH(tage)	addiert Tageszahl und nennt neuen Monat
YEAR(tage)	addiert Tageszahl und nennt neues Jahr

Mit der Funktion MDY() können der Monat(M = Month), der Tag (D = Day) und das Jahr (Y = Year) einzeln definiert werden.

Beispiel: Welche Mitarbeiter wurden im Januar eingestellt?

```
SELECT pname, eintritt FROM persdat                    (A4908)
WHERE eintritt =
      MDY(1,DAY(eintritt),YEAR(eintritt))
```

Ergebnis: PNAME EINTRITT
Meier 01.01.1975

Wenn Sie in der Spalte *eintritt* den Monat März und das Jahr 1984 suchen wollen, lautet die Bedingung

```
WHERE eintritt = MDY(3,DAY(eintritt),1984)
```

Beispiel: Welcher Wochentag ergibt sich, wenn auf den 31.12.1899 370 Tage hinzuaddiert werden?

```
SELECT DAY(370)                                        (A4909)
  FROM persdat WHERE persnr = 1
```

Ergebnis: NEUER_TAG
5

Entsprechend werden die Funktionen MONTH(zahl) und YEAR(zahl) verwendet.

Weitere Datumsfunktionen in GUPTA

In GUPTA gibt es außer den obengenannten noch weitere Datumsfunktionen:

Datumsfunktion:	**Die Funktion zeigt an:**
@NOW	das aktuelle Rechnerdatum
@QUARTER()	das Quartal, in dem ein Datum liegt: @QUARTER('12.03.1994') = 1
@QUARTERBEG()	den ersten Quartalstag: @QUARTERBEG('12.03.1994') = 01.01.1994

Beispiel: Am 26.01.1994 nachmittags (@NOW) wollen wir feststellen, wieviel Tage seit dem Eintritt des Mitarbeiters Eifer vergangen sind. Eifer ist am 1.2.1980 eingetreten. Unter Berücksichtigung der Tageszeit sind dies 5108.66 Tage.

```
SELECT pname, @NOW - eintritt                    (A4910A)
  FROM persdat WHERE persnr = 1
```

Ergebnis:
PNAME @NOW-EINTRITT
Eifer 5108.66

Sie erhalten das Ergebnis ohne Nachkommastellen mit SYSDATE:

```
SELECT pname, SYSDATE - eintritt                 (A4910B)
  FROM persdat WHERE persnr = 1
```

Ergebnis:
PNAME SYSDATE-EINTRITT
Eifer 5108

4.9.2 Datumsfunktionen in ORACLE

In ORACLE gibt es folgende Datumsfunktionen:

Datumsfunktion:	**Die Funktion**
SYSDATE	nennt das heutige Datum
ADD_MONTHS(datumsspalte,zahl)	addiert Monate
LAST_DAY(datumsspalte)	nennt letzten Monatstag
MONTHS_BETWEEN(datumsspalte, datumsspalte)	nennt Anzahl Monate zwischen erstem und zweitem Datum
NEXT_DAY (datumsspalte, 'wochentagsstring')	nennt nächstes Datum für den im String definierten Tag
ROUND (datumsspalte)	rundet das Datum

Wie die Funktionen einzusetzen sind, zeigen die folgenden Beispiele.

Beispiel: Am 26.01.1994 nachmittags (SYSDATE) wollen wir feststellen, wieviel Tage seit dem Eintritt des Mitarbeiters Eifer vergangen sind. Eifer ist am 1.2.1980 eingetreten. Unter Berücksichtigung der Tageszeit sind dies 5108.66 Tage.

```
SELECT pname, SYSDATE - eintritt                    (A4910)
  FROM persdat WHERE persnr = 1
```

Ergebnis:	PNAME	SYSDATE-EINTRITT
	Eifer	5108.66

Beispiel: Das Ergebnis soll ohne Nachkommastellen aufgerundet angezeigt werden.

```
SELECT pname, ROUND(SYSDATE - eintritt)            (A4910A)
  FROM persdat WHERE persnr = 1
```

Ergebnis:	PNAME	SYSDATE-EINTRITT
	Eifer	5109

Beispiel: Das Ergebnis soll ohne Berücksichtigung der Tageszeit angezeigt werden.

```
SELECT pname, TRUNC(SYSDATE - eintritt)            (A4910B)
  FROM persdat WHERE persnr = 1
```

Ergebnis:	PNAME	SYSDATE-EINTRITT
	Eifer	5108

Beispiel: Wann feiert der Mitarbeiter Eifer das 25jährige Jubiläum?

```
SELECT pname, ADD_MONTHS(eintritt,300)              (A4911)
  FROM persdat WHERE persnr = 1
```

Ergebnis:	PNAME	ADD_MONTH
	Eifer	01-FEB-05

Beispiel: Welches Datum definiert den letzten Tag im Februar 2000?

```
SELECT LAST_DAY('01-FEB-00')                    (A4912)
  FROM persdat WHERE persnr = 1
```

Ergebnis: LAST_DAY
29-FEB-00

Beispiel: Wieviel Monate liegen zwischen dem Eintritt des ersten und des letzten Mitarbeiters? Der erste Mitarbeiter ist am 1.1.1975 eingetreten, der letzte am 15.5.1985.

```
SELECT                                          (A4913)
  MONTHS_BETWEEN (MIN(eintritt), MAX(eintritt))
  FROM persdat
```

Ergebnis: MONTHS_BETWEEN
-124.45

Die Differenz in Monaten beträgt also 124. Dazu kommen 14 Tage, das sind 45 % eines Monats.

Beispiel: Am Mittwoch, dem 26.1.1994, wollen wir feststellen, welches Datum der nächste Montag hat.

```
SELECT NEXT_DAY (SYSDATE,'mon')                 (A4914)
  FROM persdat
```

Ergebnis: NEXT_DAY
31-JAN-94

Anstelle von mon (Montag), können Sie die Namen Tue (Dienstag), Wed (Mittwoch), Thu (Donnerstag), Fri (Freitag), Sat (Samstag) oder Sun (Sonntag) einsetzen.

4.9.3 Datumsfunktionen in DB2/2

In DB2/2 stehen folgende Datumsfunktionen zur Verfügung:

Datumsfunktion:	**Die Funktion**
CHAR()	beeinflußt die Ausgabeform des Datums.
CURRENT DATE	zeigt das aktuelle Datum an.
DAYS()	rechnet ein Datum in Tage um ab dem 1.1.0001.
DATE()	gibt einen Datumswert aus.
DAY()	nennt den Tagesteil eines Datums.
MONTH()	nennt den Monatsteil eines Datums.
YEAR()	nennt den Jahresteil eines Datums.

Wie diese Datumsfunktionen eingesetzt werden, zeigen die nachstehenden Beispiele.

Frage: Welches Datum haben wir heute? Wir unterstellen bei dieser Abfrage, daß das aktuelle Datum der 10.11.1993 ist.

```
SELECT CURRENT DATE FROM persdat        (A4915)
 WHERE persnr = 1
```

Ergebnis: AKTUELLES DATUM
10.11.1993

Frage: Wie lange ist der Mitarbeiter mit der Personalnummer 1 bereits im Unternehmen tätig? Mitarbeiter Eifer mit der Personalnummer 1 ist am 1.2.80 eingetreten. Wir unterstellen, daß das aktuelle Datum der 10.11.93 ist.

```
SELECT pname, CURRENT DATE - eintritt  (A4916)
 FROM persdat
 WHERE persnr = 1
```

Ergebnis:

PNAME	DIFFERENZ		
	Jahre	Monate	Tage
Eifer	13	09	09

Frage: Wieviel Jahre ist der Mitarbeiter Eifer in dem Unternehmen tätig?

```
SELECT pname, YEAR(CURRENT DATE -
                  eintritt)          (A4917)
 FROM persdat
 WHERE persnr = 1
```

Ergebnis: PNAME JAHRE
Eifer 13

Frage: Wieviel Tage sind am 15.5.1985 seit dem 1.1.01 vergangen?

```
SELECT DAYS('15.05.1985')            (A4918)
 FROM persdat WHERE persnr = 1
```

Ergebnis: TAGE
724776

Frage: Wie viele Tage ist der Mitarbeiter Eifer mit der Personalnummer 1 nach dem Mitarbeiter Meier mit der Personalnummer 10 in das Unternehmen eingetreten? Dazu ermitteln wir zunächst die Tage zwischen dem 1.1.01 und dem Eintrittsdatum von Meier:

```
SELECT DAYS(eintritt)                (A4919)
FROM persdat WHERE persnr = 1
```

Zwischenergebnis: TAGE
722846

Dann subtrahieren wir von dem Ergebnis die Tage von Meier:

```
SELECT 722846 - DAYS(eintritt)              (A4920)
  FROM persdat WHERE persnr = 10
```

Ergebnis: TAGE
1857

Der Mitarbeiter Meier ist 1857 Tage vor Eifer eingetreten.

Problem: Der Mitarbeiter Luft mit der Personalnummer 5 will wissen, wieviel Tage er nach dem Mitarbeiter Eifer mit der Personalnummer 1 in das Unternehmen eingetreten ist. Luft weiß, daß er am 15.5.1985 eingetreten ist. Hinweis: Eifer ist am 1.2.1980 eingetreten.

```
SELECT DAYS('15.05.1985') -
       DAYS(eintritt)                (A4921)
 FROM persdat WHERE persnr = 1
```

Ergebnis DIFFERENZ
1930

Beispiel: Wieviel Tage liegen zwischen dem 3.03.92 und dem 28.02.92?

```
SELECT DATE('03.03.1992') - DATE('28.02.1992') (A4922)
  FROM persdat WHERE persnr = 1
```

Ergebnis: DIFFERENZ
4

4.10 Zeichenketten-, Umwandlungs- und andere Funktionen

4.10.1 Zeichenkettenfunktionen

Die Inhalte von Textfeldern sind Zeichenketten (englisch: strings). Mit Zeichenkettenfunktionen werden Strings bearbeitet.

Zeichenkettenfunktionen in ORACLE:

Zeichenketten-funktion:	Die Funktion
ASCII()	nennt die Codenummer eines ASCII-Zeichens.
CHR()	wandelt die Codenummer in ASCII-Zeichen um.
INITCAP()	wandelt den ersten Buchstaben eines Wortes in Großbuchstaben um.
INSTR()	nennt die Position eines Zeichens im String.
LENGTH()	gibt die Zeichenanzahl an.

Zeichenketten-funktion:	Die Funktion
LOWER()	wandelt in Kleinbuchstaben um.
LPAD()	setzt Zeichen vor Zeichenkette.
LTRIM()	löscht linksstehende Zeichen.
RPAD()	setzt Zeichen hinter eine Zeichenkette.
RTRIM()	löscht rechtsstehende Zeichen.
SOUNDEX()	liefert den Code für Vergleiche.
SUBSTR()	definiert eine Teilzeichenkette.
TRANSLATE()	tauscht Zeichen aus.
UPPER()	wandelt in Großbuchstaben um.

Zeichenkettenfunktionen in DB2/2:

Zeichenketten-funktion:	Die Funktion
LENGTH()	gibt die Zeichenanzahl an.
SUBSTR()	ermittelt eine Teilzeichenkette.
TRANSLATE()	tauscht Zeichen aus.

Zeichenkettenfunktionen in GUPTA:

Zeichenketten-funktion:	Die Funktion
@CHAR()	wandelt Codenummer in ASCII-Zeichen um.
@CODE()	nennt Codenummer des ersten Zeichens im String.
@DECODE()	gibt einen Suchwert aus.
@EXACT()	vergleicht zwei Strings.
@FIND()	nennt die Position in String 1, auf der die gleiche Zeichenkette in String 2 beginnt.
@LEFT()	nennt linksbündigen Teilstring: @LEFT('57072 Siegen',5) = 57072.
@LENGTH()	gibt die Zeichenanzahl an.
@LOWER()	wandelt in Kleinbuchstaben um.
@MID()	nennt den mittigen Teilstring: @MID('57072 Siegen',6,4) = Sieg

Zeichenketten-funktion:	**Die Funktion**
@NULLVALUE()	meldet einen NULL-Wert.
@PROPER()	wandelt den ersten Buchstaben von Wörtern in Großbuchstaben um, die anderen in Kleinbuchstaben.
@REPEAT()	wiederholt Zeichen: @REPEAT('ei',5) = eieieieiei.
@REPLACE()	ersetzt Zeichen.
@RIGHT()	nennt rechtsbündigen Teilstring: @RIGHT('57072 Siegen',6) = Siegen.
@SCAN()	gibt die Position eines Teilstrings an.
@SUBSTRING()	gibt Teilstring aus.
@TRIM()	löscht führende Leerzeichen.
@UPPER()	wandelt in Großbuchstaben um.

In den nachfolgenden Ausführungen wird die Wirkungsweise einiger Funktionen anhand von Fragestellungen und Beispielen aufgezeigt.

Beispiel: Welchen ASCII-Code hat das erste Zeichen in der Zeichenkette *pname* des Mitarbeiters Eifer?

```
O: SELECT pname, ASCII(pname)                        (A41001)
     FROM persdat WHERE persnr = 1
G: SELECT pname, @CODE(pname)                        (A41001)
     FROM persdat WHERE persnr = 1;
```

Ergebnis: PNAME ASCII-Nr(pname)
Eifer 69

Frage: Welche ASCII-Codenummer hat «A»?

```
O:  SELECT ASCII('A')                                (A41002)
      FROM persdat WHERE persnr = 1
G:  SELECT @CODE('A')                                (A41002)
      FROM persdat WHERE persnr = 1;
```

Ergebnis: ASCII-Nr('A')
65

Beispiel: Es sollen die ersten Buchstaben der Wörter «h. o. kurz» in Großbuchstaben umgewandelt werden.

```
O:  SELECT INITCAP ('h. o. kurz')                   (A41004)
     FROM persdat WHERE persnr = 1
G:  SELECT @PROPER ('h. o. kurz')                   (A41004)
     FROM persdat WHERE persnr = 1;
```

Ergebnis: INITCAP
H. O. Kurz

Beispiel: Der Name des Mitarbeiters mit der Personalnummer 1 soll in Großbuchstaben angezeigt werden.

```
O:  SELECT UPPER(pname)                             (A41005)
    FROM persdat WHERE persnr = 1
G:  SELECT @UPPER(pname)                            (A41005)
    FROM persdat WHERE persnr = 1;
```

Ergebnis: UPPER(pname)
EIFER

Beispiel: Es soll festgestellt werden, an welcher Stelle das Zeichen e im Namen des Mitarbeiters mit der Personalnummer 3 zum ersten Mal vorkommt.

```
O:  SELECT
     pname, INSTR(pname, 'e', 1, 1)                 (A41007)
     FROM persdat WHERE persnr = 3
```

Ergebnis:

PNAME	INSTR(pname, 'e',1,1)
Meyer	2

Die erste Zahl hinter 'e' gibt an, ab welcher Stelle in der Zeichenkette die Suche beginnen soll. In unserem Beispiel wird ab der ersten Position gesucht. Die zweite Zahl legt fest, vom wievielten e innerhalb der Zeichenkette die Position genannt werden soll.

Frage: An welcher Stelle kommt e zum zweiten Mal vor?

```
O:  SELECT pname, INSTR(pname, 'e', 1, 2)              (A41008)
     FROM persdat WHERE persnr = 3
```

Ergebnis:

PNAME	INSTR(pname, 'e',1,2)
Meyer	4

Anstelle eines Zeichens kann auch eine Teilzeichenkette als Suchbegriff genannt werden: INSTR(pname, 'ei',1, 1).

Frage: Aus wieviel Zeichen besteht der Name des Mitarbeiters mit der Personalnummer 1?

```
D,O: SELECT pname, LENGTH(pname)                       (A41009)
      FROM persdat WHERE persnr = 1
G:   SELECT pname, @LENGTH(pname)                      (A41009)
      FROM persdat WHERE persnr = 1;
```

Ergebnis:

PNAME	LENGTH(pname)
Eifer	5

Frage: Welcher Wert klingt wie «L ft»?

```
O: SELECT pname FROM persdat                           (A41015)
     WHERE SOUNDEX(pname) = SOUNDEX('L ft')
```

Ergebnis:

PNAME
Luft

Beispiel: In der Zeichenkette «2,375.80» soll das Komma durch einen Punkt und der Punkt durch ein Komma ersetzt werden.

```
O:  SELECT
     TRANSLATE('2,375.80', ',.', '.,')                 (A41016)
     FROM persdat WHERE persnr = 1
```

Ergebnis:

TRANSLATE
2.375,80

Hinter der Zeichenkette «2,375.80» werden, in Hochkommata eingeschlossen, zuerst die Zeichen genannt, die ausgetauscht werden, und dann die Zeichen, durch die sie ersetzt werden sollen. Wenn in der Zeichenkette «Handekachen» das «a» durch ein «u» ersetzt werden soll, lautet die Funktion:

```
TRANSLATE ('Handekachen', 'aa', 'uu')
```

Wie die Funktion TRANSLATE in DB2/2 anzuwenden ist, zeigt das nächste Beispiel. In der Zeichenkette «Hans» soll das «a» in ein «e» umgewandelt werden.

```
D:  SELECT TRANSLATE('Hans', 'e', 'a')                  (A41019)
    FROM persdat WHERE persnr = 1
```

Ergebnis: TRANSLATE
Hens

In GUPTA wird die Ersetzungsfunktion durch REPLACE gebildet.

REPLACE(string1, position, länge, string2)

```
G:  SELECT
     REPLACE('2,375.80', 1, 1,'.')                      (A41017)
     FROM persdat WHERE persnr = 1;
```

Ergebnis: TRANSLATE
2.375.80

Es soll der Hinweis «NULL-Wert» angezeigt werden, wenn die Spalte *abdatum* in der Tabelle *auftrag* NULL-Werte enthält:

```
G:   SELECT aufnr,                                      (A41021)
       @NULLVALUE(abdatum, 'NULL-Wert')
       FROM auftrag WHERE abdatum IS NULL;
```

Ergebnis:

AUFNR	@NULLVALUE()
22222	NULL-Wert
44444	NULL-Wert

4.10.2 Umwandlungsfunktionen

Umwandlungsfunktionen in ORACLE

ORACLE-Funktionen	Die Funktion
TO_NUMBER()	wandelt Zahl in Zeichenkette um in numerischen Wert.
TO_DATE()	wandelt Zeichenkette in Datum um.
TO_CHAR()	wandelt Zahl oder Datum in Zeichenkette um.

Aufgabe: Umwandlung einer Zeichenkette in eine Zahl.

```
SELECT TO_NUMBER('2389.75')                         (A41024)
FROM persdat WHERE persnr = 1
```

Ergebnis: TO_NUMBER('2389.75')
2389.75

Aufgabe: Umwandlung eines Datums in eine Zeichenkette.

```
SELECT TO_CHAR                                      (A41026)
(eintritt, 'DAY, dd.MONTH, SYEAR')
FROM persdat WHERE persnr = 1
```

Ergebnis: TO_CHAR(EINTRITT,'DAY,DD.MONTH, SYEAR')
FRIDAY, 01.FEBRUARY , NINETEEN-EIGHTY

Umwandlungsfunktionen in DB2/2

Funktionen	Die Funktion
DECIMAL()	gibt eine Dezimalzahl zurück.
FLOAT()	gibt eine Gleitkommazahl zurück.
INTEGER()	gibt den Ganzzahlwert an.

Aufgabe: Die Personalnummer *persnr* vom Typ SMALLINT in der Tabelle PERSDAT soll in eine Dezimalzahl umgewandelt werden.

```
SELECT persnr, DECIMAL(persnr,1)        (A41028)
  FROM persdat WHERE persnr = 1
```

Ergebnis: PERSNR 2
1 1.

Aufgabe: Die Ganzzahlwerte des Gehaltes sind anzuzeigen.

```
SELECT INTEGER(gehalt)                  (A41030)
FROM persdat WHERE persnr = 1
```

Ergebnis: 1
3800

Umwandlungsfunktionen in GUPTA

Funktionen	**Die Funktion wandelt**
@DECIMAL()	hexadezimalen Wert in dezimalen Wert um.
@HEX()	dezimalen in hexadezimalen Wert um.
@STRING()	Zahl in String um.
@VALUE()	Stringzahlenwert in Zahl um.

Aufgabe: Die dezimale Zahl 10 soll als hexadezimaler Wert ausgegeben werden.

```
G:      SELECT @HEX(10)                 (A41020)
          FROM persdat WHERE persnr = 1;
```

Ergebnis: @HEX(10)
A

Aufgabe: Die hexadezimale Zahl A soll in einen dezimalen Wert umgewandelt werden.

```
G:          SELECT @DECIMAL('A')                (A41020A)
              FROM persdat WHERE persnr = 1;
```

Ergebnis: @DECIMAL('A')
10

4.10.3 Mathematische Funktionen

Mathematische Funktionen in ORACLE

ORACLE-Funktionen:	**Die Funktion**
GREATEST()	gibt den größten Wert einer Liste aus.
LEAST()	gibt den kleinsten Wert einer Liste aus.
NVL()	ermöglicht das Rechnen mit NULL-Werten.

Beispiel: Welcher String hat den größten Wert?

```
O:          SELECT GREATEST('Hans', 'Adolf',
⇨                          'Reinhard')                (A41020)
              FROM persdat WHERE persnr = 1
```

Ergebnis: GREATEST( )
Reinhard

Entsprechend wird LEAST() eingesetzt, wenn der kleinste Wert zu bestimmen ist.
Eine Rechenoperation auf einem Feld, das NULL beinhaltet, hat NULL zum Ergebnis. Mit NVL() wird eine Addition bzw. Subtraktion ermöglicht. Es wird angenommen, daß die Tabelle *persdat* eine weitere Zeile mit der Personalnummer 88 und dem Wert NULL in der Spalte *gehalt* enthält. Es soll der Wert 99 für Gehalt eingetragen werden.

```
            SELECT persnr, NVL(gehalt,0) + 99         (A41023)
              FROM persdat WHERE persnr = 88
```

Ergebnis: PERSNR GEHALT
88 99

Mathematische Funktionen in GUPTA

GUPTA stellt eine Vielzahl von mathematischen Funktionen zur Verfügung. Dazu seien einige Beispiele angeführt.

Betragsermittlung: Ergebnis

```
SELECT @ABS(-23.561)
  FROM persdat WHERE persnr = 1;
```

23.561

Abschneiden der Nachkommastellen Ergebnis

```
SELECT @INT(123.56)
  FROM persdat WHERE persnr = 1;
```

123

Weitere Funktionen sind:

- @MEDIAN() nennt den mittleren Wert aus einer Anzahl Werte.

```
SELECT @MEDIAN(gehalt) FROM persdat;
```

Ergebnis: 3900

- @MOD(a,b) liefert den Divisionsrestwert (Modulo) der Division von «a» dividiert durch «b».

```
SELECT @MOD(21,4) from persdat WHERE persnr = 1;
```

Ergebnis: 1

- @ROUND() rundet eine Zahl auf eine angegebene Nachkommastellenzahl nach der kaufmännischen Regel.

```
SELECT @ROUND(3.14159,4) from persdat WHERE persnr = 1;
```

Ergebnis: 3.1416

Für finanzmathematische Problemstellungen, die in der Regel mit umfangreichen Formeln gelöst werden, stellt GUPTA anwendungsfreundliche Funktionen zur Verfügung. Eine kleine Auswahl wird hier vorgestellt. Um sie anzuwenden, müssen Sie nachfolgend beschriebene Funktionen in die SQL-Anweisung einsetzen:

SELECT funktion
FROM persdat WHERE persnr = 1;

Beispiel:

```
SELECT @CTERM(0.08/12, 10000, 5000) (A41025)
  FROM persdat WHERE persnr = 1;
```

- @CTERM(zinssatz/12, zukunftswert, gegenwartswert):
Errechnet die Anzahl Monate, die erforderlich sind, um einen Gegenwartswert auf den Zukunftswert aufzustocken mit monatlich hinzugefügten Zinsen.

  Beispiel: @CTERM(0.08/12, 10000, 5000) = 104.3183

  Um 5000 DM auf 10000 DM bei 8 % zu erhöhen, werden 104,3183 Monate benötigt.

- @FV(rate, zinssatz, perioden):
Errechnet den Rentenendwert nachschüssiger, am Jahresende geleisteter Zahlungen bei konstantem Zinssatz.

  Beispiel: @FV(100,0.05,7) = 814.20

  Endbetrag nach 7 Jahren und 5 % Zinsen.

- @PV(zahlung, zinssatz, perioden):
Ermittelt den Rentenbarwert nachschüssiger Zahlungen.

  Beispiel: @PV(20000, 0.05, 20) = 249244.21

  Der Barwert von 20 Jahresraten je 20000 DM bei 5 % beträgt 249244.21 DM.

- @TERM(zahlung, zinssatz, zukunftsbetrag):
Nennt die Periodenanzahl, die erforderlich ist, um einen Zukunftsbetrag bei gegebener periodischer Zahlung und festem Zinssatz zu erhalten.

  Beispiel: @TERM(2400, .08, 100000) = 19.05297

  Bei jährlichen Zahlungen von 2400 DM werden 100000 DM bei 8 % Jahreszinssatz in 19,05297 Jahren erreicht.

4.10.4 Logische Funktionen in GUPTA

In GUPTA ist es möglich, logische Funktionen in eine SELECT-Anweisung einzubeziehen. Die Funktion @IF ermöglicht eine WENN-DANN-Auswahl.

- @IF(zahl, string1, string2):
  Wenn die Zahl den Wert von 1 oder größer 1 hat, wird String 1 ausgegeben, beim Wert 0 String 2.

  Beispiel:

```
SELECT @IF(1, 'Herrn', 'Frau'), pname
  FROM persdat WHERE persnr = 1;
```

  Ergebnis: Herrn Eifer

```
SELECT @IF(0, 'Herrn', 'Frau'), pname
  FROM persdat WHERE persnr = 3;
```

  Ergebnis: Frau Meyer

- @ISNA()
  Die Funktion @ISNA gibt bei einem NULL-Wert eine 1, ansonsten eine 0 aus.

  Beispiel: Bei welchen Aufträgen ist in der Spalte *abdatum* ein Datum eingetragen?

```
SELECT aufnr, @ISNA(abdatum) FROM auftrag;
```

  Ergebnis: 1111 0
  2222 1
  3333 0
  4444 1

4.11 SQL-Operatoren LIKE, BETWEEN, IN und MATCHES verwenden

Die Operatoren LIKE, BETWEEN und IN können Sie in allen Datenbanksystemen in der WHERE-Klausel einsetzen. Der Operator MATCHES steht nur in INFORMIX zur Verfügung, der Verbindungsoperator || nur in GUPTA.

4.11.1 Operator LIKE

Beim Vergleich eines Textfeldes mit einem Textmuster darf nicht der Operator = verwendet werden. Wollte man alle Namen, die mit M anfangen, mittels

WHERE pname = "M"

abfragen, würde kein Name angezeigt. Vielmehr muß der Operator LIKE verwendet werden. Außerdem ist dem System mitzuteilen, daß die übrigen Buchstaben des Textfeldes keine Bedeutung für den Suchvorgang haben. Es sind also Platzhalter bzw. Jokerzeichen für unbekannte oder unerhebliche Zeichen in das Textmuster einzubeziehen. Man unterscheidet folgende Jokerzeichen:

% steht für eine beliebige Anzahl beliebiger Zeichen,
_ steht für ein einziges Zeichen.

Somit ist die Suche nach den Namen der Mitarbeiter, die mit M beginnen, wie folgt zu formulieren:

```
SELECT pname FROM persdat                    (A41101)
 WHERE pname LIKE 'M%'
```

Ergebnis: PNAME
Meier
Meieris
Meyer

Der Platzhalter % hinter M steht für eine beliebige Anzahl von Zeichen unterschiedlicher Art.
An einem weiteren Beispiel sei die Wirkung des Platzhalters _ aufgezeigt. Gesucht werden die Namen, die der Zeichenkette «Me er» entsprechen. An der dritten Stelle darf in den gesuchten Namen ein beliebiger Buchstabe stehen.

```
SELECT pname FROM persdat                    (A41102)
 WHERE pname LIKE 'Me_er'
```

Ergebnis: PNAME
Meyer
Meier

Die Namen Meyer und Meier werden in INFORMIX, ORACLE und GUPTA ausgegeben. In DB2/2 ist bei dem Datentyp CHAR zu beachten, daß bei dem LIKE die gesamte Spaltenbreite in den Vergleich einbezogen wird. In DB2/2 werden deshalb keine Daten ausgegeben, weil in dem Suchbegriff «Me er» die in der CHAR-Spalte vorhandenen Leerstellen nicht berücksichtigt worden sind. Da die Spalte *pname* insgesamt 12 Stellen groß ist, hätte das Textmuster mit 7 weiteren Leerstellen eingegeben werden müssen:

LIKE 'Me_er˽˽˽˽˽˽˽'

Wenn Sie jedoch in DB2/2 den Datentyp VARCHAR statt CHAR verwenden, kann es bei der üblichen Abfrage bleiben.

4.11.2 Operator BETWEEN

Zur Formulierung von Bereichsabfragen wird der Operator BETWEEN eingesetzt. Er kann bei Textspalten, Datumsspalten und bei numerischen Spalten verwendet werden. BETWEEN wählt die Daten aus, die sich zwischen einem unteren und oberen Grenzwert befinden. Die definierten Grenzwerte werden in die Ausgabe einbezogen. Die folgenden Problemlösungen zeigen die Wirkungsweise von BETWEEN.

Abfrage einer Zeichenspalte
Welche Namen beginnen mit Großbuchstaben, die zwischen S und Z einschließlich liegen?

```
SELECT pname FROM persdat                    (A41104)
 WHERE pname BETWEEN 'S' AND 'Z'
```

Ergebnis: PNAME
Strom
Volt

Da der Operator BETWEEN die Werte ab dem unteren Grenzwert ausgibt, wird der Name «Strom» einbezogen.

Abfrage einer Datumsspalte

Welche Mitarbeiter sind zwischen dem 1.1.84 und dem 31.12.85 in das Unternehmen eingetreten?

```
I,O:        SELECT pname, eintritt FROM persdat  (A41105)
             WHERE eintritt BETWEEN
               DATE('01.01.1984') AND DATE('31.12.1985')
```

Ergebnis:

PNAME	EINTRITT
Meier	01.03.1984
Strom	01.03.1984
Luft	15.05.1985
Bind	15.05.1985

In DB2/2 und GUPTA wird die Abfrage ohne die Funktion DATE() verwirklicht:

```
D, G:       SELECT pname, eintritt FROM persdat  (A41105)
             WHERE eintritt BETWEEN
               ('01.01.1984') AND ('31.12.1985')
```

Die Abfrage könnte auch so lauten:

```
    SELECT pname, eintritt FROM persdat
      WHERE YEAR(eintritt) BETWEEN 1984 AND 1985
```

Abfrage einer numerischen Spalte

Welche Mitarbeiter verdienen zwischen 4000 und 5000 DM?

```
            SELECT pname, gehalt FROM persdat    (A41106)
             WHERE gehalt BETWEEN 4000 AND 5000
```

Ergebnis:

PNAME	GEHALT
Luft	4500.00
Volt	4200.00
Bind	4000.00
Meier	5000.00

4.11.3 Operator IN

Der Operator IN ist vergleichbar mit der Elementabfrage in der Mengenlehre. Er stellt fest, ob der Inhalt der befragten Spalte in einer der angegebenen Mengen enthalten ist. Der Operator IN kann auf Zeichenspalten, Datumsspalten und numerische Spalten angewendet werden. Zur Beantwortung der Frage, welche Mitarbeiter Söhne bzw. Töchter haben, kann man folgende Anweisung einsetzen:

```
        SELECT DISTINCT persnr FROM fmitglieder (A41107B)
        WHERE vwgrad IN ('s','t')
```

Ergebnis: PERSNR
10
8
5

Hinter dem Schlüsselwort IN werden in runden Klammern die Suchbegriffe einfach hintereinander aufgelistet.
Gleiche Ergebnisse erzielt man, wenn die Bedingung mit den Operatoren OR und = gebildet wird. So lautet die Anweisung unter Verwendung von OR und =:

```
SELECT DISTINCT persnr FROM fmitglieder          (A41107A)
 WHERE vwgrad = 's' OR
       vwgrad = 't'
```

Aus dem Vergleich der beiden SQL-Anweisungen ist zu erkennen, daß IN die Abfrage vereinfacht.
Das folgende Beispiel zeigt die Anwendung des IN-Operators auf eine Datumsspalte. Es sollen die Namen der Mitarbeiter ausgegeben werden, die in dem Jahr 1975 oder 1984 eingetreten sind?

```
I,O,D:       SELECT                                (A41108)
              pname, eintritt FROM persdat
              WHERE YEAR(eintritt) IN (1975,1984)
```

```
G:              SELECT                                  (A41108)
                 pname, eintritt FROM persdat
                 WHERE @YEAR(eintritt) IN (75,84);
```

Ergebnis:

PNAME	EINTRITT
Meyer	01.03.1984
Strom	01.03.1984
Meier	01.01.1975

Die Anwendung von IN auf eine numerische Spalte zeigt das nächste Beispiel. Es ist die Frage zu beantworten, welche Mitarbeiter in den Abteilungen 2 bzw. 4 arbeiten.

```
             SELECT pname FROM persdat                  (A41109)
              WHERE abtnr IN (2,4)
```

Ergebnis:

PNAME
Eifer
Meier
Strom
Bind

4.11.4 Operator MATCHES in INFORMIX

Der Operator MATCHES steht nur in INFORMIX zur Verfügung. Er wird ähnlich wie LIKE verwendet. Mit MATCHES werden in dem Abfragewert von Zeichenketten jedoch andere Platzhalter verwendet:

* steht für eine beliebige Anzahl unterschiedlicher Zeichen.

? steht für ein einziges Zeichen.

[ ] In eckigen Klammern werden Werte zum Suchen oder zum Nichtsuchen definiert:

[A-D] Alle Werte, die mit den Buchstaben A, B ,C oder D beginnen, werden gesucht.

[^BELM] Alle Werte, die mit B, E, L oder M beginnen, werden von der Suche ausgeschlossen.

Aufgabe: Welche Mitarbeiternamen beginnen mit den Buchstaben B, C, D, E?

```
SELECT pname FROM persdat              (A41110A)
 WHERE pname MATCHES '[B-E]*'
```

Ergebnis: PNAME
Eifer
Bind

Aufgabe: Welche Mitarbeiternamen beginnen nicht mit B, E, L, M?

```
SELECT pname FROM persdat              (A41110B)
 WHERE pname MATCHES '[^BELM]*'
```

Ergebnis: PNAME
Strom
Volt

Aufgabe: Welche Gehälter beziehen Mitarbeiter, die entweder Meier oder Meyer heißen?

```
SELECT pname, gehalt FROM persdat      (A41111)
 WHERE pname MATCHES 'Me[iy]er'
```

Ergebnis:

PNAME	GEHALT
Meyer	2450.00
Meier	5000.00

4.11.5 Operator || in GUPTA

Mit || – zweimal Zeichen `Alt`+124 – werden zwei oder mehr Zeichenketten miteinander verkettet.

Aufgabe: In welchen Abteilungen arbeitet der Mitarbeiter mit der Personalnummer 1?

```
SELECT pname ||                              (A41112)
  ' arbeitet in Abteilung ' || abtnr
  FROM persdat WHERE persnr = 1;
```

Ergebnis: Eifer arbeitet in Abteilung 4

4.12 Daten in Zwischentabellen speichern

Aufgabe: Der Personalleiter möchte wissen, welcher Mitarbeiter das niedrigste Gehalt hat.

Diese Abfrage ist in zwei Schritten zu lösen. In einem Schritt wird festgestellt, wie hoch das niedrigste Gehalt ist. Im zweiten Schritt wird ermittelt, wer das niedrigste Gehalt bekommt. In DB2/2, ORACLE und GUPTA ist dieses Problem mit Hilfe einer Unterabfrage zu lösen. INFORMIX bietet hier die Möglichkeit, die Ergebnisse von Abfragen in Zwischentabellen zu speichern. Dazu fügen Sie an die SQL-Anweisung die Klausel

INTO TEMP zwischentabellenname

an.

Diese Tabellen sind temporär. Sie sind nur während der Arbeitssitzung verfügbar. Am Ende werden sie automatisch gelöscht. Möchten Sie diese bereits während der Arbeitssitzung löschen, erreichen Sie das durch die Anweisung

DROP TABLE zwischentabellenname

Zur Lösung der obigen Problemstellung wird zunächst das Minimum der Gehaltsspalte der Tabelle *persdat* in die Zwischentabelle *zwidat* geschrieben:

```
SELECT MIN(gehalt) mingehalt                 (A41201)
  FROM persdat
  INTO TEMP zwidat
```

Hinter MIN(gehalt) wurde ein **Alias** vereinbart. Alias ist zu übersetzen mit «anderer Name». Alias können Sie einsetzen, um Ausgabe-

spalten einen anderen Namen zu geben. Er steht durch eine Leerstelle getrennt hinter dem Ausdruck, den er bezeichnen soll. Wollen Sie berechnete Spalten in eine Zwischentabelle speichern, so müssen Sie für diese Spalten Namen vergeben. Hier wurde die Spalte in der temporären Tabelle *zwidat* mit *mingehalt* bezeichnet.
Die temporäre Tabelle *zwidat* können Sie genau wie jede andere Tabelle in Abfragen einbeziehen. Das zeigt die nächste Abfrage, in der nun der Mitarbeiter herausgesucht wird, der das niedrigste Gehalt bekommt.

```
SELECT pname, mingehalt                          (A42102)
 FROM persdat, zwidat
 WHERE gehalt = mingehalt
```

Ergebnis:	PNAME	MINGEHALT
	Meieris	2450.00

Da bei dieser Abfrage die Werte aus zwei Tabellen miteinander kombiniert werden, müssen hinter FROM die Namen der beiden betreffenden Tabellen angegeben werden.

4.13 Transaktionsorientiert arbeiten

Eine Datenbank muß sich stets in einem konsistenten Zustand befinden. Eine Datenbank ist konsistent, wenn die Daten inhaltlich richtig sind (semantische Integrität). Bei Änderungen im Datenbestand kann es jedoch zu Inkonsistenzen kommen, wenn eine Aktion nicht ordnungsgemäß abgeschlossen werden konnte.

Beispiel: Die Abteilungsleiter wechseln ihre Abteilungen. Die SQL-Anweisungen lauten dazu:

```
UPDATE persdat SET persnr = 1 WHERE abtnr = 2
UPDATE persdat SET persnr = 9 WHERE abtnr = 3
UPDATE persdat SET persnr = 5 WHERE abtnr = 4
```

Tritt bei dieser Änderungsaktion zum Beispiel nach der Ausführung der ersten UPDATE-Anweisung eine Störung infolge eines Plattenfehlers oder durch eine Fehlbedienung auf, befindet sich die Datenbank in einem inkonsistenten Zustand. Der Mitarbeiter Eifer ist dann nämlich Leiter von zwei Abteilungen, während Mitarbeiterin Bind keine Abteilung mehr leitet.

Um sicherzustellen, daß Änderungen im Datenbestand nicht zu Inkonsistenzen führen, können die Änderungsanweisungen in Form einer Transaktion ausgeführt werden. Unter einer **Transaktion** versteht man eine Folge von SQL-Anweisungen, die logisch zusammengehören. Bei einer transaktionsorientierten Verarbeitung wird nach dem Alles-oder-nichts-Prinzip dafür Sorge getragen, daß die Anweisungsfolge komplett oder gar nicht ausgeführt wird. Eine Ausführung nur einzelner Anweisungen wird verhindert.

Bezogen auf das obige Beispiel der Job-rotation müßte der Datenbanknutzer dem System mitteilen, daß die SQL-Anweisungsfolge transaktionsorientiert verarbeitet werden soll. Nach der Eingabe der Anweisungen prüft er deren Korrektheit. Findet er Fehler, nimmt er alle vorgesehenen Änderungen mit dem ROLLBACK-Befehl zurück. Sind die Eingaben korrekt, startet er mit dem COMMIT-Kommando die Ausführung.

4.13.1 Transaktionsverarbeitung bei INFORMIX

Voraussetzung für die Transaktionsverarbeitung ist, daß eine Transaktions-Protokolldatei eingerichtet ist. Das kann bei der Erstellung der Datenbank vereinbart werden:

```
CREATE DATABASE testdb WITH LOG IN 'protdat1.log'
```

Ein Benutzer kann die Transaktionsdatei auch nachträglich mit dem Befehl START DATABASE anlegen.

Beispiel: Die aktuelle Datenbank wird geschlossen und anschließend mit dem Befehl START DATABASE geöffnet.

```
CLOSE DATABASE;                                    (A41301)
START DATABASE testdb
  WITH LOG IN 'C:\INFORMIX\protdat1.log';
```

Die Transaktionsverarbeitung wird bei INFORMIX mit der Anweisung BEGIN WORK eingeleitet.

Beispiel: In die Datei PERSDAT soll transaktionsorientiert eine neue Zeile eingefügt und geändert werden. Beide Eingaben sollen wieder storniert werden.

```
BEGIN WORK;                                     (A41302)
INSERT INTO persdat (persnr, pname)
  VALUES (55, 'Jung');
UPDATE persdat SET pname = 'Alt'
  WHERE persnr = 55;
ROLLBACK WORK;

SELECT * FROM persdat WHERE persnr = 55         (A41306)
```

Ergebnis: Fehlermeldung

Beispiel: Die Eingaben sollen ausgeführt werden.

```
BEGIN WORK;                                     (A41303)
INSERT INTO persdat (persnr, pname)
  VALUES (55, 'Jung');
UPDATE persdat SET pname = 'Alt'
  WHERE persnr = 55;
COMMIT WORK;

SELECT * FROM persdat WHERE persnr = 55         (A41306)
```

Ergebnis:

PERSNR	PNAME
55	Alt

Beispiel: Die Zeile mit der Personalnummer 55 soll gelöscht werden. Der Löschbefehl wird storniert.

```
BEGIN WORK;                                     (A41304)
DELETE FROM persdat WHERE persnr = 55;
ROLLBACK WORK;
```

```
SELECT * FROM persdat WHERE persnr = 55         (A41306)
```

Ergebnis:

PERSNR	PNAME
55	Alt

Beispiel: Die Löschanweisung wird ausgeführt.

```
BEGIN WORK;                                          (A41305)
DELETE FROM persdat WHERE persnr = 55;
COMMIT WORK;
```

```
SELECT * FROM persdat WHERE persnr = 55              (A41306)
```

Ergebnis: Fehlermeldung

4.13.2 Transaktionsverarbeitung in ORACLE

In ORACLE gibt es den SQLPlus-Konfigurierungsbefehl

SET AUTOCOMMIT OFF/ON/IMMediate

Wenn AUTOCOMMIT auf OFF steht (Voreinstellung), so können Änderungen mit ROLLBACK rückgängig gemacht werden. Mit COMMIT oder dem Verlassen von SQLPlus mit EXIT werden die Änderungen in den Tabellen festgeschrieben, die seit dem Beginn einer Sitzung oder nach dem letzten COMMIT-Befehl eingegeben worden sind. Wenn AUTOCOMMIT auf ON oder IMM steht, werden die Änderungen unmittelbar ausgeführt.

Beispiel: In die Datei PERSDAT soll transaktionsorientiert eine neue Zeile eingefügt und geändert werden. Beide Eingaben sollen wieder storniert werden.

```
SET AUTOCOMMIT OFF;                                  (A41302)
INSERT INTO persdat (persnr, pname)
  VALUES (55, 'Jung');
UPDATE persdat SET pname = 'Alt'
  WHERE persnr = 55;
ROLLBACK WORK;
```

```
SELECT * FROM persdat WHERE persnr = 55              (A41306)
```

Ergebnis: Fehlermeldung

4.13.3 Transaktionsverarbeitung in DB2/2

In DB2/2 können die Befehle COMMIT und ROLLBACK dann eingesetzt werden, wenn in der OS/2-Datei CONFIG.SYS die Umgebungsvariable DBMCOMMIT auf NO gesetzt ist.

Beispiel: Schreiben Sie mit Ihrem ASCII-Editor in die OS/2-Konfigurationsdatei CONFIG.SYS

```
SET DBMCOMMIT=NO
```

Starten Sie anschließend OS/2 nochmals. Danach werden die Daten nicht mehr automatisch mit der Befehlseingabe gesichert, sondern erst mit der Eingabe von COMMIT oder der Eingabe des nächsten Befehls. Mit ROLLBACK wird die Festschreibung unterdrückt.

Beispiel: In die Datei *persdat* soll transaktionsorientiert eine neue Zeile eingefügt und geändert werden. Beide Eingaben sollen wieder storniert werden.

```
INSERT INTO persdat (persnr, pname)          (A41302)
  VALUES (55, 'Jung')
UPDATE persdat SET pname = 'Alt'
  WHERE persnr = 55
ROLLBACK WORK
```

```
SELECT * FROM persdat WHERE persnr = 55      (A41306)
```

4.13.4 Transaktionsverarbeitung in GUPTA

Beim Start des Systems hat die Umgebungsvariable AUTOCOMMIT den Status OFF. Sie können dies prüfen, indem Sie im Eingabefenster von *SQLTalk* fragen:

```
SHOW autocommit;
```

Das System antwortet: Autocommit is Set to OFF!
In diesem Zustand werden die Daten nicht automatisch mit der Befehlseingabe gesichert, sondern erst mit der Eingabe von COMMIT. Sie setzen AUTOCOMMIT auf ON, indem Sie im Eingabefenster von *SQLTalk* die Anweisung

```
SET autocommit ON;
```

eingeben.
Die Transaktionsverarbeitung wird bei GUPTA mit der Anweisung COMMIT [WORK] eingeleitet.

Beispiel: In die Datei *persdat* soll transaktionsorientiert eine neue Zeile eingefügt und geändert werden. Beide Eingaben sollen wieder storniert werden.

```
COMMIT WORK;                                    (A41302)
INSERT INTO persdat (persnr, pname)
  VALUES (55, 'Jung');
UPDATE persdat SET pname = 'Alt'
  WHERE persnr = 55;
ROLLBACK WORK;
```

```
SELECT * FROM persdat WHERE persnr = 55         (A41306)
```

Ergebnis: Fehlermeldung

Beispiel: Die Eingaben sollen ausgeführt werden.

```
COMMIT;                                         (A41303)
INSERT INTO persdat (persnr, pname)
  VALUES (55, 'Jung');
UPDATE persdat SET pname = 'Alt'
  WHERE persnr = 55;
COMMIT WORK;
```

```
SELECT * FROM persdat WHERE persnr = 55      (A41306)
```

Ergebnis: PERSNR PNAME
55 Alt

4.14 Erläuternde Kommentare einfügen

Erläuternde Texte erleichtern zuweilen die Interpretation der Ergebnisse, die das Datenbanksystem liefert. In INFORMIX, ORACLE und GUPTA sind solche Texte innerhalb einer Anweisung zugelassen. Sie werden in Hochkommata eingeschlossen.

Beispiel: Die Personalnummer und der Name des Mitarbeiters mit der Personalnummer 10 sollen in der Zeichenkette

Der Mitarbeiter mit der Personalnummer 10
heißt Meier

angezeigt werden.

```
SELECT                                              (A41401)
'Der Mitarbeiter mit der Personalnummer ', persnr,
'heißt ', pname
FROM persdat WHERE persnr = 10
```

In DB2/2 werden erläuternde Textkonstanten in Anweisungen nicht in der Ergebnisausgabe angezeigt. Sie können aber Kommentare in die Anweisungen einfügen. Kommentare in den Kommandodateien werden mit zwei aufeinanderfolgenden Bindestrichen eingeleitet. Der Kommentar endet am Zeilenende.

```
SELECT pname -- Mitarbeitername
  FROM persdat
-- SQL-Anweisung mit Kommentar
```

Auch in GUPTA können Sie Kommentare hinter dem Befehl REMARK zwischen Backslash und Slash einfügen:

```
REMARK
\
Dies ist ein Kommentar.
/
SELECT * FROM persdat;
```

4.15 Übungen

UE41501: Alle Zeilen der Tabelle *abteilg* sollen angezeigt werden.

UE41502: Name und Vorname aller Mitarbeiter sind auszugeben.

UE41503: Welche Aufträge werden in der Tabelle *tposten* aufgeführt?

UE41504: Welche Mitarbeiter verdienen weniger als 4000 DM Grundgehalt?

UE41505: In welchen Zeilen der Tabelle *auftrag* stehen in der Spalte *abdatum* NULL-Werte?

UE41506: Wieviel Stunden hat der Mitarbeiter mit der Personalnummer 1 an dem Auftrag 3333 gearbeitet?

UE41507: Wieviel Stunden hat der Mitarbeiter mit der Personalnummer 1 im Februar 1994 an dem Auftrag 3333 gearbeitet?

UE41508: Welche Mitarbeiterinnen verdienen weniger als 4000 DM oder sind vor dem 1.1.85 eingetreten?

UE41509: Für welche Aufträge hat der Mitarbeiter mit der Personalnummer 3 gezeichnet (*tartnr* = 6)? Auch der Tag und die Stundenzahl sind anzuzeigen.

UE41510: Geben Sie an, wie oft und mit wieviel Stunden insgesamt der Mitarbeiter mit der Personalnummer 3 im Februar 1994 für Aufträge gezeichnet hat.

UE41511: Zeigen Sie das höchste, das kleinste, das durchschnittliche Gehalt und die Summe der Gehaltszahlungen im Januar 1994 an.

UE41512: Errechnen Sie das Ergebnis des Ausdrucks ((3+5)*(5-2))/8.

UE41513: Welche Vornamen der Mitarbeiter enden mit a? In DB2/2 können Sie diese Abfrage nicht lösen, weil *pvname* als CHAR-Spalte und nicht als VARCHAR-Spalte in der Tabelle *persdat* definiert ist.

UE41514: Welche Mitarbeiter sind im Februar für den Auftrag 2222 eingesetzt worden?

UE41515: Welche Mitarbeiter haben im Februar an den Aufträgen 1111 und 2222 gearbeitet?

4.16 Lösungen

UE41501:
```
SELECT * FROM abteilg
```

UE41502:
```
SELECT pname, pvname FROM persdat
```

UE41503:
```
SELECT DISTINCT aufnr FROM tposten
```

UE41504:
```
SELECT * FROM persdat WHERE gehalt < 4000
```

UE41505:
```
SELECT * FROM auftrag WHERE abdatum IS NULL
```

UE41506:
```
SELECT persnr, tstd FROM tposten
  WHERE persnr = 1 AND
         aufnr = 3333
```

UE41507:
```
SELECT persnr, tbnr, tstd FROM tposten
  WHERE persnr = 1    AND
```

```
          aufnr = 3333 AND
          tbnr BETWEEN 940201 AND 940228
```

UE41508:

```
SELECT pname, geschlecht, eintritt, gehalt
  FROM persdat
  WHERE geschlecht = 'W'  AND
   (gehalt < 4000 OR eintritt < '01.01.1985')
```

UE41509:

```
SELECT aufnr, tbnr, tstd FROM tposten
  WHERE persnr = 3 AND tartnr = '6'
```

UE41510:

```
SELECT COUNT(*), SUM(tstd) FROM tposten
  WHERE persnr = 3 AND
        tartnr = '6' AND
        tbnr BETWEEN 940201 AND 940228
```

UE41511:

```
SELECT MAX(mgehalt), MIN(mgehalt),
       AVG(mgehalt), SUM(mgehalt)
  FROM mgehalt
  WHERE jahr = 94 AND monat = 1
```

UE41512:

```
SELECT ((3+5)*(5-2))/8
  FROM persdat WHERE persnr = 1
```

UE41513:

```
SELECT pvname FROM persdat
  WHERE pvname LIKE '%a'
```

UE41514:

```
SELECT DISTINCT persnr FROM tposten
  WHERE tbnr BETWEEN 940201 AND 940228 AND
    aufnr = 2222
```

UE41515:

```
SELECT DISTINCT persnr FROM tposten
  WHERE tbnr BETWEEN 940201 AND 940228 AND
    aufnr IN (1111,2222)
```

5 DATEN AUS MEHREREN TABELLEN ABFRAGEN (JOINS)

5.1 Kartesisches Produkt aus zwei Tabellen bilden

Bei normalisierten Datenbanken müssen häufig zwei und mehr Tabellen abgefragt werden, um die gewünschten Informationen zu erhalten. Dabei tritt das Problem auf, die an der Abfrage beteiligten Tabellen logisch in der richtigen Weise miteinander zu verknüpfen. Werden Tabellen ohne eine Verknüpfungsvorschrift in einer Abfrage verbunden, so wird bei der Ausführung der Abfrage das kartesische Produkt gebildet. Dabei wird jede Reihe der einen Tabelle mit jeder Reihe der anderen Tabellen kombiniert. Das zeigt das nachstehende Beispiel, in dem die Tabellen *persdat* und *fmitglieder* beziehungslos miteinander verbunden werden. Der Einfachheit halber sollen nur die Nummer und der Name des Mitarbeiters aus der Tabelle *persdat* sowie der Vorname des Familienmitgliedes aus der Tabelle *fmitglieder* in die Abfrage einbezogen werden.

```
SELECT persdat.persnr, persdat.pname, fmitglieder.vorname
FROM persdat, fmitglieder
```

Ergebnis:

PERSNR	PNAME	VORNAME
1	Eifer	Else
1	Eifer	Theo
1	Eifer	Hanna
1	Eifer	Christa
1	Eifer	Heinz
1	Eifer	Beate
1	Eifer	Heinrich
3	Meyer	Else
usw.		

Die obige Ergebnisanzeige ist unvollständig. Da die Tabelle *persdat* 8 Reihen enthält, die Tabelle *fmitglieder* aus 7 Reihen besteht, werden insgesamt 7 × 8 = 56 Zeilen ausgegeben. Es wird aber dennoch deutlich, daß ohne eine logische Verbindung zwischen den Tabellen keine sinnvollen Ergebnisse gewonnen werden können.

5.2 Logische Verbindungen mit Equi-Join herstellen

Eine Verknüpfung von Tabellen kann nur dann gelingen, wenn bereits beim Entwurf darauf geachtet wurde, daß sie sich über Schlüsselspalten miteinander verbinden lassen.

Tabelle PERSDAT	
persnr	pname
1	Eifer ...
3	Meyer ...
4	Strom ...
5	Luft

Tabelle FMITGLIEDER	
persnr	vorname
3	Heinrich
5	Beate
5	Heinz

Verknüpfungsspalte

Die logische Zuordnung einer Tabellenzeile aus Tabelle 1 zu der richtigen Tabellenzeile aus Tabelle 2 wird über identische Werte in Schlüsselspalten hergestellt:

tabellenname1.schlüsselspalte = tabellenname2.schlüsselspalte

Man bezeichnet diese Verbindung auch als Equi-Join. Die Abkürzung Equi steht für «Gleichheit». Join ist mit «Verknüpfung» zu übersetzen. Sind die Namen der Schlüsselspalten in den beiden Tabellen verschieden, kann auf eine Qualifizierung des Spaltennamens verzichtet werden. Qualifiziert wird ein Spaltenname, indem ihm der Tabellenname vorangestellt wird.

Die korrekte Verbindung der Tabelle *persdat* mit der Tabelle *fmitglieder* sei an folgender Problemstellung aufgezeigt: Es sollen die

Personalnummer, der Name sowie die Vornamen vorhandener Familienmitglieder des Mitarbeiters mit der Personalnummer 10 angezeigt werden.

Lösungsansatz: Für diese Abfrage müssen die beiden Tabellen *persdat* und *fmitglieder* miteinander verknüpft werden. Die Verbindung erfolgt über die Spalte *persnr*, die in beiden Tabellen geführt wird.

```
SELECT persdat.persnr, pname, vorname                (A5101)
FROM  persdat, fmitglieder
WHERE persdat.persnr = fmitglieder.persnr AND
      persdat.persnr = 10
```

Ergebnis:

PERSNR	PNAME	VORNAME
10	Meier	Else
10	Meier	Theo
10	Meier	Hanna

Als Bindeglied wird die Spalte *persnr* verwendet, die in beiden Tabellen vorkommt. Da das System bei nicht eindeutigen Spaltennamen nicht feststellen kann, in welcher Tabelle der Wert gesucht werden soll, muß die Redundanz des Spaltennamens durch Hinzufügen des Tabellennamens aufgehoben werden; der Spaltenname *persnr* muß qualifiziert werden:

```
persdat.persnr, fmitglieder.persnr
```

Die Tabellennamen der zu verknüpfenden Tabellen werden hinter der FROM-Klausel aufgelistet.
Die Equi-Bedingung in der WHERE-Klausel besagt, daß jene Zeilen zu suchen sind, deren Personalnummern gleich sind. Davon soll jedoch nur jene Zeile ausgegeben werden, die die Personalnummer 10 hat. Bei der Bedingung persnr = 10 wurde in der Abfrage A5101 dem Spaltennamen die Tabelle *persdat* zugeordnet. Es hätte aber auch die Tabelle *fmitglieder* sein können:

```
fmitglieder.persnr = 10
```

5.3 Andersnamen für Tabellen vereinbaren

Bei der Eingabe einer Abfrage kann es lästig werden, wenn man immer wieder lange Tabellennamen wie «fmitglieder» eintasten muß. Deshalb arbeitet man in Joins gern mit Tabellen-Kurznamen, Andersnamen oder Alternativnamen. Alternativnamen werden benötigt, wenn Tabellen auf sich selbst zu beziehen sind. Sie können synonyme Namen oder Alias-Namen sein.

5.3.1 Synonyme Bezeichner

Synonym vereinbaren

Andersbezeichnungen (synonyme Namen) werden mit der SQL-Anweisung CREATE SYNONYM vereinbart. In DB2 kann die Anweisung erst in Version 2 (ab 1996) verwendet werden.

Beispiel: Die Tabelle *persdat* soll alternativ auch mit dem Kurznamen *p* angesprochen werden können.

```
CREATE SYNONYM p FOR persdat                    (A5201)
```

Nach erfolgreicher Eingabe des SYNONYM-Befehls können Sie die Daten der Tabelle *persdat* alternativ ansprechen:

```
SELECT * FROM p                                 (A5201A)

SELECT * FROM persdat                           (A5201B)
```

In der Anweisung kann alternativ der Zusatz PUBLIC eingesetzt werden: CREATE PUBLIC synonym FOR tabelle. Auf die damit verbundenen Möglichkeiten gehen wir in Kapitel 11 ein.

Synonym löschen

Die Löschung von Synonymen erfolgt durch die Anweisung

DROP SYNONYM andersname

5.3.2 Alias-Bezeichner definieren

Es gibt auch noch die Möglichkeit, Kurzbezeichnungen nur für die Dauer einer Befehlsausführung zu definieren. Wir nennen diese Bezeichner Alias-Bezeichner.
Alias-Namen werden in dem FROM-Zusatz des SELECT-Befehls vereinbart. Zwischen dem Tabellennamen und der nachgestellten Alias-Bezeichnung steht nur ein Leerzeichen. Sie können in allen Datenbanksystemen eingesetzt werden. Wir arbeiten in den Beispielen dieses Buches deshalb ausschließlich mit Alias-Bezeichnern.

Beispiel: Die obige SQL-Anweisung A5101 lautet bei Verwendung von Alias-Bezeichnern:

```
SELECT p.persnr, pname, vorname                    (A5202)
FROM  persdat p, fmitglieder f
WHERE p.persnr = f.persnr AND
      p.persnr = 10
```

Für die Dauer der aktuellen Befehlsausführung wird der Tabelle *persdat* die Alias-Bezeichnung *p* und der Tabelle *fmitglieder* der Alias *f* zugewiesen. Die Eindeutigkeit der Spalte *persnr* wird jetzt mit *p.persnr* und *f.persnr* hergestellt.

5.4 Join-Analysen für Inner-Equi-Joins durchführen

Die korrekte Verbindung zwischen den Tabellen, die in einer Abfrage angesprochen werden, ist Voraussetzung für ein korrektes Ergebnis. Um unsinnige und unrichtige Anzeigen zu vermeiden, führt man bei Abfragen mit mehreren Tabellen eine Join-Analyse durch, aus der dann die Verknüpfungsfunktion entwickelt wird.

Beispiel: Der Personalleiter will wissen, welche Mitarbeiter Familienmitglieder haben, wie diese mit Vornamen heißen und ob es sich dabei um den Ehemann oder die Ehefrau, um einen Sohn oder um eine Tochter handelt.
Mit der Join-Analyse stellen wir fest, welche Tabellen und welche Verknüpfungsspalten angesprochen werden.

Angesprochene Tabellen und Alias-Namen	**Angesprochene Tabellenspalten**	**Verknüpfungs-spalten**
persdat p	persnr, pname	p.persnr
fmitglieder f	fmnr, vorname	f.persnr f.vwgrad
vwgrade v	vwname	v.vwgrad

In den Tabellen *persdat* und *fmitglieder* müssen die Zeilen mit übereinstimmender Personalnummer logisch verknüpft werden, in den Tabellen *fmitglieder* und *vwgrade* die Zeilen mit übereinstimmendem Schlüssel des Verwandtschaftsgrades.

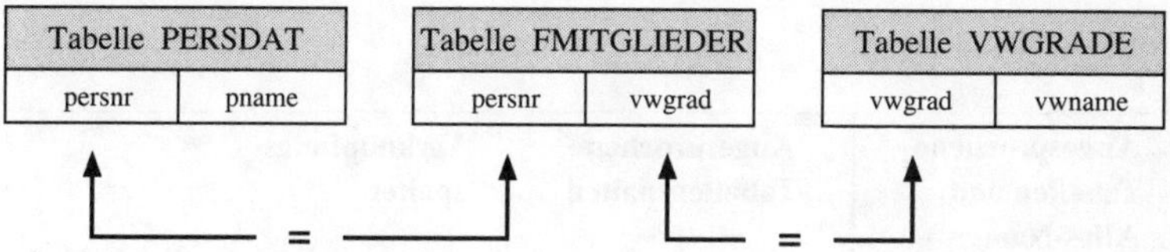

Die Verknüpfungsvorschrift lautet deshalb:

p.persnr = f.persnr AND
f.vwgrad = v.vwgrad

Sie wird in der WHERE-Klausel notiert. Die Anweisung lautet dann:

```
SELECT p.persnr, pname, fmnr, vwname, vorname (A5401)
FROM  persdat p, fmitglieder f, vwgrade v
WHERE p.persnr = f.persnr AND
      f.vwgrad = v.vwgrad
```

Ergebnis:

PERSNR	PNAME	FMNR	VWNAME	VORNAME
3	Meyer	1	Ehemann	Heinrich
5	Luft	2	Sohn	Heinz
5	Luft	1	Ehefrau	Beate
8	Volt	1	Tochter	Christa
10	Meier	3	Tochter	Else
10	Meier	2	Sohn	Theo
10	Meier	1	Ehefrau	Hanna

In der Bildschirmanzeige werden nur die Namen der Belegschaftsmitglieder genannt, die Familienmitglieder besitzen. Die Tabellenzeilen aus der Tabelle *persdat* mit den Personalnummern 1, 4, 7 und 9 werden nicht ausgegeben, weil für diese Zeilen die Bedingung p.persnr = f.persnr nicht zutrifft. Abfragen, bei denen ausschließlich die innerhalb beider Tabellen vorhandenen Zeilen mit gleichem Schlüsselwert berücksichtigt werden, nennt man auch **Inner-Equi-Joins**.

An einem weiteren Beispiel sei der Inner-Equi-Join dargestellt. Es sind die Mitarbeiter zu ermitteln, die im Februar 1994 mehr als 4000 DM verdient haben.

Join-Analyse:

Angesprochene Tabellen und Alias-Namen	**Angesprochene Tabellenspalten**	**Verknüpfungs-spalten**
persdat p	pname	p.persnr
mgehalt m	mgehalt	m.persnr

Verknüpfungsbedingungen: jahr = 94
monat = 2
mgehalt > 4000 oder
4000 < mgehalt

```
SELECT pname, mgehalt                              (A5402)
FROM persdat p, mgehalt m
WHERE p.persnr = m.persnr AND
          jahr = 94      AND
         monat = 2       AND
          4000 < mgehalt
```

Ergebnis:

PNAME	MGEHALT
Meier	6001.74
Volt	4240.00
Luft	4600.00
Eifer	6063.63

5.5 Outer-Equi-Join vereinbaren

Mit einem Inner-Equi-Join sind nicht alle Informationswünsche zu erfüllen. Das zeigt das folgende Beispiel. In ihm werden aus einer Tabelle sämtliche Reihen ausgegeben, denen aus einer anderen Tabelle Reihen aufgrund übereinstimmender Schlüsselwerte zugeordnet werden.

Beispiel: Der Personalleiter will wissen, welche Mitarbeiter Familienmitglieder haben, wie diese mit Vornamen heißen und welchen Verwandtschaftsgrad sie haben. Zusätzlich sollen die Mitarbeiter ohne Familienangehörige genannt werden.

Das Abfrageergebnis sollte wie folgt gestaltet sein:

PERSNR	PNAME	FMNR	VWGRAD	VORNAME
9	Bind			
8	Volt	1	t	Christa
7	Meieris			
5	Luft	2	s	Heinz
5	Luft	1	f	Beate
4	Strom			
3	Meyer	1	m	Heinrich
1	Eifer			
10	Meier	3	t	Else
10	Meier	2	s	Theo
10	Meier	1	f	Hanna

Aus der Tabelle *persdat* werden sämtliche Reihen ausgegeben, die im Falle der Entsprechung mit Reihen aus der Tabelle *fmitglieder* verbunden werden. Eine solche Verbindung nennt man **OUTER-Join**.

Beim OUTER-Join ist zwischen der Haupttabelle und der nachgeordneten Tabelle zu unterscheiden. Jene ist die Haupttabelle, aus der sämtliche Reihen in die Ausgabe übernommen werden sollen. In dem obigen Beispiel ist *persdat* die Haupttabelle. *fmitglieder* ist die nachgeordnete Tabelle, weil aus ihr nur die Reihen in die Ausgabe gelangen, bei denen eine Gleichheit in der Join-Spalte vorliegt. In der Abfrage muß die nachgeordnete Tabelle kenntlich gemacht werden.

In INFORMIX wird in der FROM-Klausel die Tabelle durch ein vorangestelltes OUTER als nachgeordnete Tabelle gekennzeichnet. In ORACLE wird in der WHERE-Klausel die Join-Spalte der nachgeordneten Tabelle durch ein nachgestelltes (+) markiert. Der Outer-Equi-Join-Operator darf in einer Anweisung nur einmal eingesetzt werden.

DB2/2 kennt keine OUTER-Verbindung. Hier muß man den UNION-Operator in Verbindung mit einer Unterabfrage anwenden. Die Unterabfrage behandeln wir in Kapitel 6, den Operator UNION in Kapitel 8.

In INFORMIX lautet die SQL-Anweisung:

```
SELECT p.persnr, pname, fmnr, vwgrad, vorname  (A5501)
  FROM persdat p, OUTER fmitglieder f
  WHERE p.persnr = f.persnr
```

In ORACLE und GUPTA ist die Anweisung wie folgt zu formulieren:

```
SELECT p.persnr, pname, fmnr, vwgrad, vorname  (A5501)
 FROM  persdat p, fmitglieder f
 WHERE p.persnr = f.persnr(+)
```

Möchte man auch noch die Tabelle *vwgrade* in die Abfrage A5501 einbeziehen, so liefert INFORMIX bei der SQL-Anweisung

```
SELECT p.persnr, pname, fmnr, vwname, vorname  (A5502)
FROM  persdat p, OUTER fmitglieder f, vwgrade v
WHERE p.persnr = f.persnr AND
      f.vwgrad = v.vwgrad
```

ein kartesisches Produkt zwischen *persdat* und *vwgrade*. Zwischen *persdat* und *vwgrade* gibt es keine logische Verknüpfung.

Bei ORACLE wird mit A5502 ein korrektes Ergebnis ausgegeben:

```
SELECT p.persnr, pname, fmnr, vwname, vorname  (A5502)
FROM  persdat p, fmitglieder f, vwgrade v
WHERE p.persnr = f.persnr (+) AND
      f.vwgrad = v.vwgrad
```

An einem weiteren Beispiel sei der Aufbau eines OUTER-Joins dargelegt. Der Personalleiter will wissen, welche Mitarbeiter Familienmitglieder haben, wie diese mit Vornamen heißen, in welcher Abteilung sie arbeiten und wie diese Abteilung bezeichnet ist. Auch die Mitglieder ohne Familienangehörige sollen genannt werden.

Join-Analyse:

Angesprochene Tabellen und Alias-Namen	**Angesprochene Tabellenspalten**	**Verknüpfungs-spalten**	
persdat p	persnr, pname, abtnr	p.persnr	p.abtnr
fmitglieder f	fmnr, vorname	f.persnr	
abteilg a	abtname		a.abtnr

```
I:   SELECT p.persnr, pname, vorname, p.abtnr, abtname
      FROM persdat p, OUTER fmitglieder f, abteilg a
      WHERE p.persnr = f.persnr AND
            p.abtnr = a.abtnr                      (A5503)
```

```
O,G:   SELECT p.persnr, pname, vorname, p.abtnr, abtname
        FROM persdat p, fmitglieder f, abteilg a
        WHERE p.persnr = f.persnr (+) AND
              p.abtnr = a.abtnr                    (A5503)
```

Ergebnis:

PERSNR	PNAME	VORNAME	ABTNR	ABTNAME
1	Eifer		4	Transport
3	Meyer	Heinrich	4	Transport
4	Strom		2	Verwaltung

PERSNR	PNAME	VORNAME	ABTNR	ABTNAME
5	Luft	Heinz	3	Steuerung
5	Luft	Beate	3	Steuerung
7	Meieris		3	Steuerung
8	Volt	Christa	3	Steuerung
9	Bind		2	Verwaltung
10	Meier	Else	1	Leitung
10	Meier	Theo	1	Leitung
10	Meier	Hanna	1	Leitung

Auch bei INFORMIX wird bei drei Tabellen im OUTER-Join ein sinnvolles Ergebnis ausgegeben, wenn die dritte eingesetzte Tabelle mit der Tabelle *persdat* verknüpft werden kann.

Hinweis: Der besseren Übersicht wegen wurde die Ausgabe nach der Personalnummer sortiert. Die Sortierung wird durch die Klausel ORDER BY persnr im Anschluß an die WHERE-Bedingungen erzielt. Näheres über die Sortierung erfahren Sie in Kapitel 7.

Die Benutzer des Datenbanksystems DB2/2 besitzen nicht die Möglichkeit, einen Outer-Join-Operator einzusetzen. Das bedeutet aber nicht, daß Sie deshalb auf vergleichbare Ergebnisausgaben verzichten müssen. Sie müssen nur anders vorgehen. Im Vorgriff auf die Kapitel 6 und 8 zeigen wir Ihnen ohne weiteren Kommentar hier die «Outer-Join»-Lösung der Aufgabenstellung A5401 mit UNION und Subselect:

```
D: SELECT p.persnr, pname, fmnr, vwname, vorname  (A5504)
   FROM persdat p, fmitglieder f, vwgrade v
   WHERE p.persnr = f.persnr AND
         f.vwgrad = v.vwgrad
   UNION
   SELECT persnr, pname, persnr, '        ', '        '
   FROM persdat
   WHERE persnr NOT IN
    (SELECT persnr FROM fmitglieder)
   ORDER BY 1
```

Ergebnis:

PERSNR	PNAME	FMNR	VWNAME	VORNAME
1	Eifer	1		
3	Meyer	1	Ehemann	Heinrich
4	Strom	4		
5	Luft	1	Ehefrau	Beate
5	Luft	2	Sohn	Heinz
7	Meieris	7		
8	Volt	1	Tochter	Christa
9	Bind	9		
10	Meier	1	Ehefrau	Hanna
10	Meier	2	Sohn	Theo
10	Meier	3	Tochter	Else

Diese Anweisung läuft natürlich auch in den anderen Datenbanken.

Aufgrund der obigen Ausführungen kann man bei der Abfrage aller Schlüsselwerte aus zwei Tabellen folgende Fälle unterscheiden:

1. Alle Schlüsselwerte sind in beiden Tabellen gleicherweise vorhanden. In diesem Fall bereitet es keine Schwierigkeiten, alle Reihen jeder Tabelle mit dem Equi-Join anzusprechen.
2. Eine Tabelle enthält mehr Schlüsselwerte als die andere. In diesem Fall enthält die Equi-Join-Ausgabe nur solche Zeilen, deren Schlüsselwerte in den anderen Tabellen stehen.
3. Eine Tabelle enthält mehr Schlüsselwerte als die andere, und das Datenbanksystem gestattet den Einsatz des Outer-Join-Operators. In diesem Fall ist mit dem Einsatz des Operators die Ausgabe aller Zeilen möglich.
4. Eine Tabelle enthält mehr Schlüsselwerte als die andere, und das Datenbanksystem gestattet nicht den Einsatz des Outer-Join-Operators. In diesem Fall müssen Sie mit dem Operator UNION und Unterabfragen arbeiten.

5.6 Daten in mehreren Tabellen auswählen

Im vorigen Abschnitt wurden stets sämtliche Reihen der angesprochenen Tabellen ausgegeben. Bei vielen Problemstellungen kommt es jedoch darauf an, daß nur die Informationen angezeigt werden, auf die es dem Fragenden ankommt.

Beispiel: Der Personalleiter will wissen, ob und welche Familienmitglieder der Mitarbeiter Meyer mit der Personalnummer 3 hat.

Join-Analyse:

Angesprochene Tabellen und Alias-Namen	**Angesprochene Tabellenspalten**	**Verknüpfungs-spalten**
persdat p	pname	p.persnr
fmitglieder f	f.persnr, fmnr, vwgrad, vorname	f.persnr f.persnr = 3

Die logische Verknüpfung lautet dann:

p.persnr = f.persnr AND
f.persnr = 3

```
SELECT f.persnr, pname, fmnr, vwgrad, vorname   (A5601)
FROM persdat p, fmitglieder f
WHERE p.persnr = f.persnr AND
      f.persnr = 3
```

Ergebnis:	PERSNR	PNAME	FMNR	VWGRAD	VORNAME
	3	Meyer	1	m	Heinrich

Die Einschränkung der Suche auf den Mitarbeiter mit der Personalnummer 3 wird in der WHERE-Klausel definiert. In der WHERE-Klausel sind also nicht nur die Verknüpfungsregeln, sondern auch die Bedingungen für die Zeilenauswahl anzugeben.
Wie sich das Datenbanksystem verhält, wenn es keine zutreffende Verknüpfung vornehmen kann, zeigt das nächste Beispiel.

Beispiel: Der Personalleiter will wissen, ob und welche Familienmitglieder der Mitarbeiter Eifer mit der Personalnummer 1 hat.

```
SELECT f.persnr, pname, fmnr, vwgrad, vorname    (A5602)
FROM persdat p, fmitglieder f
WHERE p.persnr = f.persnr AND
      f.persnr = 1
```

Ergebnis: PERSNR PNAME FMNR VWGRAD VORNAME
Meldung: Keine Zeilen gefunden

Das System meldet, daß es keine Zeile gefunden hat, auf die die hinter WHERE angegebene Bedingung zutrifft. In der Tabelle *fmitglieder* gibt es keine Reihe mit der Personalnummer 1. Um den Aussagewert zu erhöhen, sollte man das OUTER-Join einsetzen:

FROM persdat p, OUTER fmitglieder f

Es können eine Vielzahl von Tabellen und Bedingungen in einer Abfrage angegeben werden. Es ist jedoch darauf zu achten, daß die Bedingungen in der richtigen Weise miteinander verknüpft werden. Die Join-Bedingungen müssen stets durch AND verbunden werden. Die Verbindung der Auswahlbedingungen richtet sich nach der Aufgabenstellung. Bedingungen, die sich aus Teilbedingungen zusammensetzen, sind zu klammern. Das zeigt das nächste Beispiel.

Beispiel: Die Geschäftsleitung wünscht eine Liste mit den Namen der verheirateten Mitarbeiter und deren Abteilungszugehörigkeit. Der Verwandtschaftsgrad und der Vorname der Ehefrau oder des Ehemannes sollen ebenfalls angezeigt werden.

Angesprochene Tabellen und Alias-Namen	**Angesprochene Tabellenspalten**	**Verknüpfungs-spalten**
persdat p	pname, pvname	p.persnr, p.abtnr
fmitglieder f	vwgrad, vorname	f.persnr
abteilg a	abtname	a.abtnr

Die Verknüpfungsfunktion verbindet über den Schlüssel *persnr* die Tabellen *persdat* und *fmitglieder* und über den Schlüssel *abtnr* die Tabellen *persdat* und *abteilg.*

```
SELECT                                          (A5603)
  pname, pvname, abtname, vwgrad, ':', vorname
FROM persdat p, fmitglieder f, abteilg a
WHERE p.persnr = f.persnr     AND
      p.abtnr = a.abtnr       AND
      (f.vwgrad = 'm'  OR
      f.vwgrad = 'f')
```

Ergebnis:

PNAME	PVNAME	ABTNAME	VWGRAD		VORNAME
Meier	Adam	Leitung	f	:	Hanna
Luft	Friedrich	Steuerung	f	:	Beate
Meyer	Luise	Transport	m	:	Heinrich

Die Auswahlbedingungen können sich auf mehrere Spalten beziehen. Auch können Spaltenwerte aus mehreren Tabellen in Rechenoperationen eingebunden werden. Das können Sie anhand des nachstehenden Beispiels nachvollziehen.

Beispiel: Der Geschäftsleiter läßt sich anzeigen, welche Leistungen mit wieviel Stunden am 1.3.94 für den Auftrag 2222 erbracht worden sind. Join-Analyse:

Angesprochene Tabellen und Alias-Namen	**Angesprochene Tabellenspalten**	**Verknüpfungs-spalten**
tposten tp	aufnr, tartnr, tstd	tp.tartnr
tarten ta	tbez, tpreis	ta.tartnr

```
SELECT aufnr, tp.tartnr, tbez, tstd * tpreis  (A5604)
FROM tposten tp, tarten ta
WHERE tp.tbnr   = 940301    AND
      tp.aufnr  = 2222      AND
      tp.tartnr = ta.tartnr
```

Ergebnis:

AUFNR	TARTNR	TBEZ	TSTD*TPREIS
2222	4	Projektentwurf	360.0000
2222	2	Vorbesprechung	400.0000
2222	6	Zeichnen	540.0000
2222	7	Schreibarbeiten	520.0000

Durch die Möglichkeit, Auswahlbedingungen festzulegen und Bedingungen zu verknüpfen, kann der Nutzer der Datenbank exakt die Informationen aus der Datenbank gewinnen, die er benötigt.

5.7 Verknüpfungen innerhalb der gleichen Tabelle (Self-Joins)

Logische Verknüpfungen von Zeilen innerhalb der gleichen Tabelle nennt man Self-Joins oder Auto-Joins. Vor der Verknüpfung spaltet man die Tabelle mit Alias-Bezeichnern auf.

Beispiel: Die Geschäftsleitung will wissen, welche männlichen Mitarbeiter das gleiche Gehalt beziehen wie weibliche Mitarbeiter.

Die Join-Analyse zeigt, daß alle Informationen in der Tabelle *persdat* stehen. Deshalb wird die Tabelle durch folgende Angabe in der FROM-Klausel in zwei Untertabellen aufgeteilt:

FROM persdat mann, persdat frau

Die logische Zuordnung der Tabellenzeilen zu den Untertabellen erfolgt mit Zuordnungsbedingungen:

mann.geschlecht = "M"
frau.geschlecht = "W"

Join-Analyse:

Angesprochene Tabellen und Alias-Namen	**Angesprochene Tabellenspalten**	**Verknüpfungs-spalten**
persdat mann	mann.gehalt, mann.pname	mann.geschlecht = 'M'
persdat frau	frau.pname	frau.geschlecht = 'W'

```
SELECT mann.gehalt, mann.pname,                      (A5701)
⇨        mann.geschlecht, frau.pname, frau.geschlecht
FROM persdat mann, persdat frau
WHERE mann.geschlecht = "M" AND
      frau.geschlecht = "W" AND
         mann.gehalt = frau.gehalt
```

Ergebnis:

GEHALT	PNAME	GESCHLECHT	PNAME	GESCHLECHT
2450.00	Meieris	M	Meyer	W

Nur der Mitarbeiter Meieris verdient dasselbe Gehalt wie die Mitarbeiterin Meyer.

5.8 Übungen

UE5801: Aus den Tabellen *tposten*, *tarten* und *auftrag* sollen die Auftragsnummern, die Auftragshöhe, die Personalnummern, die Tätigkeitsarten und die Leistungen der Mitarbeiter für den Auftrag 1111 angezeigt werden.

UE5802: Die Personalnummern und Namen jener Mitarbeiter, die Familienangehörige besitzen, sind mit Anzahl und Zuschlag anzuzeigen (Inner-Equi-Join).

UE5803: Die Personalnummern und Namen aller Mitarbeiter sind anzuzeigen. Bei den Mitarbeitern mit Familienangehörigen sind ebenfalls die Familienmitgliedsnummer und der Zuschlag auszugeben (Outer-Equi-Join in INFORMIX, ORACLE und GUPTA).

UE5804: Welche Mitarbeiter haben am 1.3.1994 am Auftrag 4444 gearbeitet? Personalnummern, Namen, Tätigkeitsarten und Tätigkeitsstunden sind auszugeben.

UE5805: Alle Mitarbeiter der Abteilung 3, die mehr verdienen als der Mitarbeiter der Abteilung 4 mit dem höchsten Gehalt, sind mit der Personalnummer anzuzeigen (Self-Join).

5.9 Lösungen

UE5801:

```
SELECT a.aufnr, aufwert, persnr, tbez,
➪      tstd * tpreis
  FROM auftrag a, tposten tp, tarten ta
  WHERE tp.tartnr = ta.tartnr    AND
        tp.aufnr = a.aufnr       AND
         a.aufnr = 1111
```

UE5802:

```
SELECT p.persnr, pname, fmnr, zuschlag
  FROM persdat p, fmitglieder f
  WHERE p.persnr = f.persnr
```

UE5803: (Lösung I)

```
SELECT p.persnr, pname, fmnr, zuschlag
  FROM persdat p, OUTER fmitglieder f
  WHERE p.persnr = f.persnr
```

UE5803: (Lösung O,G)

```
SELECT p.persnr, pname, fmnr, zuschlag
  FROM persdat p, fmitglieder f
  WHERE p.persnr = f.persnr (+)
```

UE5804:

```
SELECT p.persnr, pname, aufnr, tp.tartnr, tstd
  FROM persdat p, tposten tp, tarten ta
  WHERE p.persnr = tp.persnr     AND
       tp.tartnr = ta.tartnr     AND
           aufnr = 4444          AND
            tbnr = 940301
```

UE5805:

```
SELECT DISTINCT abt3.persnr, abt3.gehalt
  FROM persdat abt3, persdat abt4
  WHERE abt3.abtnr = 3       AND
        abt4.abtnr = 4       AND
      abt3.gehalt > abt4.gehalt
```

6 BEDINGUNGEN IN SELECT-UNTERABFRAGEN FORMULIEREN (SUBQUERIES)

6.1 Unterabfragen mit relationalen Operatoren

Die Unterabfrage ist eine in Klammern eingeschlossene SELECT-Anweisung innerhalb der WHERE-Klausel einer anderen SELECT-Anweisung. Da die Unterabfragen innerhalb einer SELECT-Abfrage angeordnet werden, nennt man sie auch nested queries. Man benötigt sie in den Fällen, in denen die Suchbedingung vom Ergebnis einer anderen Abfrage abhängt.

Beispiel: Die Geschäftsleitung will wissen, welche Mitarbeiter weniger als das durchschnittliche Gehalt beziehen.

Um diese Frage beantworten zu können, sind zwei Schritte erforderlich. Im ersten Schritt muß das Durchschnittsgehalt festgestellt werden:

```
SELECT AVG(gehalt) FROM persdat                    (A6100A)
```

Ergebnis: Durchschnittsgehalt
3775.00

Das Durchschnittsgehalt beträgt 3775 DM. Im zweiten Schritt ist zu ermitteln, wessen Gehalt kleiner ist als das berechnete Durchschnittsgehalt.

```
SELECT pname, gehalt FROM persdat                  (A6100B)
WHERE gehalt < 3775.00
```

Ergebnis:	PNAME	GEHALT
	Meyer	2450.00
	Meieris	2450.00

Nur die Mitarbeiter Meyer und Meieris verdienen weniger als 3775.00 DM.
Unter Verwendung einer SELECT-Unterabfrage lautet die SQL-Anweisung:

```
SELECT pname, gehalt FROM persdat                    (A6101)
WHERE gehalt <
  (
  SELECT AVG(gehalt) FROM persdat
  )
```

Ergebnis:	PNAME	GEHALT
	Meyer	2450.00
	Meieris	2450.00

In der obigen Abfrage A6101 wird der Vergleichswert nicht mehr unmittelbar angegeben. Vielmehr wird er durch die eingeschachtelte Unterabfrage geliefert.
Unterabfragen können in mehreren Ebenen geschachtelt sein. Sie werden in umgekehrter Reihenfolge der Ebenen abgearbeitet, die Unterabfrage auf der untersten Ebene immer zuerst. In Unterabfragen können alle im Zugriff befindlichen Tabellen angesprochen werden, also auch die Tabelle der Hauptabfrage. Außer beim Einsatz des Operators EXISTS bezieht sich eine Unterabfrage stets nur auf eine Spalte.
Liefert die Unterabfrage genau einen Wert, so kann wie im obigen Beispiel die Unterabfrage mit einem relationalen Operator eingeleitet werden. Dieser Fall liegt immer dann vor, wenn in ihr Aggregatfunktionen eingesetzt werden.
Die Anweisung A6101 setzt sich aus zwei selbständigen Abfragen A6100A und A6100B zusammen. Man bezeichnet sie deshalb auch als **unabhängige Unterabfrage.**
Ein weiteres Beispiel mag die Konstruktion einer unabhängigen Unterabfrage verdeutlichen. Die Mitarbeiter der Abteilung 4 sind der Meinung, daß sie zuwenig verdienen. Sie wollen feststellen, welche

anderen Mitarbeiter mehr verdienen als das höchste Gehalt in ihrer Abteilung.

```
SELECT pname, gehalt FROM persdat                    (A6102)
WHERE gehalt >
  (
  SELECT MAX(gehalt) FROM persdat
    WHERE abtnr = 4
  )
```

Ergebnis:

PNAME	GEHALT
Luft	4500.00
Volt	4200.00
Bind	4000.00
Meier	5000.00

Da bei Eingabe der Anweisung das höchste Gehalt mit 3800 DM aus Abteilung 4 nicht bekannt ist, wurde hinter dem Operator > anstelle des unbekannten Betrages die SELECT-Unterabfrage formuliert, die das höchste Gehalt ermittelt. Die Unterabfrage konnte mit einem relationalen Operator eingeleitet werden, weil die Aggregatfunktion genau einen Wert als Ergebnis hat.

6.2 Unterabfragen mit ALL und ANY

Ist eine Unterabfrage einzuleiten, die einen oder mehrere Werte liefert, so sind die Operatoren ALL und ANY zusammen mit den relationalen Operatoren <, >, <=, >= zu verwenden. Die Abfrage mit Unterabfrage baut sich dann wie folgt auf:

```
WHERE vergleichsspaltenname relationaler_operator ALL/ANY
  (
  SELECT vergleichsspaltenname
  FROM tabellenname
  [WHERE bedingung]
  )
```

Der hinter der WHERE-Bedingung des Haupt-SELECTs eingesetzte Vergleichsspaltenname muß auch in der Unterabfrage als Vergleichsspaltenname verwendet werden. Vergleichsspaltennamen können vom Typ Zahl, Zeichenfeld oder Datum sein.

6.2.1 Operator ALL

Numerischer Vergleich

Mit ALL wird in der Unterabfrage ein Vergleichswert aus einer Gruppe abgefragt. Eine Gruppe innerhalb der Tabelle *persdat* können zum Beispiel die Mitarbeiter der Abteilung 3 bilden; ein Vergleichswert kann das Gehalt sein.

Beispiel: Der Personalleiter will erfahren, wer gleich viel oder mehr verdient als der Mitarbeiter mit dem höchsten Gehalt in Abteilung 3. Name, Abteilung und Gehalt sind anzuzeigen.

```
SELECT pname, abtnr, gehalt                           (A6201)
FROM persdat
WHERE gehalt >= ALL
(
SELECT gehalt
FROM persdat
WHERE abtnr = 3
)
```

Ergebnis:

PNAME	ABTNR	GEHALT
Luft	3	4500.00
Meier	1	5000.00

Gleich viel oder mehr als 4500 DM verdienen Luft und Meier.
Wenn Sie für die Gehälter der Abteilung 3 eine Unterabfrage mit **>= ALL** einleiten, ermittelt der Operator ALL (englisch: alle) aus allen in der Abteilung 3 vorhandenen Gehältern das höchste und gibt in der Hauptabfrage solche Zeilen aus, in denen das Gehalt größer ist. Das höchste Gehalt in Abteilung 3 beträgt 4500 DM.
Eine Unterabfrage darf sich auch auf eine Spalte beziehen, die in der Hauptabfrage angesprochen wird. Diese Form der Unterabfrage nennt man **abhängige, korrelierte Unterabfrage.** Folgendes Beispiel zeigt eine solche Unterabfrage.

Beispiel: Welche Mitarbeiter haben im Februar 1994 mehr als 4000 DM verdient?

```
SELECT persnr, pname FROM persdat p                    (A6202)
WHERE 4000 < All
(
SELECT mgehalt FROM mgehalt
WHERE p.persnr = persnr AND
        jahr = 94     AND
       monat = 2
)
```

Ergebnisliste:	PERSNR	PNAME
	8	Volt
	5	Luft
	1	Eifer
	10	Meier

In der Unterabfrage wird auf die Spalte *p.persnr* der Hauptabfrage Bezug genommen.

Die folgende Übersicht zeigt die Wirkungsweise der relationalen Operatoren mit ALL allgemein an:

Operatoren:	**Auswahl in der Vergleichsgruppe:**	**Anzeige mit der Hauptabfrage: Alle Zeilen mit ...**
> ALL	höchster Wert	größeren Vergleichswerten
>= ALL	höchster Wert	größeren und gleichen Vergleichswerten
< ALL	kleinster Wert	geringeren Vergleichswerten
<= ALL	kleinster Wert	geringeren und gleichen Vergleichswerten

Zeichenfeld als Vergleichsspalte

Bei Zeichenfeldern tritt an die Stelle größerer und kleinerer numerischer Werte die Sortierordnung im ASCII-Code.

Beispiel: Welche Mitarbeiter haben «kleinere» Namen als der Mitarbeiter mit dem «kleinsten» Namen in Abteilung 3? Name, Abteilung und Gehalt sind auszugeben.

```
SELECT pname, abtnr, gehalt                           (A6203)
FROM persdat
WHERE pname < ALL
(
SELECT pname
FROM persdat
WHERE abtnr = 3
)
```

Ergebnisliste:	PNAME	ABTNR	GEHALT
	Eifer	4	3800.00
	Bind	2	4000.00

Der Name Luft ist der Name mit dem «kleinsten» Wert in der Vergleichsgruppe Abteilung 3. Eifer und Bind sind «kleinere» Namen.

Datumsfeld als Vergleichsspalte
Bei Datumsfeldern wird das größere oder kleinere Datum verglichen.

Beispiel: Welche Mitarbeiter sind noch früher als der Mitarbeiter mit dem niedrigsten Eintrittsdatum in der Abteilung 3 in das Unternehmen eingetreten?

```
SELECT pname, eintritt                                (A6204)
FROM persdat
WHERE eintritt < ALL
(
SELECT eintritt
FROM persdat
WHERE abtnr = 3
)
```

Ergebnisliste:	PNAME	EINTRITT
	Meier	01.01.1975

Das niedrigste Eintrittsdatum in Abteilung 3 ist der 1.2.80. Nur Meier ist davor eingetreten.

6.2.2 Operator ANY

Der Operator ANY (englisch: irgendeiner) fragt bei **> ANY** in der Unterabfrage ab, welcher Wert größer ist als irgendein Wert in der Vergleichsgruppe. Das ist jeder Wert, der größer ist als der kleinste Gruppenwert. Bei **< ANY** lautet die Frage: Welcher Wert ist kleiner als irgendein Wert in der Vergleichsgruppe? Das ist jeder Wert, der kleiner ist als der größte Gruppenwert.

Beispiel: Wer erhält ein Gehalt, das größer ist als irgendein Gehalt (also das kleinste Gehalt) in der Gruppe Abteilung 3? Hinweis: In Abteilung 3 verdient Meieris am wenigsten, nämlich 2450 DM. Außer Meyer verdienen alle anderen mehr.

```
SELECT pname, abtnr, gehalt                           (A6206)
  FROM persdat
  WHERE gehalt > ANY
(
SELECT gehalt
  FROM persdat
  WHERE abtnr = 3
)
```

Ergebnis:	PNAME	ABTNR	GEHALT
	Eifer	4	3800.00
	Strom	2	3800.00
	Luft	3	4500.00
	Volt	3	4200.00
	Bind	2	4000.00
	Meier	1	5000.00

Auch der ANY-Operator kann mit Zeichen- und Datumsfeldern kombiniert werden. Wir beschränken die Darstellung jedoch auf die Abfrage eines numerischen Feldes. Die folgende Übersicht zeigt die Wirkungsweise der relationalen Operatoren mit ANY allgemein an:

Operatoren:	**Auswahl in der Vergleichsgruppe:**	**Anzeige mit der Hauptabfrage: Alle Zeilen mit ...**
> ANY	kleinster Wert	größeren Vergleichswerten
>= ANY	kleinster Wert	größeren und gleichen Vergleichswerten
< ANY	größter Wert	geringeren Vergleichswerten
<= ANY	größter Wert	geringeren und gleichen Vergleichswerten

6.3 Unterabfragen mit IN und EXISTS

Die Operatoren IN und EXISTS prüfen in der Unterabfrage, ob eine in der Hauptabfrage gestellte Bedingung erfüllt wird.

6.3.1 Operator IN

Eine SQL-Anweisung mit einer IN-Unterabfrage baut sich wie folgt auf:

```
SELECT spaltenauswahl [,spaltenname, ...]
FROM haupttabellenname [, haupttabellenname, ...]
WHERE vergleichsspaltenname [NOT] IN
(
SELECT vergleichsspaltenname
FROM untertabellenname
[WHERE haupttabelle.vergleichsspalte =
        untertabelle.vergleichsspalte]
)
```

Der Operator IN wird in der Regel zur Suche in anderen Tabellen eingesetzt. Er prüft nacheinander für jeden Wert aus der Vergleichsspalte der Haupttabelle, ob dieser Wert in der Vergleichsspalte der Untertabelle steht, bei NOT IN, ob er nicht darin steht. Die Namen der Vergleichsspalten in der Hauptabfrage und in der Unterabfrage müssen gleich sein.

Die Hauptabfrage kann sich auf mehrere Spalten und Tabellen beziehen. In der Unterabfrage ist auch eine WHERE-Klausel zulässig.

Beispiel: Welche Mitarbeiter haben keine Familienmitglieder?

```
SELECT persnr, pname, pvname
FROM  persdat
WHERE persnr NOT IN
(
SELECT persnr
  FROM fmitglieder
)
```

Ergebnis:

PERSNR	PNAME	PVNAME
9	Bind	Gisela
7	Meieris	Heinz
4	Strom	Claudius
1	Eifer	Rik

Das folgende Beispiel zeigt eine Anwendung des Operators NOT IN. Es ist die Frage zu beantworten, welcher Mitarbeiter aus welcher Abteilung am 1.3.94 keine Tätigkeit für einen Auftrag ausgeführt hat.

Join-Analyse:

Angesprochene Tabellen und Alias-Namen	**Angesprochene Tabellenspalten**	**Verknüpfungs-spalten**
persdat p	persnr, pname	p.abtnr
abteilg a	abtname	a.abtnr

```
SELECT p.persnr, pname, abtname                    (A6303)
  FROM persdat p, abteilg a
  WHERE p.abtnr = a.abtnr AND
        p.persnr NOT IN
(
SELECT persnr
  FROM tposten
  WHERE tbnr = 940301
)
```

Ergebnis:	PERSNR	PNAME	ABTNAME
	9	Bind	Verwaltung
	4	Strom	Verwaltung

Der Unterabfragen-Operator IN erzeugt ein Abfrageergebnis, das auch mit dem Operator = **ANY** oder bei Unterabfragen mit einer einzigen Ergebnisreihe mit dem Operator = erreicht wird.

6.3.2 Operator EXISTS

Wenn in der Unterabfrage nur geprüft werden soll, ob darin gültige Vergleichswerte zum aktuellen Wert der Hauptabfrage existieren, so wird der Operator EXISTS verwendet. Eine SQL-Anweisung unter Verwendung von EXISTS baut sich wie folgt auf:

```
SELECT spaltenauswahl
  FROM haupttabellenname
  WHERE [NOT] EXISTS
(
SELECT *
FROM untertabellenname
[WHERE haupttabelle.vergleichsspalte =
        untertabelle.vergleichsspalte]
)
```

Hinter FROM darf nur eine einzige Tabelle aufgeführt werden, weil der EXISTS-Operator keine Join-Bedingungen zuläßt. Vor dem EXISTS-Operator wird kein definitiver Spaltenname eingesetzt.

Mit NOT EXISTS wird die Komplementärmenge der Tabelle angezeigt.

Die Unterabfrage mit EXISTS wird in der Regel mit SELECT * eingeleitet. An die Stelle des Sterns kann auch irgendein Spaltenname aus der Haupttabelle treten.

Da bei EXISTS keine Vergleichsspalte die Verbindung zwischen Haupt- und Unterabfrage herstellt, **muß die Verknüpfung in der WHERE-Bedingung der Unterabfrage** vereinbart werden.

Beispiel: Welche in der Tabelle *persdat* genannten Mitarbeiter stehen auch in der Tabelle *fmitglieder*?

```
SELECT persnr, pname FROM persdat p                    (A6304)
WHERE EXISTS
(
SELECT * FROM fmitglieder f
WHERE p.persnr = f.persnr
)
```

Ergebnis:

PNAME	PERSNR
Meyer	3
Luft	5
Volt	8
Meier	10

Anstelle des Sterns in der Unterabfrage kann jede in der Tabelle *persdat* vorhandene Spalte genannt werden. Ohne die Bedingung p.persnr = f.persnr in der Unterabfrage würden alle Zeilen aus *persdat* angezeigt, ein nicht gewolltes Ergebnis. Eine EXISTS-Unterabfrage ohne die Verknüpfung mit der Hauptabfrage in der WHERE-Klausel führt zu unrichtigen Ergebnissen. Aufgrund dieser notwendigen Verbindung zwischen Hauptabfrage und Unterabfrage gehören EXISTS-Unterabfragen zu den abhängigen Unterabfragen. EXISTS-Abfragen beanspruchen mehr Rechnerzeit als IN-Abfragen. Es ist daher zweckmäßig, sie durch IN-Abfragen oder möglicherweise durch Joins zu ersetzen, wie die nachstehenden Anweisungen zeigen.

```
SELECT persnr, pname FROM persdat p                (A6305)
  WHERE persnr IN
(SELECT persnr FROM fmitglieder f
   WHERE p.persnr = f.persnr)

SELECT DISTINCT p.persnr, pname                    (A6306)
  FROM persdat p, fmitglieder f
  WHERE p.persnr = f.persnr)
```

Das folgende Beispiel zeigt die Anwendung des Operators NOT EXISTS.

Beispiel: Welche in der Tabelle *persdat* genannten Mitarbeiter stehen nicht in der Tabelle *fmitglieder*?

```
SELECT persnr, pname FROM persdat p                (A6307)
WHERE NOT EXISTS
(
SELECT * FROM fmitglieder f
WHERE p.persnr = f.persnr
)
```

Ergebnis:

PNAME	PERSNR
Eifer	1
Strom	4
Meieris	7
Bind	9

Regeln für den Einsatz von Unterabfragen

Aus den obigen Beispielen zu den Unterabfragen, die mit relationalen Operatoren oder mit den Operatoren ALL, ANY, IN, EXISTS eingeleitet werden, lassen sich folgende Regeln ableiten:

1. Wenn das Ergebnis einer Unterabfrage eine einzige Ergebnisreihe ist, kann die Unterabfrage mit relationalen Operatoren eingeleitet werden.

2. Führt die Unterabfrage zu mehr als einer Ergebnisreihe, dann müssen die Operatoren ALL, ANY, IN, EXISTS eingesetzt werden.
3. Wenn in der Unterabfrage nur geprüft werden soll, ob eine Tabellenzeile die gewünschte Bedingung erfüllt, wird der Operator EXISTS verwendet.
4. Unterabfragen werden in der Regel im Befehl SELECT eingesetzt. Sie können auch mit den Befehlen INSERT und UPDATE verwendet werden.

6.4 Synchronisierte Unterabfragen

In synchronisierten Unterabfragen wird in der Unterabfrage dieselbe Tabelle wie in der Hauptabfrage angesprochen. Um Vergleichsfelder in der Haupt- und in der Unterabfrage ansprechen zu können, wird die Tabelle aufgeteilt, indem der Tabelle in der Haupt- oder Unterabfrage oder in beiden ein Alias-Bezeichner zugeordnet wird.

Beispiel: Welche Gehälter sind größer als die Durchschnittsgehälter in der für den Mitarbeiter zutreffenden Abteilung? Mitarbeiter und Gehalt sind anzuzeigen.

In dieser Abfrage reicht es nicht aus, daß die Unterabfrage nur einmal durchgeführt wird. Es muß jedem Gehalt aus der Hauptabfrage das Durchschnittsgehalt der zutreffenden Abteilung gegenübergestellt werden. Dazu wird der Hauptabfrage die Alias-Bezeichnung *a* zugeordnet, damit über die Spalte *abtnr* die Verknüpfung

WHERE abtnr = a.abtnr

innerhalb der gleichen Tabelle definiert werden kann. Die SQL-Anweisung lautet dann:

```
SELECT persnr, abtnr, gehalt                    (A6401)
FROM persdat a
WHERE gehalt >
```

```
(
SELECT AVG(gehalt)
FROM persdat
WHERE abtnr = a.abtnr
)
```

Ergebnis:

PERSNR	ABTNR	GEHALT
1	4	3800.00
5	3	4500.00
8	3	4200.00
9	2	4000.00

Mit dem Alias-Bezeichner *a* in der FROM-Klausel wird die gerade bearbeitete Zeile der Hauptabfrage gekennzeichnet und das System angewiesen, die Unterabfrage für jede Zeile durchzuführen.
In der WHERE-Bedingung wird festgelegt, daß die Unterabfrage mit dem *abtnr*-Wert arbeitet, der in der Hauptabfrage in der Spalte *abtnr* der aktuellen Zeile steht.

6.5 Unterabfragen im Befehl INSERT

Die SELECT-Unterabfrage im INSERT-Befehl überträgt Daten aus einer oder mehreren Quelltabellen in eine Zieltabelle, die bereits angelegt sein muß.
Die Anweisung INSERT SELECT gestattet die Übertragung aller oder ausgewählter Zeilen und Spalten der Quelltabellen in die Zieltabelle. Die Spalten der Zieltabelle müssen im Typ und in der Größe genau den Spalten der Quelltabellen entsprechen, eine Übereinstimmung der Spaltennamen ist aber nicht erforderlich.

Beispiel: In die neu angelegte Tabelle *ueb* mit den Spalten *persnr* und *gehaltfzu* sollen aus der Tabelle *persdat* Werte übertragen werden.

Spalten der Quelltabelle:		Spalten der Zieltabelle:	
PERSNR	SMALLINT	PERSNR	SMALLINT
GEHALT	DECIMAL(8,2)	GEHALTFZU	DECIMAL(8,2)
GEHALT	DECIMAL(8,2)	PDECKUNG	DECIMAL(8,2)

Erstellen Sie die Tabelle *ueb*, die wir in den Abschnitten 6.5 und 6.6 einsetzen wollen.

```
CREATE TABLE ueb                                    (A6501)
  (
  persnr     SMALLINT,
  gehaltfzu  DECIMAL(8,2),
  pdeckung   DECIMAL(8,2)
  )
```

```
INSERT INTO ueb                                     (A6502)
  SELECT persnr, gehalt, gehalt * 3.6
    FROM persdat
```

```
SELECT * FROM ueb                                   (A6503)
```

Ergebnis:

PERSNR	GEHALTFZU	PDECKUNG
9	4000.00	14400.00
8	4200.00	15120.00
7	2450.00	8820.00
5	4500.00	16200.00
4	3800.00	13680.00
3	2450.00	8820.00
1	3800.00	13680.00
10	5000.00	18000.00

Beispiel: In die neu angelegte Tabelle *ueb* sollen aus der Tabelle *persdat* die Personalnummer und das mit dem Faktor 3.6 multiplizierte Gehalt sowie aus der Tabelle *mgehalt* das Januargehalt für den Mitarbeiter mit der Personalnummer 10 übertragen werden.

```
INSERT INTO ueb                                     (A6504)
  SELECT p.persnr, mgehalt, gehalt * 3.6
    FROM persdat p, mgehalt m
    WHERE p.persnr = m.persnr  AND
          p.persnr = 10        AND
              jahr = 94        AND
             monat = 1
```

```
SELECT * FROM ueb WHERE persnr = 10                    (A6505)
```

Ergebnis:

PERSNR	GEHALTFZU	PDECKUNG
10	5000.00	18000.00
10	5900.00	18000.00

In ORACLE, DB2/2 und GUPTA können in dem SELECT-Zusatz auch Aggregatfunktionen eingesetzt werden. Da dann auch die GROUP-BY-Klausel und der UNION-Operator notwendig werden, die wir erst in Kapitel 7 erläutern, verweisen wir auf die Beispiele in Kapitel 8.

6.6 Unterabfragen im Befehl UPDATE

SELECT-Unterabfragen können bei der UPDATE-Anweisung sowohl in der WHERE-Klausel als auch in der SET-Klausel eingesetzt werden.

6.6.1 SELECT-Unterabfrage in der WHERE-Klausel

Mit der SELECT-Unterabfrage in der WHERE-Klausel des UPDATE-Befehls werden die Zeilen und die Spalten definiert, in denen Aktualisierungen erfolgen sollen.

Beispiel: Der Personalchef erhöht das Gehalt in der Spalte *GEHALTFZU* der Tabelle *ueb* um 99 DM für die Mitarbeiter, die im Januar 1994 weniger als 3000 DM verdient haben.

```
UPDATE ueb                                             (A6601)
  SET gehaltfzu = gehaltfzu + 99
  WHERE persnr IN
(
SELECT persnr
  FROM mgehalt
  WHERE jahr = 94      AND
       monat = 1       AND
     mgehalt < 3000
)
```

In der SET-Klausel der UPDATE-Anweisung wird mit dem arithmetischen Ausdruck *gehaltfzu + 99* die Erhöhung vereinbart. In der SELECT-Unterabfrage wird definiert, daß nur die Zeilen in der Tabelle *ueb* berücksichtigt werden dürfen, in denen im Januar des Jahres 1994 die Spalte *mgehalt* der Tabelle *mgehalt* einen Betrag unter 3000 DM ausweist. Da im Januar nur der Mitarbeiter mit der Personalnummer 7 weniger als 3000 DM verdient hat, wird nur diese Zeile in der Tabelle *ueb* geändert.
ORACLE: In der Regel muß in der SELECT-Unterabfrage eine andere Tabelle angesprochen werden. Nur in ORACLE ist es möglich, die Unterabfrage auch in der gleichen Tabelle vorzunehmen, die in der Hauptabfrage verwendet wird.

Beispiel: Der Personalchef erhöht das Gehalt um 99 DM für die Mitarbeiter, die in ihrer Abteilung derzeit das geringste Gehalt beziehen. Diese Anweisung läuft nur in ORACLE.

```
UPDATE persdat A                                    (A6602)
  SET gehalt = gehalt + 99
  WHERE gehalt =
(
SELECT MIN(gehalt)
  FROM persdat B
  WHERE A.abtnr = B.abtnr
)
```

Um den Vergleich zwischen dem in der aktuellen Zeile der Hauptabfrage gespeicherten Gehalt und dem geringsten Gehalt innerhalb der aktuellen Abteilung definieren zu können, wird die Tabelle *persdat* aufgeteilt. Der Tabelle *persdat* wird in der Hauptabfrage der Alias-Bezeichner *A* und in der Unterabfrage der Alias-Name *B* zugewiesen.
Sie sollten die Gehaltserhöhungen wieder rückgängig machen, um die nachfolgenden Beispiele mit den gleichen Werten nachvollziehen zu können.

6.6.2 SELECT-Unterabfrage in der SET-Klausel

Mit dem SELECT-Befehl hinter SET wird der Wert definiert, der in eine Spalte hineingeschrieben werden soll. Diese wichtige Möglichkeit bieten die Datenbanken INFORMIX und ORACLE. In DB2/2 und GUPTA wird der Einsatz des SELECT-Befehls hinter SET abgewiesen. Die nachfolgende Anweisung A6603 kann jedoch in DB2 mit Version 2 (ab 1996) eingesetzt werden.

Beispiel: In der Tabelle *ueb* sollen in die Spalte *gehaltfzu* die Familienzuschußbeträge aus der Tabelle *fmitglieder* addiert werden. Familienzulagen erhalten nur die Mitarbeiter 3, 5, 8 und 10. Zum besseren Verständnis werden die Werte in der folgenden Übersicht ausgewiesen:

PERSNR	GEHALTFZU vor UPDATE in UEB	ZUSCHLAG in der Tabelle FMITGLIEDER	GEHALTFZU nach UPDATE in UEB
3	2450.00	60.00	2510.00
5	4500.00	60.00 + 40.00	4600.00
8	4200.00	40.00	4240.00
10	5000.00	60.00 + 40.00 + 60.00	5160.00

In der obigen Aufgabe werden die Tabellen *ueb* und *fmitglieder* angesprochen. Deshalb wird eine Join-Analyse durchgeführt und *persnr* als Verknüpfungsspalte definiert.

Hinweis: Bei INFORMIX ist es nicht möglich, für *ueb* eine Alias-Bezeichnung wie zum Beispiel *G* einzusetzen. Die Anweisung läuft aber bei Verwendung des vollen Tabellennamens.

Join-Analyse:

Angesprochene Tabellen und Alias-Namen	**Angesprochene Tabellenspalten**	**Verknüpfungs-spalten**
ueb ueb		ueb.persnr
fmitglieder f	zuschlag	f.persnr

Um die Summe der Familienzuschläge eines Mitarbeiters zu übertragen, wird in der SET-Klausel der Ausdruck

SUM(zuschlag) + gehaltfzu

eingesetzt.

Damit nur die vier Zeilen mit den Personalnummern 3, 5, 8 und 10 angesprochen werden und nicht alle Zeilen der Tabelle *ueb*, wird mit der mit IN eingeleiteten SELECT-Unterabfrage

(SELECT persnr FROM fmitglieder)

vereinbart, daß nur solche Zeilen geändert werden, deren Personalnummern auch in der Tabelle *fmitglieder* gespeichert sind. Die SQL-Anweisung lautet dann:

```
UPDATE ueb                                                (A6603)
SET gehaltfzu =
  (SELECT SUM(zuschlag) + gehaltfzu
     FROM fmitglieder f
     WHERE f.persnr = ueb.persnr
  )
WHERE persnr IN
  (SELECT  persnr FROM fmitglieder)
```

Anhand der SQL-Anweisung

```
SELECT * FROM ueb                                         (A6503)
```

können Sie sich von der korrekten Befehlsausführung überzeugen.

Ergebnis:

PERSNR	GEHALTFZU	PDECKUNG
9	4000.00	14400.00
8	4240.00	15120.00
7	2549.00	8820.00
5	4600.00	16200.00
4	3800.00	13680.00
3	2510.00	8820.00
1	3800.00	13680.00
10	5160.00	18000.00
10	6060.00	18000.00

6.7 Unterabfragen im Befehl CREATE

In ORACLE haben Sie die Möglichkeit, eine Basistabelle zu erstellen, indem Sie mit der AS-SELECT-Unterabfrage die Struktur und die Daten aus einer anderen Tabelle in die neue Tabelle übertragen.

Beispiel: Es sollen für eine bestimmte Anwendung die Personalnummer und der Name der Mitarbeiter aus der Tabelle *persdat* in die Tabelle *vers* übertragen werden.

Nur in ORACLE:

```
CREATE TABLE vers (persnr, name)                (A6701)
  AS SELECT persnr, pname
     FROM persdat
```

6.8 Übungen

UE6901: Welche Mitarbeiter aus Abteilung 4 haben im Februar 1994 mehr verdient als das Durchschnittsgehalt dieses Monats?

UE6902: Die Mitarbeiter, die im Januar 1994 gleich viel oder mehr verdient haben als die Mitarbeiterin mit dem höchsten Gehalt, sind mit Namen und Gehalt anzuzeigen.

UE6903: Die männlichen Mitarbeiter, die im Januar 1994 gleich viel oder mehr verdient haben als die Mitarbeiterin mit dem kleinsten Gehalt, sind mit Namen und Gehalt anzuzeigen.

UE6904: Welche Mitarbeiterinnen haben keine Familienmitglieder? Lösen Sie die Aufgabe mit dem Operator IN.

UE6905: Welche Mitarbeiterinnen haben keine Familienmitglieder? Lösen Sie die Aufgabe mit dem Operator EXISTS.

UE6906: Stellen Sie fest, welche Tätigkeitsarten am 1.3.1994 nicht ausgeführt worden sind. Lösen Sie die Aufgabe mit dem Operator IN.

UE6907: Stellen Sie fest, welche Tätigkeitsarten am 1.3.1994 nicht ausgeführt worden sind. Lösen Sie die Aufgabe mit dem Operator EXISTS.

UE6908: Auszugeben sind die Personalnummer, das Geschlecht und das Grundgehalt jener Mitarbeiter und Mitarbeiterinnen, die jeweils weniger verdienen als das Durchschnittsgehalt der Männer und der Frauen (synchronisierte Unterabfrage).

UE6909: Erstellen Sie die Tabelle *ziel* mit den Spalten *persnr* und *zgehalt*:

```
CREATE TABLE ziel
  (persnr   SMALLINT,
   zgehalt  DECIMAL(8,2)
  )
```

Übertragen Sie in diese Tabelle die entsprechenden Werte aus der Tabelle *persdat* mit dem Befehl INSERT INTO SELECT, und vermindern Sie dabei gleichzeitig das Grundgehalt um 3.5 %.

UE6910: Erhöhen Sie in der Tabelle *ziel* das *zgehalt* um 333.33 DM für jene Mitarbeiter, die im Februar zwischen 2000 und 3800 DM einschließlich verdient haben. Setzen Sie dazu im UPDATE-Befehl die SELECT-Unterabfrage im WHERE-Zweig ein.

UE6911: Erhöhen Sie in der Tabelle *ziel* das *zgehalt* um die Familienzuschläge für Ehefrauen und Ehemänner aus der Tabelle *fmitglieder*. Setzen Sie dazu im UPDATE-Befehl die SELECT-Unterabfrage im SET-Zweig ein. Das ist nur in INFORMIX und ORACLE möglich.

6.9 Lösungen

UE6901:

```
SELECT p.persnr, pname, abtnr, mgehalt
  FROM persdat p, mgehalt m
  WHERE p.persnr = m.persnr    AND
           abtnr = 4           AND
            jahr = 94          AND
           monat = 2           AND
         mgehalt >
 (SELECT AVG(mgehalt) FROM mgehalt
    WHERE jahr = 94            AND
          monat = 2)
```

UE6902:

```
SELECT pname, mgehalt FROM persdat p, mgehalt m
  WHERE p.persnr = m.persnr    AND
            jahr = 94          AND
           monat = 1           AND
         mgehalt >= ALL
    (SELECT mgehalt FROM mgehalt m, persdat p
       WHERE p.persnr = m.persnr AND
                 jahr = 94       AND
                monat = 1        AND
           geschlecht = 'W')
```

UE6903:

```
SELECT pname, mgehalt FROM persdat p, mgehalt m
  WHERE p.persnr = m.persnr     AND
             jahr = 94          AND
            monat = 1           AND
       geschlecht = 'M'         AND
          mgehalt >= ANY
  (SELECT mgehalt FROM mgehalt m, persdat p
     WHERE p.persnr = m.persnr AND
               jahr = 94       AND
              monat = 1        AND
         geschlecht = 'W')
```

UE6904:

```
SELECT persnr, pname, geschlecht FROM persdat
  WHERE geschlecht = 'W'  AND
         persnr NOT IN
  (SELECT persnr FROM fmitglieder)
```

UE6905:

```
SELECT persnr, pname, geschlecht FROM persdat p
  WHERE geschlecht = 'W'  AND
        NOT EXISTS
  (SELECT persnr FROM fmitglieder f
     WHERE p.persnr = f.persnr)
```

UE6906:

```
SELECT tartnr, tbez FROM tarten
  WHERE tartnr NOT IN
  (SELECT tartnr FROM tposten
     WHERE tbnr = 940301)
```

UE6907:

```
SELECT tartnr, tbez FROM tarten ta
  WHERE NOT EXISTS
  (SELECT * FROM tposten
     WHERE tartnr = ta.tartnr AND
             tbnr = 940301)
```

UE6908:

```
SELECT persnr, geschlecht, gehalt FROM persdat a
  WHERE gehalt <
  (SELECT AVG(gehalt) FROM persdat
     WHERE geschlecht = a.geschlecht)
```

UE6909:

```
CREATE TABLE ziel
  (persnr   SMALLINT,
   zgehalt  DECIMAL(8,2)
  );
INSERT INTO ziel
  SELECT persnr, gehalt * 0.965
    FROM persdat;
```

UE6910:

```
UPDATE ziel SET zgehalt = zgehalt + 333.33
  WHERE persnr IN
  (SELECT persnr FROM mgehalt
     WHERE jahr = 94   AND
          monat = 2    AND
          mgehalt BETWEEN 2000 AND 3800)
```

UE6911:

```
UPDATE ziel                         (nur ORACLE)
  SET zgehalt =
    (SELECT zgehalt + SUM(zuschlag)
       FROM fmitglieder f
       WHERE f.persnr = ziel.persnr  AND
             vwgrad IN('m','f'))
  WHERE persnr IN
    (SELECT persnr FROM fmitglieder)
```

7 DATEN SORTIEREN, GRUPPIEREN UND ABFRAGEERGEBNISSE KOMBINIEREN

Daten lassen sich leichter auswerten, wenn sie sortiert oder in Gruppen zusammengefaßt werden. Im SELECT-Befehl gibt es für das Sortieren den Zusatz ORDER BY und für das Gruppieren die Klausel GROUP BY. Auch kann es die Aufgabenstellung erfordern, die Ergebnisse mehrerer unabhängiger SELECT-Abfragen zu mischen. Dazu stehen in SQL die Operatoren UNION, INTERSECT und EXCEPT/MINUS zur Verfügung.

7.1 Daten sortieren

Beim Sortieren wird eine bestimmte Reihenfolge für die Ausgabe der Ergebniszeilen festgelegt. Dabei können die Werte jeder Spalte als Sortierkriterium vereinbart werden.
Sortiert werden Ziffern und Zeichenfolgen nach dem ASCII-Code. Das bedeutet bei Zeichenketten, daß Ziffern vor Großbuchstaben, Großbuchstaben vor Kleinbuchstaben und Kleinbuchstaben vor Sonderzeichen angeordnet werden.

Beispiel: Die Geschäftsleitung möchte sich die anrechenbaren Tätigkeiten der Mitarbeiter am 1.3.94 ansehen. Dazu sollen die Zeilen der Tabelle *tposten* nach der Personalnummer absteigend sortiert angezeigt werden.

```
SELECT persnr, aufnr, tartnr, tstd                    (A7101)
  FROM tposten
  WHERE tbnr = 940301
  ORDER BY persnr DESC
```

Ergebnisliste:	PERSNR	AUFNR	TARTNR	TSTD
	10	2222	4	3.00
	10	2222	2	4.00
	8	4444	2	8.00
	7	2222	7	6.50
	5	2222	6	6.00
	3	4444	6	4.00
	3	4444	7	3.00
	1	4444	2	8.00

Die Sortierung wird durch die ORDER-BY-Klausel veranlaßt. Sie wird wie folgt aufgebaut:

ORDER BY spaltenname/spaltennummer [ASC/DESC]
    [,spaltenname/spaltennummer [ASC/DESC], ...]

Die aufsteigende Sortierung ASC (ascending, deutsch: aufsteigend) ist die Voreinstellung der ORDER-BY-Klausel. Nur wenn absteigend DESC (descending, deutsch: absteigend) sortiert werden soll, muß dies im ORDER-Zusatz ausdrücklich vermerkt werden.
Sortiert wird nur, wenn der hinter ORDER BY genannte Spaltenname auch in der SELECT-Klausel angegeben ist. Es genügt allerdings auch, wenn Sie zur Spaltenauswahl das Zeichen * einsetzen. In jedem Fall muß die ORDER-BY-Klausel immer die letzte Klausel innerhalb der SELECT-Anweisung sein.
Sie können in der ORDER-BY-Struktur anstelle von Spaltennamen auch Spaltennummern einsetzen.

Beispiel: Die Tabelle *tposten* soll wie bei A7101 nach der Personalnummer absteigend sortiert werden. Anstelle des Spaltennamens soll die Spaltennummer in der ORDER-BY-Klausel verwendet werden.

```
SELECT persnr, aufnr, tartnr, tstd              (A7101A)
  FROM tposten
  WHERE tbnr = 940301
  ORDER BY 1 DESC
```

Die Reihenfolge, in der Sie hinter SELECT die Spaltennamen einsetzen, bestimmt die Spaltennummer:

Spaltennamen hinter SELECT:	persnr, aufnr, tartnr
Alternative Spaltennummern dann:	1 , 2 , 3

Wenn Sie die Tabelle nach den Auftragsnummern absteigend sortieren wollen, lautet die ORDER-BY-Klausel: ORDER BY 2 DESC. Es können auch mehrere Spalten benannt werden, nach denen die Sortierung durchgeführt werden soll. Die Sortierung erfolgt dann hierarchisch so, daß die Sortierung nach dem zweiten Spaltennamen innerhalb der Sortierung nach dem ersten Spaltennamen erfolgt, die Sortierung nach dem dritten Spaltennamen innerhalb der Sortierung nach dem zweiten Spaltennamen usw.

Beispiel: Die Zeilen der Tabelle *tposten* vom 1.3.94 sollen nach den Auftragsnummern aufsteigend, innerhalb der Auftragsnummern nach Personalnummern absteigend und innerhalb gleicher Personalnummern nach Tätigkeitsarten aufsteigend sortiert angezeigt werden.

```
SELECT persnr, aufnr, tartnr, tstd                    (A7102)
  FROM tposten
  WHERE tbnr = 940301
  ORDER BY 2, 1 DESC, tartnr
```

Ergebnis:

PERSNR	AUFNR	TARTNR	TSTD
10	2222	2	4.00
10	2222	4	3.00
7	2222	7	6.50
5	2222	6	6.00
8	4444	2	8.00
3	4444	6	4.00
3	4444	7	3.00
1	4444	2	8.00

Die Sortierklausel kann auch in Joins eingesetzt werden, wie die nachstehende Aufgabe zeigt.

Beispiel: Die Tabelle *tposten* mit den Werten vom 1.3.94 soll aufsteigend sortiert nach dem Produkt aus Stunden und Tätigkeitspreisen (Leistungswerte) und innerhalb gleicher Leistungswerte nach Personalnummern ausgegeben werden.

Da die Preise der Tätigkeitsarten nicht in der Tabelle *tposten*, sondern in der Tabelle *tarten* stehen, wird eine Join-Analyse vorgenommen:

Angesprochene Tabellen und Alias-Namen	**Angesprochene Tabellenspalten**	**Verknüpfungs-spalten**
tposten tp	persnr, aufnr, tartnr, tstd	tp.tartnr
tarten ta	tpreis	ta.tartnr

```
SELECT persnr, aufnr, tp.tartnr, tstd * tpreis
  FROM tposten tp, tarten ta
  WHERE tbnr = 940301     AND
    tp.tartnr = ta.tartnr
  ORDER BY 4, 1                              (A7103)
```

Ergebnis:	PERSNR	AUFNR	TARTNR	LEISTUNGSWERTE
	3	4444	7	240.0000
	3	4444	6	360.0000
	10	2222	4	360.0000
	10	2222	2	400.0000
	7	2222	7	520.0000
	5	2222	6	540.0000
	1	4444	2	800.0000
	8	4444	2	800.0000

Die Sortierung umfangreicher Tabellen kann sehr zeitaufwendig sein. Sie wird beschleunigt, wenn für die Tabellen Indexschlüssel vereinbart worden sind. Die Indizierung wird im Kapitel 10 behandelt.

7.2 Zeilen gruppieren

Eine Vielzahl von Informationswünschen bezieht sich auf Gruppen von Daten. So möchte die Unternehmensleitung beispielsweise wissen, wie hoch die für die verschiedenen Aufträge erbrachten Lei-

stungen sind. Die Leistungen pro Auftrag stellen in diesem Zusammenhang eine Gruppe dar.
Gruppieren heißt somit, daß solche Zeilen zu einer gemeinsamen Ausgabenreihe zusammengefaßt werden, die gleiche Schlüsselwerte haben. Programmierer ersehen aus dieser Formulierung, daß mit dem Gruppierungszusatz die Logik des Gruppenwechsels verwirklicht wird: ein Gruppenwechsel findet statt, sobald sich der Wert in einer Gruppierungsspalte ändert. Als Gruppierungsspalten können zum Beispiel die Spalte *geschlecht* in *persdat* oder *persnr* in *tposten* eingesetzt werden.
Zur Gruppenbildung können eine oder mehrere Spalten benannt werden. Das ergibt sich aus der Syntax der GROUP-BY-Klausel:

GROUP BY spaltenname [, spaltenname, ...]

In der GROUP-BY-Klausel können nur solche Spaltennamen aufgeführt werden, die auch hinter der SELECT-Klausel genannt worden sind. Lediglich die hinter SELECT mit den SQL-Funktionen AVG(), SUM(), MIN(), MAX() und COUNT() definierten Spalten werden nicht in der GROUP-BY-Klausel aufgeführt.

Die folgenden Beispiele zeigen richtige und falsche Zusammenstellungen:

```
SELECT persnr FROM tposten
  GROUP BY persnr                    <- mögliche Abfrage
```

```
SELECT persnr, AVG(tstd)
  FROM tposten
  GROUP BY persnr                    <- mögliche Abfrage
```

```
SELECT persnr, tstd
  FROM tposten
  GROUP BY persnr                     <- falsche Abfrage
```

```
SELECT persnr, tstd
  FROM tposten
  GROUP BY persnr, tstd               <- mögliche Abfrage
```

Gruppenbildung mit einer Spalte

Beispiel: Der Chef will wissen, wieviel Stunden anrechenbarer Tätigkeiten im Februar (in unserer Speicherung am 28.2.94) für die einzelnen Aufträge geleistet worden sind. Folgende Liste wird gewünscht:

AUFNR	SUMME_DER_STUNDEN
1111	512.00
2222	218.00
3333	231.00

In dieser Aufgabe stellt der einzelne Auftrag eine Gruppe dar. Die Auftragsnummer dient als Gruppenschlüssel. Pro Auftragsnummer ist die Summe der Stunden zu ermitteln.

```
SELECT aufnr, sum(tstd)                              (A7201)
  FROM tposten
  WHERE tbnr BETWEEN 940201 AND 940228
  GROUP BY aufnr
  ORDER BY aufnr
```

Der GROUP-BY-Zusatz steht in der SELECT-Anweisung nach den Zusätzen FROM und WHERE und vor ORDER BY. Der Gruppenbegriff wird, durch eine Leerstelle getrennt, hinter die GROUP-BY-Klausel geschrieben.

Gruppenbildung mit mehreren Spalten

Bei der obigen Aufgabenstellung handelt es sich um einen einstufigen Gruppenwechsel. Mit dem Wechsel der Auftragsnummer wird eine neue Zeile mit Angabe der Auftragsnummer und Summe ausgegeben. Die Gruppenbildung kann aber auch mehrstufig erfolgen.

Beispiel: Für eine Statistik wird die Untergliederung der in der Tabelle *tposten* für den 01.03.94 aufgelaufenen Stunden nicht nur nach Auftragsnummern verlangt, sondern auch danach, welcher Mitarbeiter sie geleistet hat. Der besseren Übersicht wegen soll die Anzeige sortiert erfolgen, und zwar aufsteigend nach Auftrags- und Personalnummer.

Folgende Ergebnisliste ist zu erstellen:

AUFNR	PERSNR	SUMME_DER_STUNDEN
2222	5	6.00
2222	7	6.50
2222	10	7.00
4444	1	8.00
4444	3	7.00
4444	8	8.00

Die SQL-Anweisung dazu lautet:

```
SELECT aufnr, persnr, SUM(tstd)                    (A7203)
  FROM tposten
  WHERE tbnr = 940301
  GROUP BY aufnr, persnr
  ORDER BY aufnr, persnr
```

Bei dieser Abfrage handelt es sich um einen zweistufigen Gruppenwechsel. Die Auftragsnummer stellt die Obergruppe, die Personalnummer die Untergruppe dar. Diese Festlegung erfolgt durch die Reihenfolge der Gruppenschlüssel hinter der GROUP-BY-Klausel. Der übergeordnete Gruppenbegriff wird zuerst genannt.
Ein Mangel in der Darstellung ist, daß keine Stundensummen je Auftrag ausgegeben werden: 19.5 Stunden für Auftrag 2222 und 23.00 Stunden für Auftrag 4444. Um eine Liste mit solchen Zwischensummen zu erhalten, muß SQL in eine Programmiersprache eingebettet werden, oder die Ausgabe muß mit dem in jedem System verfügbaren Listengenerator erstellt werden. Im interaktiven SQL erfahren Sie die Summen je Auftrag nur mit einer gesonderten Abfrage.

```
SELECT aufnr, SUM(tstd)                          (A7203A)
  FROM tposten
  WHERE tbnr = 940301
  GROUP BY aufnr
```

Ergebnis:	AUFNR	SUMME_DER_STUNDEN
	2222	19.50
	4444	23.00

Gruppierung in Joins

Der Gruppierungsparameter kann auch in Joins verwendet werden.

Beispiel: Ein Abteilungsleiter möchte für die einzelnen Aufträge nicht die verbrauchten Stunden wissen, sondern die Leistungswerte in DM. Dazu müssen die Stunden mit den für die Tätigkeiten festgelegten Verrechnungspreisen multipliziert werden.

Während in den vorigen Beispielen alle Informationen in der Tabelle *tposten* gespeichert sind, muß für die Lösung dieser Aufgabe zusätzlich der Preis der innerbetrieblichen Tätigkeiten in der Tabelle *tarten* gesucht werden. Außerdem muß dafür gesorgt werden, daß die verbrauchten Stunden mit den entsprechenden Tätigkeitspreisen multipliziert werden. Dazu werden die Zeilen der beiden Tabellen mit dem Schlüssel *tartnr* der Tätigkeitsarten miteinander verknüpft.

Join-Analyse:

Angesprochene Tabellen und Alias-Namen	**Angesprochene Tabellenspalten**	**Verknüpfungs-spalten**
tposten tp	aufnr	tp.tartnr
tarten ta		ta.tartnr

```
SELECT aufnr, SUM(tstd * tpreis)                    (A7205)
  FROM tposten tp, tarten ta
  WHERE tp.tartnr = ta.tartnr
  GROUP BY aufnr
  ORDER BY aufnr
```

Ergebnisliste:	AUFNR	SUMME
	1111	50580.0000
	2222	21490.0000
	3333	21030.0000
	4444	2200.0000

Die Leistungssummen je Auftrag werden mit vier Nachkommastellen ausgegeben, weil die Spalten *tstd* und *tpreis* mit insgesamt vier Nachkommastellen eingerichtet worden sind.

Gruppierung in Unterabfragen

Gruppierungen können auch in verschachtelten Abfragen eingebracht werden.

Beispiel: Welche Mitarbeiter haben den Auftrag 1111 kalkuliert? Bei Formulierung der SQL-Anweisung soll nicht die Tätigkeitsnummer, sondern der Begriff «Kalkulation» angegeben werden. Auszugeben sind die Personalnummer und der Name des Mitarbeiters sowie die Bezeichnung seiner Abteilung. Folgende Ergebnisliste erfüllt die gestellte Anforderung:

Ergebnis:	PERSNR	PNAME	ABTNAME
	1	Eifer	Transport
	5	Luft	Steuerung
	8	Volt	Steuerung

Join-Analyse

Angesprochene Tabellen und Alias-Namen	**Angesprochene Tabellenspalten**	**Verknüpfungs-spalten**
persdat p	persnr, pname	p.persnr p.abtnr
abteilg a	abtname	a.abtnr
tposten tp		tp.tartnr
tarten ta		ta.tartnr

Die Auswahlbedingung besteht aus drei Elementen. Zum einen muß aus der Personaldatei auf die Abteilungsdatei geschlossen werden. Zum anderen interessiert nur die Tätigkeit Kalkulation. Für diese Tätigkeit muß die Tätigkeitsnummer aus der Tabelle *tarten* ermittelt werden. Schließlich sind aber nur die Aufträge mit der Auftragsnummer 1111 heranzuziehen. Die Personalnummern, die mit dem Auftrag 1111 beschäftigt waren, liefert eine eingeschachtelte Abfrage. In sie muß aber noch eine weitere eingenistet werden, um nur die Personalnummern herauszufiltern, die mit der Kalkulation beschäftigt waren. Die SQL-Anweisung lautet dann:

```
SELECT p.persnr, pname, abtname                 (A7207A)
  FROM persdat p, abteilg a
```

```
        WHERE p.abtnr = a.abtnr  AND
              p.persnr IN
           (SELECT persnr FROM tposten
             WHERE tartnr IN
               (SELECT tartnr  FROM tarten
                 WHERE tbez LIKE 'Kalkulation')  AND
               aufnr = 1111
             GROUP BY persnr)
```

7.3 Gruppen bedingungsabhängig auswählen

Bei der gruppenorientierten Auswertung interessieren oftmals nur die Gruppen, bei denen eine bestimmte Bedingung erfüllt ist. Mit der HAVING-Klausel vereinbaren Sie die Bedingung, unter der ein Gruppenergebnis ausgegeben wird.

Beispiel: In welcher Abteilung arbeiten mehr als zwei Mitarbeiter?

```
      SELECT abtnr, COUNT(*)                         (A7301)
        FROM persdat
        GROUP BY abtnr
        HAVING COUNT(*) > 2
```

Ergebnis:

ABTNR	ANZAHL
3	3

An dem Ergebnis können Sie erkennen, daß nur die Nummer der Abteilung angezeigt wird, in der mehr als zwei Mitarbeiter beschäftigt sind. Die Ergebnisse der anderen Gruppen, die aufgrund unterschiedlicher Abteilungsnummern gebildet worden sind, sind nicht ausgegeben worden.
Die HAVING-Bedingung kann nur zusammen mit und für den Befehlsteil GROUP BY verwendet werden. Für die Formulierung der Bedingung hinter HAVING gelten die gleichen Regeln wie bei der WHERE-Klausel, mit der die Zeilenauswahl aus einer Tabelle vereinbart wird. Es können alle Operatoren genutzt sowie Unterabfragen eingeleitet werden. Es gibt jedoch eine wichtige Einschränkung. Die HAVING-Bedingung kann nur mit den Funktionen

- SUM(),
- AVG(),
- MIN(),
- MAX() und
- COUNT()

eingesetzt werden, um einen Vergleichswert zur Gruppensumme, zum Durchschnitt, Minimum oder Maximum sowie zur Mitgliederanzahl einer Gruppe zu suchen.

HAVING-Bedingungen bei numerischen Spalten

Wie Gruppenbedingungen bei numerischen Spalten vereinbart werden, zeigen wir in den folgenden drei Beispielen.

Beispiel: Die Verwaltung benötigt die Information, welche Mitarbeiter in den Monaten Januar und Februar jeweils mehr als 5000 DM ausgezahlt bekommen haben. Dabei soll auch angezeigt werden, ob die Person männlich oder weiblich ist.

Join-Analyse:

Angesprochene Tabellen und Alias-Namen	**Angesprochene Tabellenspalten**	**Verknüpfungs-spalten**
persdat p	pname, geschlecht	p.persnr
mgehalt m	monat, mgehalt	m.persnr

```
SELECT monat, pname, geschlecht, SUM(mgehalt) (A7301)
  FROM persdat p, mgehalt m
  WHERE p.persnr = m.persnr
  GROUP BY monat, pname, geschlecht
  HAVING SUM(mgehalt) > 5000
  ORDER BY monat
```

Ergebnis:	MONAT	PNAME	GESCHLECHT	MGEHALT
	1	Meier	M	5900.00
	2	Luft	M	6063.63
	2	Meier	M	6001.74

In dieser Anweisung erfolgt die Gruppenbildung nach Maßgabe des Monats, des Mitarbeiternamens sowie des Geschlechts. Das ist erforderlich, weil alle hinter SELECT angegebenen Spalten auch hinter der GROUP-BY-Klausel aufgeführt werden müssen. Lediglich die Spalten, die in eine Aggregatfunktion einbezogen sind, werden nicht in der GROUP-BY-Klausel aufgeführt. Mit

HAVING SUM(mgehalt) > 5000

wird festgelegt, daß nur solche Zeilen anzuzeigen sind, in denen das Gehalt den Betrag von 5000 DM übersteigt.
Aus wieviel Mitgliedern eine Gruppe besteht, ermittelt die Funktion COUNT(*). Sie wurde bereits im Eingangsbeispiel erwähnt, aber noch nicht erläutert. Das sei anhand des nachstehenden Beispiels nachgeholt.

Beispiel: In welchen Abteilungen arbeiten mehrere Mitarbeiter?

```
SELECT abtnr, COUNT(*)                          (A7302)
  FROM persdat
  GROUP BY abtnr
  HAVING COUNT(*) > 1
  ORDER BY abtnr
```

Ergebnis:	ABTNR	ANZAHL
	2	2
	3	3
	4	2

Als Gruppenbegriff wurde die Abteilungsnummer festgelegt. Die Funktion COUNT(*) ermittelt, wie oft dieselbe Abteilungsnummer in der Tabelle auftritt. Die Bedingungsvereinbarung

HAVING COUNT(*) > 1

legt fest, daß nur jene Ergebniszeilen angezeigt werden, in denen der Anzahlwert größer als 1 ist.

HAVING-Bedingung bei nicht numerischen Spalten
Unter Verwendung der Funktionen MIN() und MAX() können auch nicht numerische Spalten in die Bedingung der HAVING-Klausel einbezogen werden. Das sei hier am Beispiel einer Datumsspalte aufgezeigt.

Beispiel: Die Geschäftsleitung möchte eine Übersicht darüber, welche geringsten Gehälter, gruppiert nach den Eintrittsterminen zwischen 1.1.80 und 1.1.86, an jeweils wieviel Mitarbeiter im Monat Februar gezahlt worden sind.

Join-Analyse:

Angesprochene Tabellen und Alias-Namen	**Angesprochene Tabellenspalten**	**Verknüpfungs-spalten**
persdat p	eintritt	p.persnr
mgehalt m	mgehalt	p.persnr

```
SELECT eintritt, MIN(mgehalt), COUNT(*)          (A7304)
  FROM persdat p, mgehalt m
  WHERE p.persnr = m.persnr AND
            jahr = 94       AND
            monat = 2
  GROUP BY eintritt
    HAVING MIN(eintritt) > '01.01.1980' AND
           MAX(eintritt) < '01.01.1986'
  ORDER BY eintritt
```

Ergebnis:	EINTRITT	MIN(MGEHALT)	ANZAHL
	01.02.1980	2929.65	3
	01.03.1984	3428.28	2
	15.05.1985	4000.00	2

7.4 Mit UNION Ergebnisausgaben verbinden

Mit UNION können SELECT-Abfragen verbunden werden. Die Ergebnisausgabe des Verbundes enthält dann sämtliche Ergebniszeilen der verbundenen Einzelabfragen. Voraussetzung für die UNION-Klausel ist jedoch, daß die in der Spaltenauswahl genannten Spalten in Typ und Größe in beiden SELECT-Anweisungen übereinstimmen. Eine Namensübereinstimmung ist nicht erforderlich.
Die Übereinstimmung der Spaltentypen und Spaltengrößen kann auch mit Ersatzspalten hergestellt werden. Beispiele:

Spaltenauswahl in der ersten SELECT-Anweisung		**In Typ/Größe übereinstimmende Spalten der 2. SELECT-Anweisung**	
fmnr	SMALLINT	persnr	SMALLINT
gehalt	DECIMAL(8,2)	mgehalt	DECIMAL(8,2)
pname	CHAR(12)	vorname	CHAR(12)
vorname	CHAR(12)	' '	Leerzeichenkette mit 12 Stellen
pname	CHAR(12)	''	Leerzeichenkette bei ORACLE
gehalt	DECIMAL(8,2)	0	Wert 0 bei ORACLE
'Vorgesetzter'		'Mitarbeiter '	Zeichenketten gleicher Größe

Der Verbund von zwei SQL-Anweisungen sei an folgendem Beispiel erläutert.

Problem: Die Geschäftsleitung will wissen, welche Mitarbeiter dem Abteilungsleiter der Abteilung 3 unterstehen. Es ist nur die Abteilungsnummer bekannt. Der Name des Abteilungsleiters und die Namen der Mitarbeiter müssen gesucht und mit Personalnummer angezeigt werden.

Folgendes Ergebnis soll erzielt werden:

	PERSNR	PNAME	ABTNR
Abt.Leiter:	5	Luft	3
Mitarbeiter:	8	Volt	3
Mitarbeiter:	7	Meieris	3

Die Personalnummer des Leiters einer Abteilung steht in der Spalte *persnr* der Tabelle *ableiter*. In der Tabelle *persdat* stehen die Abteilungsnummern und die Namen der Mitarbeiter. Es sind also zwei Abfragen zu formulieren. Die erste Abfrage bezieht sich auf den Abteilungsleiter, die zweite auf die Mitarbeiter. Damit das Abfrageergebnis zusammengeführt wird, sind die beiden Abfragen miteinander zu verknüpfen. Sie müssen aber in der Weise konstruiert werden, daß ihre Ergebnisse dieselbe Struktur aufweisen.

Hinsichtlich *persnr* und *abtnr* stimmen die Typen in beiden Tabellen überein. In der zweiten Abfrage ist das 12 Stellen lange Feld *pname* auszugeben. Damit die Strukturgleichheit hergestellt wird, wird im ersten SELECT-Befehl eine Zeichenkette mit 12 Leerschritten vereinbart. Die Texte «Abt.Leiter:» und «Mitarbeiter:» werden in gleich große Zeichenketten geschrieben. Hinter dem jeweiligen SELECT ist dann zu notieren:

1. Abfrage: 'Abt.Leiter: ', persnr, ' ', abtnr
2. Abfrage: 'Mitarbeiter: ', persnr, pname , abtnr

Die SQL-Anweisung lautet dann:

```
SELECT                                          (A7401)
  'Abt.Leiter:   ', persnr, '            ', abtnr
  FROM ableiter
    WHERE abtnr = 3
UNION
SELECT 'Mitarbeiter:  ', persnr, pname, abtnr
  FROM persdat
    WHERE abtnr = 3
```

Sie führt zu folgendem Ergebnis:

	PERSNR		ABTNR
Abt.Leiter:	5		3
Mitarbeiter:	8	Volt	3
Mitarbeiter:	7	Meieris	3
Mitarbeiter:	5	Luft	3

An dieser Abfrage ist zu beanstanden, daß der Mitarbeiter Luft mit der Personalnummer 5 zweimal genannt wird, einmal als Abteilungsleiter und dann als Mitarbeiter. Das wird vermieden, wenn in der zweiten SELECT-Abfrage die SELECT-Unterabfrage

WHERE ... persnr NOT IN
(SELECT persnr FROM ableiter)

eingesetzt wird. In der Tabelle *ableiter* sind die Personalnummern 7 und 8 nicht vorhanden. Deshalb werden nur sie in der zweiten

SELECT-Anweisung bei der Ansprache der Personalnummern der Tabelle *persdat* ausgegeben.

Damit auch der Name des Abteilungsleiters in der ersten SELECT-Abfrage angezeigt werden kann, ist die Tabelle *ableiter* mit der Tabelle *persdat* zu verbinden. Folgende SQL-Anweisung führt zu dem geforderten Ergebnis:

```
SELECT                                              (A7402)
  'Abt.Leiter:   ', p.persnr, pname, p.abtnr
FROM persdat p, ableiter a
WHERE p.persnr = a.persnr AND
       p.abtnr = 3
UNION
SELECT 'Mitarbeiter:  ', persnr, pname, abtnr
FROM persdat
WHERE abtnr = 3 AND persnr NOT IN
  (SELECT persnr FROM ableiter)
```

Ergebnis:		PERSNR	PNAME	ABTNR
	Abt.Leiter:	5	Luft	3
	Mitarbeiter:	8	Volt	3
	Mitarbeiter:	7	Meieris	3

Hierarchische Strukturen bei ORACLE abfragen

Wenn Sie die Anweisung in ORACLE nachvollziehen wollen, müssen Sie in der Tabelle *persdat* die Spalte *vorg* einrichten:

```
ALTER TABLE persdat ADD
  (vorg SMALLINT)
```

In die Spalte *vorg* schreiben Sie die Personalnummern der Vorgesetzten, um die hierarchische Struktur des Unternehmens darzustellen:

PERSNR	VORG
1	10
3	1
4	9
5	10

7	5
8	5
9	10
10	0

In ORACLE haben Sie die Möglichkeit, solche hierarchischen Strukturen abzufragen. Dazu gibt es im SELECT-Befehl den CONNECT-BY-PRIOR- und den START-WITH-Zusatz.
In CONNECT BY ist PRIOR der Operator, hinter dem die Hierarchieschlüssel einander zugeordnet werden:

CONNECT BY PRIOR
untergeordneter Schlüssel = übergeordneter Schlüssel

Hinter START WITH wird die Wurzel des Hierarchiebaumes angegeben:

START WITH anfangswert

Beispiel: Die Geschäftsleitung will wissen, welche Mitarbeiter für den Abteilungsleiter Luft arbeiten.

Nur in ORACLE:

```
SELECT persnr, pname, abtnr, vorg                    (A7403)
  FROM persdat
  CONNECT BY PRIOR persnr = vorg
  START WITH pname = 'Luft'
```

Ergebnis:

PERSNR	PNAME	ABTNR	VORG
5	Luft	3	10
7	Meieris	3	5
8	Volt	3	5

UNION statt OUTER-Join
Der OUTER-Join bewirkt, daß sowohl die Reihen mit übereinstimmenden Join-Werten als auch die Reihen mit nicht übereinstimmenden Join-Werten ausgegeben werden. Verfügt ein Datenbanksystem nicht über den OUTER-Join-Befehl, so kann seine Wirkungsweise mit Hilfe des UNION-Operators erzielt werden.

Beispiel: Der Personalleiter will wissen, welche Mitarbeiter wie viele Familienmitglieder haben und wie diese mit Vornamen heißen. Mitglieder ohne Familienangehörige sind ebenfalls zu nennen. Die Anzeige soll nach der Personalnummer sortiert sein.

Für die Ausgabe müssen die Tabellen *persdat* und *fmitglieder* angesprochen werden. Die Spalten *persnr* und *fmnr* stimmen im Typ und in der Größe überein. Für *vorname* wird im zweiten SELECT-Befehl eine Zeichenkette aus 12 Leerstellen vereinbart:

Spalten in Tabelle fmitglieder		**In Typ und Größe übereinstimmende Spalten in persdat**	
fmnr	SMALLINT	persnr	SMALLINT
vorname	CHAR(12)	' '	Leerzeichenkette mit 12 Stellen

```
SELECT p.persnr, pname, fmnr, vorname          (A7404)
  FROM persdat p, fmitglieder f
  WHERE p.persnr = f.persnr
UNION
  SELECT persnr, pname, persnr, '            '
  FROM persdat
  WHERE persnr NOT IN
  (SELECT persnr FROM fmitglieder)
ORDER BY 1
```

Ergebnis:

PERSNR	PNAME	FMNR	VORNAME
1	Eifer	1	
3	Meyer	1	Heinrich
4	Strom	4	
5	Luft	2	Heinz
5	Luft	1	Beate
7	Meieris	7	
8	Volt	1	Christa
9	Bind	9	
10	Meier	3	Else
10	Meier	2	Theo
10	Meier	1	Hanna

Die Sortieranweisung bildet immer den Schluß der letzten SELECT-Anweisung. Da es vorkommt, daß die Sortierspalte in den mit UNION verbundenen SELECTs unterschiedliche Namen hat, sollte hinter der ORDER-BY-Klausel stets die Spaltennummer und nicht der Spaltenname gesetzt werden.
In der Sprache der Mengenlehre ausgedrückt, bewirkt der UNION-Operator die Vereinigung von Mengen.

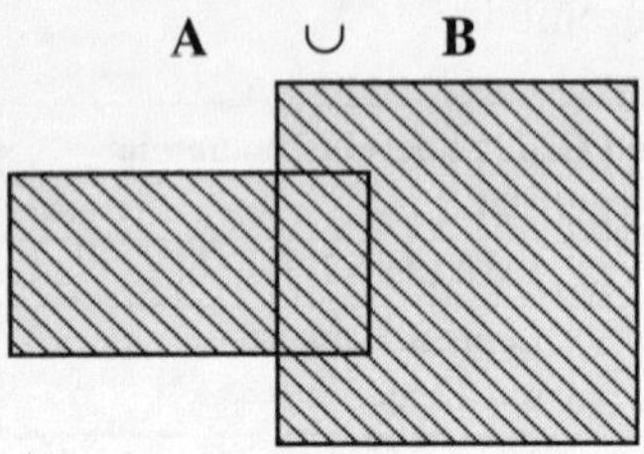

7.5 INTERSECT, EXCEPT/MINUS einsetzen

Faßt man die Ergebnisse von SQL-Anweisungen als Mengen auf, so lassen sich noch weitere Mengen bilden: die Schnittmenge und die Differenzmenge. Eine Schnittmenge zweier Mengen A und B besteht aus den Elementen, die sowohl in der Menge A als auch in der Menge B vorkommen. Im Diagramm:

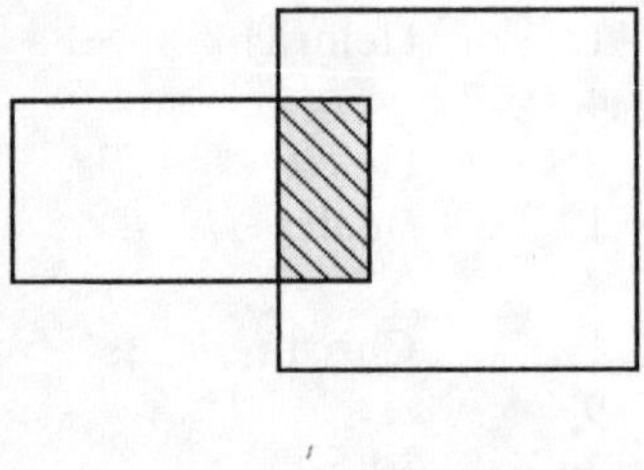

Zur Schnittmengenbildung kennen DB2/2 und ORACLE den Operator INTERSECT.

Zur Differenzmenge zweier Mengen A und B gehören nur die Elemente von A, die nicht auch zu B gehören.

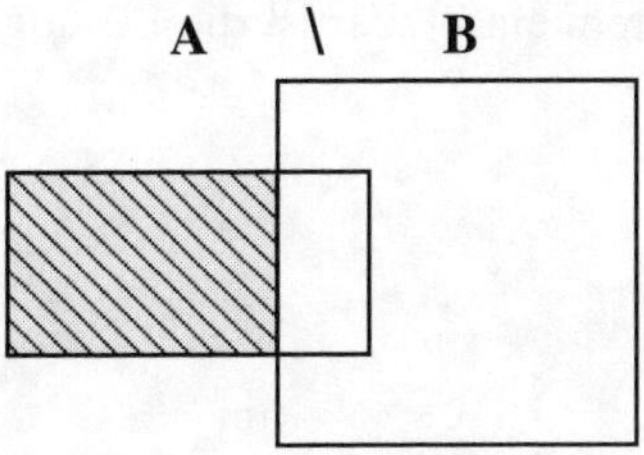

Die Differenzmenge wird in DB2/2 durch EXCEPT, in ORACLE durch MINUS erzeugt.

Operator INTERSECT

Mit dem Operator INTERSECT werden aus zwei SELECT-Ergebnissen jene Zeilen aus der ersten SELECT-Abfrage angezeigt, die auch in der Ausgabe der zweiten Abfrage enthalten sind.

Beispiel: Aus der Tabelle *persdat* sollen jene männlichen Mitarbeiter angezeigt werden, die am 1.3.94 am Auftrag 4444 gearbeitet haben.

SQL-Anweisung nur in ORACLE und DB2/2:

```
SELECT persnr                                        (A7501)
  FROM persdat
  WHERE geschlecht = 'M'
INTERSECT
SELECT persnr
  FROM tposten
  WHERE  tbnr = 940301   AND
        aufnr = 4444
```

Ergebnis: PERSNR
1

Wie Sie aus der Tabelle *tposten* entnehmen können, haben am 1.3.94 die Mitarbeiter mit den Personalnummern 1, 3 und 8 am Auftrag

4444 gearbeitet. Da aber die Mitarbeiter mit den Nummern 3 und 8 nicht männlich sind, werden sie von der Ausgabe ausgeschlossen.
Einfacher und in jedem Datenbanksystem einsetzbar ist die Lösung mit einer Join-Abfrage:

```
    SELECT p.persnr, pname                          (A7502)
      FROM persdat p, tposten tp
      WHERE p.persnr = tp.persnr AND
          geschlecht = 'M'       AND
                tbnr = 940301    AND
               aufnr = 4444
```

Ergebnis:	PERSNR	PNAME
	1	Eifer

Operatoren EXCEPT/MINUS
Mit EXCEPT beziehungsweise MINUS werden aus zwei SELECT-Ergebnissen jene Zeilen aus der ersten SELECT-Abfrage angezeigt, die nicht in der zweiten Abfrage vorhanden sind.

Beispiel: Aus der Tabelle *persdat* sollen die Personalnummern jener männlichen Mitarbeiter angezeigt werden, die am 1.3.94 nicht am Auftrag 4444 gearbeitet haben und nicht der Verwaltung angehören. Der Einfachheit halber sollen die Mitarbeiter in der Verwaltung direkt mit ihren Personalnummern 4 und 9 angegeben werden.

```
D:  SELECT persnr                                   (A7503)
      FROM persdat
      WHERE geschlecht = 'M' AND
              persnr NOT IN(4,9)
    EXCEPT
    SELECT persnr
      FROM tposten
      WHERE aufnr = 4444      AND
             tbnr = 940301
```

Ergebnis: PERSNR

PERSNR
5
7
10

Bei ORACLE setzen Sie anstelle von EXCEPT den Operator MINUS ein.
Mit EXCEPT ALL wird die Ausgabe auf identische Zeilen erweitert.

7.6 Übungen

UE7601: Die Familienmitglieder der Mitarbeiter sollen nach dem Verwandtschaftsgrad sortiert werden. Anzuzeigen sind *vwgrad*, *vwname*, *persnr*, *pname* und *vorname*.

UE7602: Welche Mitarbeiter haben wie viele Familienangehörige, und welchen Betrag erhalten sie als Familienzuschlag?

UE7603: Welche Mitarbeiterinnen wurden im Februar für die Tätigkeit Zeichnen eingesetzt? In welchen Abteilungen sind die Mitarbeiterinnen tätig?

UE7604: Für welche Aufträge sind am 1.3.94 von den Mitarbeitern mehrere Tätigkeitsmeldungen abgegeben worden?

UE7605: Wieviel männliche Mitarbeiter sind jeweils an den verschiedenen Einstellungsterminen zwischen dem 1.1.1984 und dem 30.06.1985 eingestellt worden?

UE7606: Geben Sie in einer Bildschirmanzeige an, wer in Abteilung 4 der Abteilungsleiter ist und wer zu den Mitarbeitern gehört.

7.7 Lösungen

UE7601:
```
SELECT f.vwgrad, vwname, p.persnr, pname, vorname
    FROM persdat p, fmitglieder f, vwgrade v
    WHERE p.persnr = f.persnr  AND
          f.vwgrad = v.vwgrad
    ORDER BY f.vwgrad, p.persnr
```

UE7602:
```
SELECT pname, MAX(fmnr), SUM(zuschlag)
  FROM persdat p, fmitglieder f
  WHERE  p.persnr = f.persnr
  GROUP BY pname
```

UE7603:
```
SELECT 'Gezeichnet haben im Februar: ', pname,
➪      abtnr
  FROM persdat p, tposten tp
  WHERE p.persnr = tp.persnr   AND
      geschlecht = 'W'         AND
       tp.tartnr = '6'         AND
      tbnr BETWEEN 940201 AND 940228
  GROUP BY pname, abtnr
```

UE7604:
```
SELECT aufnr, COUNT(*)
  FROM tposten
  WHERE tbnr = 940301
  GROUP BY aufnr HAVING COUNT(*) > 1
```

UE7605:
```
SELECT eintritt, COUNT(*)
  FROM persdat
  WHERE geschlecht = 'M'
  GROUP BY eintritt
    HAVING MIN(eintritt) >= '01.01.1984' AND
           MAX(eintritt) <= '30.06.1985'
```

UE7606:

```
SELECT 'Abt.Leiter:   ', p.persnr, pname, p.abtnr
  FROM persdat p, ableiter a
  WHERE p.persnr = a.persnr AND
         p.abtnr = 4
  UNION
  SELECT 'Mitarbeiter:  ', persnr, pname, abtnr
    FROM persdat
    WHERE abtnr = 4 AND
          persnr NOT IN
    (SELECT persnr FROM ableiter)
```

8 BRUTTOGEHALTS-ABRECHNUNG

Die Entwicklung der Datenbank, wie sie im Kapitel 3 beschrieben wurde, erfolgte mit dem Ziel, daß mit ihr die monatliche Bruttogehaltsberechnung vorgenommen werden kann. Die Bruttogehaltsabrechnung mit Hilfe von SQL-Anweisungen ist Gegenstand dieses Kapitels. Dabei kommt es uns nicht so sehr darauf, ein praxisgerechtes Verfahren anzubieten. Vielmehr wollen wir einerseits zeigen, daß die Ansatzpunkte zur Lösung eines komplexen Problems von Datenbank zu Datenbank anders gelagert sein können. Andererseits sollen anhand eines komplexen Problems die Leistungsfähigkeit sowie auch die Grenzen von SQL deutlich gemacht werden.
Bei der Berechnung der Gehälter tritt ein typisches SQL-Problem auf, weil Ausgangswerte, die für bestimmte Berechnungen benötigt werden, nicht in Basistabellen gespeichert vorliegen. Wir lösen dieses Problem, indem wir Zwischentabellen anlegen und darin die Ausgangswerte für weitere Berechnungen speichern.
In INFORMIX lösen wir die Aufgabe mit temporären Tabellen. In den anderen Datenbanksystemen gibt es keine Möglichkeit, temporäre Tabellen zu erstellen. In ORACLE setzen wir deshalb Views ein. Auch bei Views ist es nicht erforderlich, echte Zwischentabellen anzulegen. Wenn jedoch in Views mit arithmetischen Anweisungen oder der GROUP-BY-Klausel gearbeitet werden muß, können sie nicht mit UPDATE und INSERT bearbeitet werden. Dies ist aber bei unserer Aufgabe erforderlich. Wir legen deshalb in diesem Kapitel für ORACLE die Grundtabelle als echte Zwischentabelle an und zeigen in Abschnitt 9.3, wie die Grundtabellen mit den in Views errechneten Werten gefüllt werden.

8.1 Berechnungsweise

In dem Modellbetrieb UBR setzt sich das monatliche Bruttogehalt der Mitarbeiter wie folgt zusammen:

Grundgehalt	(*gehalt* in Tabelle *persdat*),
+ Familienzuschlag	(*zuschlag* in *fmitglieder*)
+ Prämie	(zu errechnen aus den Überschüssen)

Die Berechnung des Zuschlags ist relativ einfach. Sie ergibt sich aus der mitarbeiterbezogenen Summierung der Zuschlagsbeträge in der Tabelle *fmitglieder*.
Komplizierter stellt sich die Berechnung der Prämie dar. Damit ein Mitarbeiter eine Prämie erhalten kann, müssen zwei Bedingungen erfüllt sein. Zum einen muß der Auftrag, an dem er mitgewirkt hat, mit einem Überschuß abgeschlossen worden sein. Wurde bei einem Auftrag ein Verlust erwirtschaftet, so wird der Verlust als negative Prämie mit den Überschußprämien aus anderen Aufträgen verrechnet.
Zum anderen muß der Mitarbeiter sein persönliches Deckungssoll erfüllt haben. Das persönliche Deckungssoll (*pdeckung*) beträgt 360 % des Grundgehaltes. Dieser Zuschlag ist erforderlich, um die Fixkosten des Unternehmens zu decken. Die persönliche Leistung berechnet sich aus

pleistung = Tätigkeitsstunden * Tätigkeitspreise

Die Tätigkeitsstunden und Tätigkeitsarten sind in der Tabelle *tposten*, die Preise in der Tabelle *tarten* vermerkt. Liegt *pleistung* unter *pdeckung*, wird die mögliche Prämie entsprechend gekürzt, aber nur bis 0 DM. Mitarbeiter in der Verwaltung erhalten keine Prämie.
Für die Bruttogehaltsabrechnung wird eine Tabelle zugrunde gelegt, die folgende Spalten aufweist:

Tabelle GEHABFEB							
persnr	gehalt	zuschlag	gehaltfzu	praemie	pleistung	pdeckung	unter

8.2 Lösung in INFORMIX mit temporären Tabellen

Die Lösung unter INFORMIX wird auf temporäre Tabellen ausgelegt. Die Tabelle, in der die relevanten Werte eingebracht werden, wird *gehabfeb* genannt. Zum Aufbau der Tabelle werden Daten der Spalten *persnr* sowie *gehalt* aus der Tabelle *persdat* in die Tabelle *gehabfeb* übernommen. Aber auch die anderen Spalten sollen bereits durch diese Anweisung angelegt und mit dem Wert 0 vorbesetzt werden. Das erreicht man dadurch, daß man den Ausdruck GEHALT * 0 zuzüglich Spaltennamen in die SELECT-Anweisung aufnimmt. Die Anweisung lautet dann:

```
SELECT persnr, gehalt, gehalt*0 zuschlag,   (CRGEHABF)
       gehalt*0 gehaltfzu, gehalt*0 praemie,
       gehalt*0 pleistung, gehalt*0 pdeckung,
       gehalt*0 unter
  FROM persdat
  INTO TEMP gehabfeb
```

Die Familienzuschläge werden aus der Tabelle *fmitglieder* in der temporären Tabelle *fzu* zusammengestellt.

```
SELECT persnr, SUM(zuschlag) zuschlag          (CRFZU)
  FROM fmitglieder
  GROUP BY persnr
  INTO TEMP fzu
```

Aus der Tabelle *fzu* wird der Familienzuschlag in die Spalte *zuschlag* der Tabelle *gehabfeb* übernommen.

```
UPDATE AUfABFEB                                (A8101T)
  SET zuschlag =
  (
  SELECT fzu.zuschlag
    FROM fzu
    WHERE gehabfeb.persnr = fzu.persnr
  )
```

```
    WHERE persnr IN
       (SELECT persnr FROM fzu)
```

In der WHERE-Klausel der UPDATE-Anweisung wird durch

persnr IN (SELECT persnr FROM fzu)

sichergestellt, daß nur die Tabellenzeilen von *gehabfeb* geändert werden, deren Schlüssel *persnr* mit dem in der Tabelle *fzu* übereinstimmt. Die erste SELECT-Anweisung hinter SET liefert die Beträge, die der Spalte *zuschlag* zuzuweisen sind. Für die richtige Zuordnung sorgt die WHERE-Klausel gehabfeb.persnr = fzu.persnr.

Mittels der Anweisung

```
UPDATE gehabfeb                                   (A8102T)
   SET gehaltfzu = gehalt + zuschlag
```

werden zeilenweise *gehalt* und *zuschlag* in die Spalte *gehaltfzu* addiert.

Aus *gehalt* * 3.6 wird der persönliche Kostendeckungsbetrag errechnet und in der Spalte *pdeckung* eingetragen. Von diesem Vorgang sind diejenigen Mitarbeiter ausgeschlossen, die in der Verwaltung arbeiten. Sie haben die Personalnummern 4 und 9.

```
UPDATE gehabfeb                                   (A8103T)
   SET pdeckung = gehalt * 3.6
   WHERE persnr NOT IN (4,9)
```

Die Anweisung

```
SELECT gehalt, zuschlag, gehaltfzu, pdeckung  (A8104T)
  FROM gehabfeb ORDER BY persnr
```

zeigt den momentanen Entwicklungsstand an:

PERSNR	GEHALT	ZUSCHLAG	GEHALTFZU	PDECKUNG
1	3800.00	0	3800.00	13680.00
3	2450.00	60.00	2510.00	8820.00
4	3800.00	0	3800.00	0
5	4500.00	100.00	4600.00	16200.00
7	2450.00	0	2450.00	8820.00
8	4200.00	40.00	4240.00	15120.00
9	4000.00	0	4000.00	0
10	5000.00	160.00	5160.00	18000.00

Die Prämienberechnung erfolgt mit Hilfe einiger Zwischentabellen. Durch eine komplexe Programmierung könnte man zwar auf einige Tabellen verzichten. Um die Entwicklung aber besser nachvollziehen zu können, wird sie in kleinen Schritten vollzogen.
Für die im Monat Februar abgerechneten Aufträge ist zu ermitteln, ob sie mit einem Gewinn oder Verlust abgeschlossen worden sind. Er errechnet sich aus

Auftragswert – erbrachte Leistungen

Der Auftragswert pro Auftrag ist der Tabelle *auftrag* zu entnehmen. Die für einen Auftrag erbrachten Leistungen ergeben sich aus

SUM(tstd * tpreis)

Die Differenz ist der Prämiengrundwert *praewert.* Die Werte werden in die temporäre Tabelle *aufabfeb* eingestellt.

```
SELECT tp.aufnr aufnr, aufwert,                 (CRAUABF)
      SUM(tstd * tpreis) leistung,
      aufwert - SUM(tstd * tpreis) praewert
  FROM auftrag a, tposten tp, tarten ta
  WHERE a.aufnr = tp.aufnr      AND
      tp.tartnr = ta.tartnr     AND
      tbnr BETWEEN 940201 AND 940228 AND
      abdatum BETWEEN '02011994' AND '02281994'
  GROUP BY tp.aufnr,aufwert
  INTO TEMP aufabfeb
```

Aus dem Prämiengrundwert *praewert* ist für jeden Mitarbeiter der persönliche Leistungsanteil pro Auftrag zu bestimmen. Der Anteil ist der Quotient aus der persönlichen Leistung und der Gesamtleistung. Der Prämienanteil berechnet sich dann aus

Anteilprämie = praewert*tstd*tpreis/leistung

Die Werte für *praewert* und *leistung* sind in der Tabelle *aufabfeb* bestimmt worden. Für die Weiterverarbeitung wird weiterhin die Personalnummer *persnr* sowie die betreffende Auftragsnummer *aufnr* benötigt. Der in einer weiteren temporären Tabelle *prae1* zu erzeugende Datensatz besteht aus folgenden Elementen:

persnr aufnr anteilpraemie

Die SQL-Anweisung lautet dann:

```
SELECT persnr, a1.aufnr,                          (CRPRAE1)
       praewert*tstd*tpreis/leistung anteilpraemie
  FROM aufabfeb a1, tposten tp, tarten ta
  WHERE a1.aufnr = tp.aufnr    AND
       tp.tartnr = ta.tartnr
  INTO TEMP prae1
```

Die anteiligen Prämien in der Tabelle *prae1*, die sowohl aus positiven wie auch aus negativen Beträgen bestehen können, werden pro Mitarbeiter in der temporären Tabelle *prae* in der Spalte *saldo* zusammengestellt.

```
SELECT persnr, SUM(anteilpraemie) saldo        (CRPRAE)
  FROM prae1
  GROUP BY persnr
  INTO TEMP prae
```

Der Prämiensaldo wird aus der Tabelle *prae* in die Tabelle *gehabfeb* übernommen.

```
UPDATE AUfABFEB                                    (A8109T)
  SET praemie =
  (SELECT saldo
     FROM prae
     WHERE gehabfeb.persnr = prae.persnr
  )
  WHERE persnr IN (SELECT persnr FROM prae)
```

Die Spalte *praemie* enthält nun den Betrag, den der Mitarbeiter als Prämie erhält, wenn er durch seine persönliche Leistung sein Deckungssoll erfüllt hat. Die bewerteten persönlichen Leistungen der Mitarbeiter, die sie zwischen dem 1. und dem 28. Februar erbracht haben, werden in der Spalte *persleistung* in der temporären Tabelle *plei* zusammengestellt.

```
SELECT persnr, sum(tstd* tpreis) persleistung
  FROM tposten tp, tarten ta
  WHERE tp.tartnr = ta.tartnr    AND
    tbnr BETWEEN 940201 AND 940228
  GROUP BY persnr
  INTO TEMP plei                                 (CRPLEI)
```

Die ermittelte persönliche Leistung wird in die Tabelle *gehabfeb*, Spalte *pleistung*, übernommen.

```
UPDATE gehabfeb                                  (A8107T)
  SET pleistung =
  (SELECT persleistung
     FROM plei
     WHERE gehabfeb.persnr = plei.persnr
  )
  WHERE persnr IN (SELECT persnr FROM plei)
```

Für die Prämienberechnung ist es bedeutsam, daß die erbrachten persönlichen Leistungen die persönlichen Kosten decken. Deshalb wird in der Tabelle *gehabfeb* in der Spalte *unter* die Kostenunterdeckung berechnet.

```
UPDATE gehabfeb                                  (A8108T)
  SET unter = pleistung - pkdeckung
  WHERE pleistung < pkdeckung
```

Die vorläufige Prämie wird mit der Kostenunterdeckung verrechnet.

```
UPDATE gehabfeb                                    (A8111T)
  SET praemie = praemie + unter
```

Dabei ist zu berücksichtigen, daß die Prämie höchstens auf 0,00 DM absinken, aber nicht negativ werden kann.

```
UPDATE gehabfeb                                    (A8112T)
  SET praemie = 0
  WHERE praemie < 0
```

Die Tabelle *gehabfeb* müßte nun folgenden Inhalt aufweisen:

PERSNR	GEHALT	ZUSCHLAG	GEHALTFZU	PRAEMIE	PLEISTUNG	PDECKUNG	UNTER
1	3800.00	0	3800.00	682.40	15020.00	13680.00	0.00
3	2450.00	60.00	2510.00	918.28	14860.00	8820.00	0.00
4	3800.00	0	3800.00	0.00	0.00	0.00	0.00
5	4500.00	100.00	4600.00	1463.63	17470.00	16200.00	0.00
7	2450.00	0	2450.00	479.65	12400.00	8820.00	0.00
8	4200.00	40.00	4240.00	0.00	14080.00	15120.00	-1040.00
9	4000.00	0	4000.00	0.00	0.00	0.00	0.00
10	5000.00	160.00	5160.00	841.74	17450.00	18000.00	- 550.00

Damit sind die für die Bruttogehaltsabrechnung erforderlichen Werte pro Mitarbeiter ermittelt. Das Bruttogehalt, das sich aus *gehaltfzu + praemie* ergibt, ist in die Tabelle *mgehalt* zu übernehmen.

```
INSERT INTO mgehalt                                (A8114T)
  (persnr, jahr, monat, mgehalt)
SELECT persnr, 94, 2, gehaltfzu + praemie
  FROM gehabfeb
```

Die oben vorgestellte Folge von SQL-Anweisungen kann man natürlich auch in einer SQL-Kommandodatei zusammenstellen. Dabei ist jede Anweisung von der folgenden durch ein Semikolon zu trennen. Wird die Kommandodatei aufgerufen, so läuft die Bruttogehaltsabrechnung automatisch ab.

8.3 Lösung in ORACLE mit einer Grundtabelle

In ORACLE legen wir die Grundtabelle *gehabfeb* als echte Tabelle an. In diese Tabelle übertragen wir die Werte Gehalt, Familienzuschlag und persönliche Kostendeckungsbeiträge.

Grundtabelle *gehabfeb* erstellen

```
CREATE TABLE gehabfeb                          (CRGEHABF)
  (
   persnr     SMALLINT,
   gehaltfzu  DECIMAL(8,2),
   praemie    DECIMAL(8,2),
   pleistung  DECIMAL(8,2),
   pdeckung   DECIMAL(8,2),
   unter      DECIMAL(8,2)
  )
```

Daten mit INSERT SELECT in die Zwischentabelle übertragen
In ORACLE kann man im INSERT-SELECT-Befehl Aggregatfunktionen einsetzen. Damit wird es möglich, in einer einzigen Anweisung die Personalnummern, die Grundgehälter, die Familienzuschläge und die persönlichen Kostendeckungsbeträge in die Zwischentabelle *gehabfeb* zu schreiben und die anderen Spalten mit dem numerischen Wert null zu initialisieren.

```
INSERT INTO gehabfeb                              (A8201)
  (persnr, gehaltfzu, praemie, pleistung,
    pdeckung, unter)
  SELECT p.persnr, gehalt + SUM(zuschlag), gehalt * 0,
         gehalt * 0,  gehalt * 3.6, gehalt * 0
    FROM persdat p, fmitglieder f
    WHERE p.persnr = f.persnr
    GROUP BY p.persnr, gehalt
UNION
  SELECT persnr, gehalt, gehalt * 0,
         gehalt * 0, gehalt * 3.6, gehalt * 0
```

```
      FROM persdat
      WHERE persnr NOT IN
        (SELECT persnr FROM fmitglieder)
```

Die persönlichen Kostendeckungsbeiträge der Mitarbeiter in der Verwaltung werden auf den numerischen Wert null gesetzt:

```
   UPDATE gehabfeb                                     (A8202)
     SET pdeckung = 0
     WHERE persnr IN(4,9)
```

Die Tabelle *gehabfeb* enthält nach Durchführung der beiden Anweisungen folgende Daten:

PERSNR	GEHALTFZU	PRAEMIE	PLEISTUNG	PDECKUNG	UNTER
1	3800.00	0.00	0,00	13680.00	0.00
3	2510.00	0.00	0.00	8820.00	0.00
4	3800.00	0.00	0.00	0.00	0.00
5	4600.00	0.00	0.00	16200.00	0.00
7	2450.00	0.00	0.00	8820.00	0.00
8	4240.00	0.00	0.00	15120.00	0.00
9	4000.00	0.00	0.00	0.00	0.00
10	5160.00	0.00	0.00	18000.00	0.00

Die Spalten *praemie*, *pleistung* und *unter* füllen wir in Abschnitt 9.3 mit dem Einsatz von Views.

8.4 Lösungsansätze in DB2/2 und GUPTA

In DB2/2 und in GUPTA ist es nicht gestattet, die SELECT-Anweisung im SET-Zweig des UPDATE-Befehls einzusetzen. Mit UPDATE SET SELECT haben wir in INFORMIX und ORACLE Gehaltsteile, die nicht alle Mitarbeiter betrafen, bedingungsabhängig in die richtige Zeile der Zieltabelle *gehabfeb* schreiben können. In DB2/2 und GUPTA wird man deshalb die Gehaltsbestandteile des Februargehaltes nicht mehr in die Tabelle *gehabfeb* schreiben, sondern mit INSERT SELECT in mehrere Zieltabellen, zum Beispiel in

Zieltabelle:	*mit Spalten:*
gp	persnr, gehaltfzu, pdeckung, zuschlag
gl	persnr, pleistung
gu	persnr, unter
aufabfeb	aufnr, aufwert, leistung, praewert
prae1	persnr, aufnr, anteilspraemie
prae	persnr, saldo

Aus diesen Tabellen werden die Werte in ähnlicher Weise wie vorher beschrieben berechnet und zum Schluß in die Tabelle *mgehalt* übertragen. Da dazu im UPDATE-Befehl die SELECT-Anweisung nicht im Zweig SET eingesetzt werden kann, müssen die Tabellen immer alle Personalschlüssel vollständig enthalten. Man wird dazu in DB2/2 im INSERT-Befehl den UNION-Operator verwenden. In GUPTA wird in der INSERT-Anweisung der UNION-Zusatz nicht akzeptiert. Es kann aber ein OUTER-Join erstellt werden, das in DB2/2 nicht erlaubt ist.

9 SICHTEN VERWENDEN

Mit SELECT-Anweisungen werden Daten aus einer oder mehreren Tabellen in der Datenbank gesucht und ausgegeben. Dabei werden die Daten entsprechend der gewünschten Sichtweise zusammengestellt. Solche Sichtweisen auf die Daten können mit der Anweisung CREATE VIEW gespeichert werden. Gespeicherte Sichtweisen nennt man Views (deutsch: Ansichten). Views enthalten keine Daten, sondern Zeiger. Die Zeiger weisen auf die Datenspalten in den Basistabellen. Views charakterisiert man deshalb auch als virtuelle oder imaginäre Tabellen.

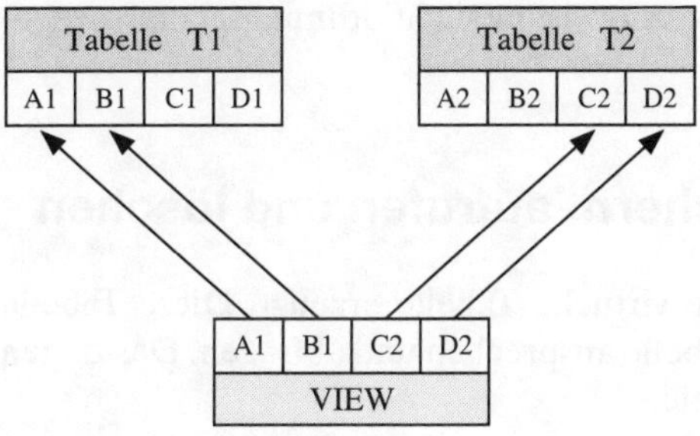

Mit Einschränkungen kann man mit Views in der gleichen Weise arbeiten wie mit Basistabellen. Man kann sie

- mit SELECT abfragen,
- mit INSERT ergänzen,
- mit UPDATE ändern und
- mit DELETE löschen.

Änderungen in Views bewirken gleichzeitig Änderungen in den echten Tabellen und umgekehrt. Das gilt jedoch nur, wenn sich die Sicht in der FROM-Klausel auf eine einzige Tabelle bezieht und die Spalten keine Funktionen oder arithmetischen Operationen enthalten.

Vorteile von Sichten
Sichten helfen, Doppelspeicherungen zu vermeiden. Views mit

- Spalten aus mehr als einer Tabelle,
- SQL-Funktionen sowie arithmetischen Ausdrücken,
- GROUP-BY-Klausel oder
- Unterabfragen

können zwar mit SELECT abgefragt werden, aber aus Gründen der Datensicherheit nicht mit UPDATE, INSERT, DELETE oder ALTER geändert werden.

Nachteile von Views
Bei Datenabfragen mit Views werden zunächst die Anweisungen in der Viewtabelle analysiert. Erst danach kann auf die Daten in den Basistabellen zugegriffen werden. Views benötigen deshalb längere Laufzeiten und legen im Ablauf der Befehlsdurchführung mehrere temporäre Tabellen an. Das kann sogar dazu führen, daß fehlenden Speicherplatzes wegen eine Anweisung nicht ordnungsgemäß ausgeführt wird.

9.1 Sichten speichern, aufrufen und löschen

Mit einem View wird eine virtuelle Tabelle erzeugt. Diese Tabelle kann man wie eine Basistabelle ansprechen und abfragen. Das zeigen die nachstehenden Beispiele.

9.1.1 View erstellen

Beispiel: Es sollen die Werte der Spalten *persnr* und *pname* aus der Tabelle *persdat*, der Abteilungsname aus der Tabelle *abteilg* und die Januargehälter aus der Tabelle *mgehalt* in die Sicht *gehalt1* übertragen werden.

```
CREATE VIEW gehalt1                                    (A9101)
AS
SELECT p.persnr, pname, mgehalt
   FROM persdat p, abteilg a, mgehalt m
   WHERE  p.persnr = m.persnr     AND
            p.abtnr = a.abtnr     AND
               jahr = 94          AND
              monat = 1
```

Der erste Teil der CREATE-VIEW-Anweisung dient der Festlegung des View-Namens. Da in unserem ersten Beispiel keine Angaben zu Spaltennamen gemacht werden, übernimmt das System die Spaltennamen *persnr*, *pname* und *mgehalt* aus den Basistabellen als View-Spaltennamen.
Der zweite Teil der CREATE-VIEW-Anweisung – die AS-SELECT-Anweisung – definiert die Auswahl in den Basistabellen.

9.1.2 View ausgeben

Daten aus dem View *gehalt1* werden wie Daten aus Basistabellen mit dem SELECT-Befehl angezeigt.

```
  SELECT * FROM gehalt1                           (A9101A)
```

Ergebnis:

PERSNR	PNAME	MGEHALT
10	Meier	5900.00
9	Bind	4250.00
8	Volt	4760.00
7	Meieris	2700.00
5	Luft	5000.00
4	Strom	3820.10
3	Meyer	3200.00
1	Eifer	4100.00

Werden im SELECT-Teil der View-Anweisung SQL-Funktionen und arithmetische Operationen verwendet, so müssen die View-Spalten ausdrücklich hinter dem View-Namen in runden Klammern definiert werden.

Beispiel: Es ist eine Sicht zu erstellen, die die für die Aufträge bereits erbrachten Leistungen enthält.

```
CREATE VIEW auftrab (aufnr, kosten)                  (A9102)
AS
SELECT aufnr, SUM(tstd * tpreis)
  FROM tposten tp, tarten ta
  WHERE tp.tartnr = ta.tartnr
  GROUP BY aufnr
```

Bei der Anzeige der Sicht *auftrab* sollen die Aufträge aufsteigend sortiert sein.

```
SELECT * FROM auftrab                               (A9102A)
  ORDER BY aufnr
```

Ergebnis:

AUFNR	KOSTEN
1111	50580.0000
2222	21490.0000
3333	21030.0000
4444	2200.0000

Aus der Ergebnisliste ist zu entnehmen, daß die Spalten des Views die Namen tragen, die in der CREATE-Anweisung festgelegt wurden.

Die Anweisung zum Erstellen eines Views hat folgende Struktur:

```
CREATE VIEW viewname
    [( viewspaltenname, viewspaltenname, ...)]
    AS SELECT [spaltenname, spaltenname, ... ]
        FROM tabellenname [, tabellenname, ...]
        [ WHERE bedingung ]
        [ GROUP BY spaltenname ]
        [ WITH CHECK OPTION ]
```

Wie aus der Syntax zu erkennen ist, können beim Erstellen eines Views die ORDER-BY- und UNION-Klauseln nicht eingesetzt werden.

9.1.3 View löschen

Mit der Anweisung DROP VIEW viewname wird ein View wieder gelöscht.

Beispiel: Die Sicht *auftrab* wird gelöscht.

```
DROP VIEW auftrab                                    (A9103)
```

9.2 Mit Sichten Daten aktualisieren

9.2.1 Aktualisieren ohne Prüfoption

Mit Views können die Daten in Basistabellen aktualisiert werden. Dazu wird ein View erzeugt, in dem Daten eingefügt, geändert und gelöscht werden.

Beispiel: Die Personalnummer, der Name und das Geschlecht der männlichen Mitarbeiter werden im View *maenner* gespeichert.

```
CREATE VIEW maenner                                  (A9201)
AS
SELECT persnr, pname, geschlecht
  FROM persdat
  WHERE geschlecht = 'M'
```

```
SELECT * FROM maenner                               (A9201A)
```

Ergebnis:

PERSNR	PNAME	GESCHLECHT
7	Meieris	M
5	Luft	M
4	Strom	M
1	Eifer	M
10	Meier	M

Neue Tabellenzeile einfügen
Durch die Anweisung

```
INSERT INTO maenner                                 (A9201B)
  VALUES(50, 'Freienfels', 'M')
```

wird ein neuer Datensatz über den View in die Basistabelle *persdat* eingefügt. Die Daten des neuen Datensatzes können jetzt sowohl im View *maenner* als auch in der Basistabelle *persdat* aufgerufen werden:

```
SELECT * FROM maenner                                   (A9201C)
  WHERE persnr = 50
```

Ergebnis:	PERSNR	PNAME	GESCHLECHT
	50	Freienfels	M

Die Anweisung

```
SELECT persnr, pname, geschlecht
  FROM persdat
  WHERE persnr = 50
```

würde dasselbe Ergebnis liefern.

Spaltenwerte ändern
Beispiel: Der Wert Freienfels im neuen Datensatz wird in den Wert Braun geändert.

```
UPDATE maenner                                          (A9201D)
  SET pname = 'Braun'
  WHERE persnr = 50
```

```
SELECT * FROM maenner                                   (A9201C)
  WHERE persnr = 50
```

Ergebnis:	PERSNR	PNAME	GESCHLECHT
	50	Braun	M

In dem vorliegenden Beispiel konnten UPDATE und INSERT verwendet werden, weil sich der View auf nur eine Tabelle bezieht und keine SQL-Funktionen beinhaltet.

Zeilen löschen
Durch die Anweisung

```
DELETE FROM maenner                                    (A9201E)
  WHERE persnr = 50
```

wird der Datensatz mit der Personalnummer 50 gelöscht. Die Löschung erfolgt über den View in der Basistabelle. Bei einer erneuten Abfrage auf persnr = 50 würde das System melden, daß es keine Zeile gefunden hat.

9.2.2 Aktualisieren mit Prüfoption

Durch einen INSERT kann über einen View ein Datensatz in die Basistabelle eingebracht werden, der über den View nicht mehr ausgegeben werden kann. Durch die WITH-CHECK-OPTION-Ergänzung kann das verhindert werden.

Beispiel: Die Daten der weiblichen Mitarbeiter werden im View *frauen* gespeichert. Es soll sichergestellt werden, daß nur solche Datensätze eingefügt werden können, die in der Spalte *geschlecht* den Buchstaben W aufweisen.

```
CREATE VIEW frauen                                      (A9202)
AS
SELECT persnr, pname, geschlecht
  FROM persdat
  WHERE geschlecht = 'W'
  WITH CHECK OPTION
```

Aufgrund der WITH CHECK OPTION können nunmehr neue Datensätze in den View *frauen* nur dann angehängt werden, wenn in der Spalte *geschlecht* der Wert W steht.

Beispiel: Ein neuer Datensatz mit den Werten 45, Wedefeld und 'M' soll in die Tabellen *frauen* und *persdat* geschrieben werden.

```
INSERT INTO frauen                                     (A9202C)
  VALUES (45, 'Wedefeld', 'M')
```

Das System gibt eine Fehlermeldung aus. Der neue Datensatz wird nicht aufgenommen, weil in der Spalte *geschlecht* der CHECK-Wert falsch ist.

Spaltenwerte ändern

Beispiel: Im Datensatz mit der Personalnummer 9 soll das Geschlecht geändert werden.

```
UPDATE frauen                                   (A9202D)
  SET geschlecht = 'M'
  WHERE persnr = 9
```

Ergebnis: Fehlermeldung

Die Änderung erfolgt nicht, weil ein nicht zugelassener Wert in die Spalte *geschlecht* eingetragen werden soll.

9.3 Mit Sichten Prämienabrechnung durchführen

In Kapitel 8 haben wir beschrieben, wie Sie die Prämien in INFORMIX mit temporären Tabellen errechnen. In diesem Abschnitt zeigen wir, wie Sie die Prämienerrechnungen mit Views durchführen.

Lösung in ORACLE

In ORACLE haben wir in Abschnitt 8.2 die Grundtabelle *gehabfeb* als echte Tabelle mit folgenden Werten angelegt:

```
SELECT * FROM gehabfeb                          (A8102)
  ORDER BY persnr
```

Ergebnis:

PERSNR	GEHALTFZU	PRAEMIE	PLEISTUNG	PDECKUNG	UNTER
1	3800.00	0	0	13680.00	0
3	2510.00	0	0	8820.00	0
4	3800.00	0	0	0.00	0
5	4600.00	0	0	16200.00	0
7	2450.00	0	0	8820.00	0
8	4240.00	0	0	15120.00	0
9	4000.00	0	0	0.00	0
10	5160.00	0	0	18000.00	0

Für die Spalten *praemie*, *pleistung* und *unter* errechnen wir jetzt die Werte in Views und übertragen sie in die Tabelle.

Auftragsprämien mit View *aufabfeb* errechnen

```
CREATE VIEW aufabfeb                                (CRAUFA2V)
  (aufnr, aufwert, leistung, praewert)
AS
SELECT tp.aufnr, aufwert, SUM(tstd * tpreis),
       aufwert - SUM(tstd * tpreis)
FROM auftrag a, tposten tp, tarten ta
WHERE a.aufnr = tp.aufnr    AND
      tp.tartnr = ta.tartnr AND
      tbnr BETWEEN 940201 AND 940228 AND
      abdatum BETWEEN '01-feb-94' AND '28-feb-94'
GROUP BY tp.aufnr,aufwert
```

In *aufabfeb* stehen dann folgende Werte:

AUFNR	AUFWERT	LEISTUNG	PRAEWERT
3333	20800.00	21030.0000	-230.0000
1111	56400.00	50580.0000	5820.0000

Auftragsprämien auf Mitarbeiter verteilen

Die positiven und negativen Prämien werden in dem View *prae1* zunächst je Auftrag und Tätigkeit errechnet und dann in dem View *prae* nach Personalnummern summiert.

```
CREATE VIEW prae1                                    (CRPRAE)
  (persnr, aufnr, anteilpraemie)
AS
SELECT persnr, a1.aufnr, praewert*tstd*tpreis/leistung
FROM aufabfeb a1, tposten tp, tarten ta
WHERE a1.aufnr = tp.aufnr AND
      tp.tartnr = ta.tartnr;
```

```
CREATE VIEW prae
  (persnr, saldo)
AS
SELECT persnr, SUM(anteilpraemie)
FROM prae1
GROUP BY persnr
```

Die Sicht *prae* enthält dann folgende Werte:

Ergebnis:

PERSNR	SALDO
1	682.40
3	918.28
5	1463.63
7	479.65
8	654.30
10	1391.74

Persönliche Leistungsbeiträge in Sicht *plei* errechnen

```
CREATE VIEW plei                                    (CRPLEI)
  (persnr, persleistung)
AS
SELECT persnr, SUM(tstd* tpreis)
FROM tposten tp, tarten ta
WHERE tp.tartnr = ta.tartnr AND
      tbnr BETWEEN 940201 AND 940228
GROUP BY persnr
```

Die Sicht *plei* enthält danach folgende Werte:

PERSNR	PERSLEISTUNG
1	15020.00
3	14860.00
5	17470.00
7	12400.00
8	14080.00
10	17450.00

Werte aus den Views in Spalten der Tabelle *gehabfeb* übertragen

Spalte *pleistung* füllen:

```
UPDATE  gehabfeb                                        (A9301)
  SET pleistung =
  (SELECT persleistung
    FROM plei
    WHERE gehabfeb.persnr = plei.persnr)
  WHERE persnr IN (SELECT persnr FROM plei)
```

Werte für Spalte *unter* errechnen:

```
UPDATE gehabfeb                                         (A9302)
SET unter = pleistung - pdeckung
WHERE pleistung < pdeckung
```

Werte in Spalte *praemie* schreiben:

```
UPDATE gehabfeb                                         (A9303)
SET praemie =
(SELECT saldo
   FROM prae
   WHERE gehabfeb.persnr = prae.persnr)
WHERE persnr IN (SELECT persnr FROM prae)
```

Prämien mit den Unterdeckungen verrechnen:

```
UPDATE gehabfeb                                         (A9304)
SET praemie = praemie + unter
```

Negative Prämien auf null setzen:

```
UPDATE gehabfeb                                         (A9305)
SET praemie = 0
WHERE praemie < 0
```

Die Tabelle *gehabfeb* weist dann folgende Eintragungen auf:

PERSNR	GEHALTFZU	PRAEMIE	PLEISTUNG	PDECKUNG	UNTER
1	3800.00	682.39	15020.00	13680.00	0.00
3	2510.00	918.28	14860.00	8820.00	0.00
4	3800.00	0.00	0.00	0.00	0.00
5	4600.00	1463.63	17470.00	16200.00	0.00
7	2450.00	479.66	12400.00	8820.00	0.00
8	4240.00	0.00	14080.00	15120.00	-1040.00
9	4000.00	0.00	0.00	0.00	0.00
10	5160.00	841.74	17450.00	18000.00	-550.00

Abschließend sind die errechneten Lohndaten in die Tabelle *mgehalt* zu übertragen, wie es bereits im Abschnitt 8.2 beschrieben worden ist.

9.4 Übungen

UE9401: Die Personalnummern, die Mitarbeiternamen, die Tätigkeitsnummern und die Tätigkeitsbezeichnungen sowie die geleisteten Stunden und die dafür vorgesehenen Tätigkeitspreise sollen für den Auftrag 2222 in dem View *auf2222* gespeichert werden.

UE9402: Aus dem View *auf2222* sind gruppiert nach den Tätigkeitsbezeichnungen die Leistungswerte (*tstd* * *tpreis*) anzuzeigen.

UE9403: Die Sicht *tpos2222* soll die Spalten *tbnr*, *persnr*, *aufnr*, *tartnr* und *tstd* aus *tposten* für den Auftrag 2222 und die CHECK-OPTION-Klausel enthalten.

UE9404: In *tpos2222* soll eine neue Zeile mit den Werten 940305, 7, 2222, 6, 77 hinzugefügt werden.

UE9405: In *tpos2222* soll eine weitere Zeile mit den Werten 940305, 7, 3333, 6, 77 hinzugefügt werden. Da die Sicht die CHECK-OPTION-Klausel enthält, muß die Durchführung der Anweisung verweigert werden.

UE9406: Löschen Sie in *tpos2222* die Zeile mit den Werten 940305, 7, 2222, 6, 77.

9.5 Lösungen

UE9401:

```
CREATE VIEW auf2222
AS
SELECT p.persnr, pname, tp.tartnr, tbez, tstd,
➪      tpreis
  FROM persdat p, tposten tp, tarten ta
  WHERE p.persnr = tp.persnr   AND
       tp.tartnr = ta.tartnr   AND
          aufnr  = 2222
```

UE9402:

```
SELECT tbez, SUM(tstd * tpreis)
FROM auf2222
GROUP BY tbez
```

UE9403:

```
CREATE VIEW tpos2222
AS
SELECT tbnr, persnr, aufnr, tartnr, tstd
  FROM tposten
  WHERE aufnr = 2222
  WITH CHECK OPTION
```

UE9404:

```
INSERT INTO tpos2222
  VALUES (940305, 7, 2222, '6', 77)
```

UR9405:

```
INSERT INTO tpos2222
  VALUES (940305, 7, 3333, '6', 77)
```

UE9406:

```
DELETE FROM tpos2222
  WHERE tbnr = 940305 AND
      persnr = 7
```

10 DATENBANK OPTIMIEREN

Der Zugriff auf Daten der Datenbank kann beschleunigt werden, wenn die Werte der Suchspalte in sortierter Form vorliegen. Das Erstellen eines sortierten Schlüssels für Spalten einer Tabelle nennt man Indexieren. Bei Tabellen, die mit einem zusätzlichen Index ausgestattet sind, kann eine schnelle Suchmethode wie beispielsweise das binäre Suchen eingesetzt werden.
Beim binären Suchen wird ein Datensatz in der Regel schneller gefunden als beim sequentiellen Suchen, bei dem die Datensätze der Reihe nach gelesen werden. Bei 1024 Zeilen beispielsweise wird beim binären Suchen die gewünschte Information spätestens beim 10. Zugriff gefunden, bei 2048 Zeilen beim 11. Zugriff. Beim sequentiellen Suchen müßten dagegen durchschnittlich 512 bzw. 1024 Sätze gelesen werden, um den gesuchten Datensatz zu erhalten.
Auch wenn beim Indexieren sortierte Suchschlüssel angelegt werden, hat das keine Auswirkung auf die Ausgabe der Daten. Falls Sie hier eine sortierte Ausgabe wünschen, müssen Sie auch weiterhin die ORDER-BY-Klausel einsetzen.
Die Genauigkeit und die Zuverlässigkeit von Daten in Datenbanken wird mit dem Stichwort Datenintegrität beschrieben. Der Begriff «referentielle Integrität» besagt, daß zwischen Spalten unterschiedlicher Tabellen Abhängigkeiten bestehen, die bei Bearbeitungen mit INSERT, UPDATE, DELETE und DROP berücksichtigt werden müssen. Wie Sie die referentielle Integrität vom System verwalten lassen können, beschreiben wir in Abschnitt 10.6.

10.1 Index anlegen

Der Indexierungsbefehl lautet allgemein:

```
CREATE [UNIQUE] INDEX indexname
    ON tabellenname
    (spaltenname [ASC/DESC]
    [,spaltenname [ASC/DESC], ...])
```

In ORACLE werden weitere Parameter zur Verfügung gestellt, auf die hier nicht eingegangen werden soll. Eine absteigende Reihenfolge im Indexschlüssel wird mit dem Zusatz DESC (descending, absteigend) vereinbart. Wird keine Sortierklausel gegeben, so erfolgt eine aufsteigende Sortierung.
Welche Spalten der Tabellen sollte man indexieren? Es ist keineswegs zweckmäßig, alle Spalten einer Tabelle zu indexieren. Die Indexierungsreihenfolgen werden nämlich in der Datenbank gespeichert. Wenn in einer Tabelle mit den Befehlen INSERT, UPDATE oder DELETE die Sortierfolge in einer Tabelle verändert wird, muß auch der Index neu angepaßt werden. Diese Aktualisierungen kosten natürlich Zeit. Man kann deshalb sagen, daß das Indexieren das Suchen beschleunigt, aber das Aktualisieren verlangsamt.
Für das Indexieren gelten folgende Empfehlungen:

- Spalten mit Primärschlüsseln sollten mit dem UNIQUE-Zusatz indexiert werden.
- Sind Reihen aus mehreren Tabellen logisch zu verknüpfen, so sollten die Bezugsschlüsselspalten indexiert werden.
- In großen Tabellen sollten die Spalten indexiert werden, die häufig in WHERE-, GROUP-BY- oder ORDER-BY-Klauseln eingesetzt werden.
- Nicht mehr benötigte Indexierungen sollten gelöscht werden.

10.2 Index löschen

Ein Index kann jederzeit wieder gelöscht werden. Der Befehl dazu lautet:

```
DROP INDEX indexname
```

10.3 Einfachindex erstellen

Mit CREATE UNIQUE INDEX wird verhindert, daß in eine Spalte doppelte Werte eingegeben werden.

Beispiel: Das Primärschlüsselfeld *persnr* in der Tabelle *persdat* wird indexiert, um die Eingabe doppelter Werte unmöglich zu machen.

```
CREATE UNIQUE INDEX ipersnr                    (A10101)
  ON persdat (persnr)
```

Als Indexname wurde der Name der indexierten Spalte verwendet, dem hier der Buchstabe i als Hinweis auf die Indexierung vorangestellt wurde. Es könnte statt dessen auch jeder andere Name eingesetzt werden. Für die Bildung von Indexnamen gelten die gleichen Regeln wie für Tabellennamen.

Test: Es soll ein weiterer Datensatz mit der Personalnummer 3 angelegt werden. Die Personalnummer 3 existiert bereits in der Tabelle.

```
INSERT INTO persdat (persnr)                   (A10102)
  VALUES (3)
```

Ergebnis: Fehlermeldung: Doppelter Wert!

Die Indexierung verhindert also die Eingabe redundanter Daten.

10.4 Zusammengesetzten Index vereinbaren

Wenn der Primärschlüssel einer Tabelle aus zwei und mehr Spalten besteht, sollte dafür ein zusammengesetzter Index vereinbart werden.

Beispiel: Der Primärschlüssel der Tabelle *fmitglieder* setzt sich aus der Personalnummer *persnr* und der laufenden Nummer *fmnr* zusammen. Es soll dafür ein Index vereinbart werden. Dadurch soll verhindert werden, daß in diese Spalten doppelte Werte eingegeben werden.

```
CREATE UNIQUE INDEX ipersnrfmnr              (A10201)
  ON fmitglieder (persnr, fmnr)
```

10.5 Indexeintragungen überprüfen und reparieren

Es ist nicht auszuschließen, daß ein angelegter Index beschädigt wird. Das kann zum Beispiel passieren, wenn während der Bearbeitung der Datenbank der Strom ausfällt oder das System nicht korrekt heruntergefahren wird. Zerstörte Indexeintragungen führen dann bei Suchprozessen zu fehlerhaften Ergebnissen. Aus diesem Grund gibt es in den Datenbanksystemen Befehle, mit denen beschädigte Indexeintragungen festgestellt und repariert werden.

INFORMIX:

CHECK TABLE tabellenname	prüft Index-Konsistenz
REPAIR TABLE tabellenname	repariert Indexe

ORACLE:

ANALYZE indexname VALIDATE STRUCTURE	überprüft die Integrität einer Indexeintragung und gibt gegebenenfalls eine Fehlermeldung aus. Dann muß der Index gelöscht und neu angelegt werden.

DB2/2:

REORGCHK datenbankname	stellt fest, ob Tabellen reorganisiert werden müssen
REORG tabellenname IN datenbankname	reorganisiert Tabellen

GUPTA:

CHECK DATABASE	überprüft die Integrität der Datenbank, der Tabellen und der Indexvereinbarungen
REORGANIZE	reorganisiert die Datenbank

10.6 Die referentielle Integrität einer Datenbank erhalten

Um die referentielle Integrität vom System verwalten zu lassen, müssen Sie bei der Erstellung von Tabellenstrukturen mit CREATE TABLE oder mit ALTER die Zusätze PRIMARY KEY, FOREIGN KEY und REFERENCES einsetzen, bei ORACLE zusätzlich die CONSTRAINT-Klausel. CONSTRAINTs (deutsch: zwangsweise Bindung) können für einzelne Spalten und auf Tabellenebene vereinbart werden. Als CONSTRAINTs können Sie Initialisierungswerte (Beispiele: DEFAULT 0001, DEFAULT 'A') für Spalten vereinbaren. Wie Indizes werden CONSTRAINTs in der Systemtabelle SYSINDEXES verwaltet. Sie bieten gegenüber Indizes den Vorteil, daß mit ihnen die referentielle Integrität vereinbart werden kann.
Damit beim Testen der nachfolgenden Anweisungen keine Kollisionen mit den bisherigen Tabellen entstehen, werden zwei neue Tabellen eingeführt. *abt* steht für die Abteilungstabelle, *pers* für die Mitarbeitertabelle. Zwischen ihnen bestehen dieselben Beziehungen wie zwischen *persdat* und *abteilg*.

Beispiel: Es soll sichergestellt werden, daß in der Mitarbeitertabelle *pers* in der Spalte mit der Abteilungsnummer *abtnr* keine Abteilungsnummern stehen, die nicht auch in der Abteilungstabelle *abt* in der Spalte *abtnr* vorhanden sind.

Parent-Tabelle
In diesem Beispiel ist die Tabelle *abt* die übergeordnete Tabelle. *abtnr* ist darin die Primärschlüsselspalte mit eindeutigen Werten. Tabellen, die den Primärschlüssel (Primary Key) enthalten, werden Parent-Tabellen genannt.

abt	Tabellenname der Parent-Tabelle
abtnr	Primärschlüssel mit den Werten 1 und 2
abtname	Feld mit den Werten «Leitung» und «Verwaltung»

Dependent-Tabelle
pers ist die abhängige Tabelle, die Dependent-Tabelle. Der Wert im Feld *abtnr* der Tabelle *pers* ist abhängig von dem Vorhandensein die-

ses Wertes in der Spalte *abtnr* der Tabelle *abt*. Die Spalte *abtnr* ist in *pers* die Bezugsschlüsselspalte, der Foreign Key.

pers	Tabellenname der Dependent-Tabelle
persnr	Primärschlüssel dieser Tabelle
pname	Namensfeld
abtnr	Bezugsschlüssel: Er darf nur die Werte enthalten, die auch in *abt.abtnr* enthalten sind: 1, 2…

Parent-Tabelle mit PRIMARY KEY einrichten

Zur Vereinbarung der referentiellen Integrität wird die Tabelle *abt* mit dem Zusatz PRIMARY KEY erstellt, bei ORACLE zusätzlich mit einer CONSTRAINT-Klausel. Die CONSTRAINT-Klausel kann auch bei INFORMIX eingesetzt werden.

```
I,O: CREATE TABLE abt                                  (A10601)
       (
       abtnr    SMALLINT NOT NULL,
       abtname  CHAR(12),
       CONSTRAINT pkabtnr PRIMARY KEY (abtnr)
       );
     INSERT INTO abt VALUES (1, 'Leitung');
     INSERT INTO abt VALUES (2, 'Verwaltung')
```

In INFORMIX läuft die Anweisung ab INFORMIX-SE Version 5.0.

```
D:  CREATE TABLE abt                                   (A10601)
      (
      abtnr    SMALLINT NOT NULL,
      abtname  CHAR(12),
      PRIMARY KEY (abtnr)
      )
    INSERT INTO abt VALUES (1, 'Leitung')
    INSERT INTO abt VALUES (2, 'Verwaltung')
```

In GUPTA wird die Anweisung CREATE UNIQUE INDEX benötigt. Die PRIMARY-KEY-Klausel allein genügt nicht.

```
G:  CREATE TABLE abt                                    (A10601)
      (
      abtnr     SMALLINT NOT NULL,
      abtname   CHAR(12),
      PRIMARY KEY (abtnr)
      );
    CREATE UNIQUE INDEX abtnri ON abt(abtnr);
    INSERT INTO abt VALUES (1, 'Leitung');
    INSERT INTO abt VALUES (2, 'Verwaltung');
```

Dependent-Tabelle mit FOREIGN KEY und Referenzierung erstellen

Die Tabelle *pers* wird mit dem Zusatz FOREIGN KEY und einer Referenzierung zur Tabelle *abt* erstellt. In dem folgenden Beispiel wird außerdem die DELETE-Regel ON DELETE RESTRICT eingesetzt. Die DELETE-Regel wird weiter unten erläutert.

```
I,O: CREATE TABLE pers                                  (A10602)
       (persnr SMALLINT NOT NULL,
        pname  CHAR(12),
        abtnr SMALLINT NOT NULL,
        CONSTRAINT fkabtnr
        FOREIGN KEY (abtnr) REFERENCES abt (abtnr));
     INSERT INTO pers VALUES (10, 'Meier', 1);
     INSERT INTO pers VALUES (4, 'Strom', 2);
     INSERT INTO pers VALUES (9, 'Bind', 2)
```

```
D,G: CREATE TABLE pers                                  (A10602)
       (
       persnr   SMALLINT NOT NULL,
       pname    CHAR(12),
       abtnr    SMALLINT NOT NULL,
       FOREIGN KEY (abtnr)
       REFERENCES abt ON DELETE RESTRICT
       );
     INSERT INTO pers VALUES (10, 'Meier', 1);
```

```
INSERT INTO pers VALUES (4 'Strom', 2);
INSERT INTO pers VALUES (9 'Bind', 2);
```

Neue Zeilen mit INSERT-Regel einfügen
Bei den vereinbarten Referenzen zwischen den Tabellen *abt* und *pers* können mit INSERT neue Zeilen mit anderen Schlüsselwerten als 1 und 2 in der Tabelle *abt* angelegt werden. Es ist aber nicht möglich, in *pers* eine Zeile einzufügen, die in der Spalte *abtnr* einen anderen Wert als 1 oder 2 aufweist.

Beispiel: In *pers* soll eine neue Zeile mit dem Wert 3 in *abtnr* angelegt werden.

```
INSERT INTO pers VALUES (22, 'Heinrich', 3)  (A10603)
```

Das System meldet danach, daß der Wert des FOREIGN KEY keinem Wert des Primärschlüssels in der übergeordneten Tabelle entspricht. Möglich ist aber wohl die Eingabe einer neuen Zeile, in der der Wert für *abtnr* 2 ist:

```
INSERT INTO pers VALUES (22, 'Heinrich', 2) (A10603A)
```

Zeilen mit DELETE löschen
Im Zusatz REFERENCES kann eine von drei DELETE-Regeln eingesetzt werden:

ON	Bedeutung:
DELETE RESTRICT	In der Tabelle *abt* können so lange keine Zeilen gelöscht werden, wie in der Tabelle *pers* Zeilen mit der gleichen Abteilungsnummer stehen.
DELETE CASCADE	Beim Löschen einer Reihe in der übergeordneten Tabelle *abt* werden automatisch alle Zeilen mit gleichem Referenzwert in der abhängigen Tabelle *pers* gelöscht.
DELETE SET NULL	Beim Löschen einer Zeile in der übergeordneten Tabelle werden in der abhängi-

gen Tabelle in Zeilen mit gleichem Referenzwert die Werte auf NULL gesetzt.

In unserem Beispiel A10602 haben wir die ON-DELETE-RESTRICT-Formel eingesetzt. Die folgenden Testeingaben beziehen sich auf diese Ausgangssituation.

Beispiel: In *abt* soll die Zeile mit der Abteilungsnummer 1 gelöscht werden.

```
DELETE FROM abt WHERE abtnr = 1                    (A10604)
```

In der Fehlermeldung wird darauf hingewiesen, daß nur ein bedingtes Löschen möglich ist: Vorher müssen die Zeilen in der Tabelle *pers* gelöscht werden, die in *abtnr* den Wert 1 haben.

```
DELETE FROM pers WHERE abtnr = 1;                  (A10605)
DELETE FROM abt WHERE abtnr = 1;
```

Meldung: Eine Reihe gelöscht

Mit dem Befehl UPDATE ändern

In INFORMIX, ORACLE und GUPTA werden Änderungen in Referenzfeldern der abhängigen Tabelle *pers* zurückgewiesen, wenn die Abteilungsnummer nicht in der Tabelle *abt* im Feld *abtnr* vorkommt.

Beispiel: Es ist nicht möglich, den Abteilungswert für den Mitarbeiter mit der Personalnummer 9 zum Beispiel von 2 auf 5 zu setzen.

```
UPDATE pers SET abtnr = 5                          (A10607)
  WHERE persnr = 9
```

Wenn in der Tabelle *pers* bestimmte Zeilen als Abteilungsnummern beispielsweise den Wert 5 erhalten sollen, muß zunächst in der Tabelle *abt* eine Zeile mit dem Primärschlüssel 5 angelegt werden. Danach können die Änderungen in *pers* durchgeführt werden.
Operationen, die auf der Basis der in *abt* eingetragenen Primärschlüssel vollzogen werden, sind problemlos durchführbar.

Beispiel: Bei dem Mitarbeiter mit der Personalnummer 9 ist die Abteilungsnummer von 2 auf 1 zu ändern.

```
UPDATE pers SET abtnr = 1                    (A10606)
  WHERE persnr = 9
```

UPDATE-Regel in DB2/2: In DB2/2 gibt es außer den drei DELETE-Regeln die UPDATE-Regel

ON UPDATE RESTRICT.

Sie kann hinter REFERENCES tabellenname eingefügt werden:

REFERENCES abt
ON DELETE RESTRICT
ON UPDATE RESTRICT

Wenn diese Regel fehlt, können Werte im Bezugsschlüssel *abtnr* der Tabelle *pers* wie in den anderen Datenbanken geändert werden, wenn der neue Wert einem Primärschlüsselwert in der übergeordneten Tabelle *abt* entspricht. Mit der UPDATE-Regel ON UPDATE RESTRICT werden Änderungen in der Referenzspalte der Dependent-Tabelle grundsätzlich zurückgewiesen.

Übergeordnete Tabelle löschen

Wenn die übergeordnete Tabelle *abt* gelöscht wird, werden in untergeordneten Tabellen die FOREIGN-KEY-Bindungen aufgehoben.

Beispiel: Die Tabelle *abt* wird gelöscht. Danach können in *pers* neue Zeilen mit beliebigen Abteilungsnummern eingegeben werden.

```
DROP TABLE abt                               (A10608)
```

In *pers* kann jetzt eine neue Zeile mit dem Wert 3 in *abtnr* angelegt werden.

```
INSERT INTO pers VALUES (22, 'Heinrich', 3)  (A10603)
```

10.7 Übungen

UE10701: Indexieren Sie das Primärschlüsselfeld *abtnr* in der Tabelle *abteilg* so, daß die Eingabe doppelter Werte abgewiesen wird. Indexname: *iabtnr*.

UE10702: Vereinbaren Sie die Indexierung der Spalte *pname* in der Tabelle *persdat*. Indexname: *ipname*.

UE10703: Löschen Sie *ipname*.

UE10704: Bilden Sie zu Übungszwecken den zusammengesetzten Index für die Spalten *tbnr*, *persnr*, *aufnr* und *tartnr* für die Tabelle *tposten*. Indexname: *itpat*.

UE10705: Löschen Sie *itpat* wieder.

10.8 Lösungen

UE10701:

```
CREATE UNIQUE INDEX iabtnr
  ON abteilg(abtnr)
```

UE10702:

```
CREATE INDEX ipname
  ON persdat(pname)
```

UE10703:

```
DROP INDEX ipname
```

UE10704:

```
CREATE INDEX itpat
  ON tposten(tbnr, persnr, aufnr, tartnr)
```

UE10705:

```
DROP INDEX itpat
```

11 DATEN SCHÜTZEN UND SICHERN

Wenn die in Datenbanken gespeicherten Informationen mehreren Benutzern zur Verfügung stehen, muß der Datenbank-Administrator durch geeignete Maßnahmen den Zugriff nichtautorisierter Personen verhindern. Um die Gefahr des Datenverlustes, der Fälschung und des Datenmißbrauchs einzuschränken, erteilt er Benutzern **Zugangs**berechtigungen (subjektbezogener Datenschutz) und **Zugriffs**berechtigungen (objektbezogener Datenschutz).

Benutzerkennungen und Paßwörter
Den Zugang zu dem Datenbanksystem erhalten Benutzer mit der Eingabe ihrer Benutzerkennung (User-Identifikation, User-ID) und der Eingabe des Paßwortes. Die Benutzerkennung identifiziert den Benutzer. Sie muß eindeutig sein. Das Paßwort enthält keine Hinweise auf den Benutzer. Die Sicherheit vor unberechtigtem Zugang zur Datenbank wächst mit der Größe des Paßwortes.

Zugangsstufen CONNECT, RESOURCE und DBA
Datenbanksysteme sind mit Zugangsstufen ausgestattet. Der Administrator koppelt sie an die Benutzerkennung. Die drei Datenbankzugriffsrechte CONNECT, RESOURCE und DBA haben unterschiedliche Rechte, die in der nachstehenden Tabelle (auf der nächsten Seite) skizziert werden.
Aus der Graphik wird die Hierarchie der Zugriffsberechtigungen deutlich. CONNECT steht auf der niedrigsten Stufe, die DBA-Berechtigung berechtigt zu allen legalen Datenbankoperationen.

Wie zum Schutz der Daten vor unberechtigtem Zugriff die Zugangs- und Zugriffsberechtigungen erteilt und entzogen werden, wird in den nächsten Abschnitten erläutert. Unter dem Gesichtspunkt der Da-

DBA

Vergeben und entziehen von Tabellenzugriffsrechten.
Tabellen, Indizes und Views für andere Benutzer erzeugen und löschen.
Datenbank löschen.
Datenbankzugriffsrechte gewähren und entziehen.

RESOURCE

Basistabellen erstellen, ändern und löschen.
Index erstellen, ändern und löschen.
Recht auf Tabellenzugriff gewähren und entziehen.

CONNECT

Bestehende Tabellen abfragen, ändern und löschen, sofern das erforderliche Tabellenzugriffsrecht eingeräumt wurde.
Erstellen, ändern und löschen von Views.

tensicherung werden ebenso die Maßnahmen zur Rekonstruktion beschädigter Datenbanken behandelt.

11.1 Benutzernamen, Paßwörter und Zugangsstufen in INFORMIX, ORACLE und GUPTA vereinbaren

INFORMIX

In INFORMIX werden die bei der Einrichtung eines Netzwerkes oder eines Multi-User-Betriebs vergebenen LOGIN-Namen als Benutzernamen für das Einloggen in das Datenbanksystem verwendet.

Zugangsstufen: Die Zugangsstufen werden mit der SQL-Anweisung GRANT zugangsstufe erteilt. Der Befehl GRANT zugangsstufe hat in INFORMIX folgende Struktur:

```
GRANT CONNECT / RESOURCE / DBA
  TO PUBLIC / benutzer [, benutzer, ...]
```

Mit CONNECT wird einem Benutzer der Zugang zur Datenbank ermöglicht. Zugriffsrechte auf vorhandene Daten hat er nicht. Mit RESOURCE gelangt ein Benutzer in die Datenbank und darf eigene Tabellen, Views und Indexe anlegen. Zugriffsrechte auf vorhandene Daten hat er jedoch nicht. Mit DBA erhält ein Benutzer die gleichen Rechte wie der Datenbankmanager. Darin eingeschlossen sind auch die Berechtigungen zum Erteilen und Aberkennen des Datenbankzugangs. Mit TO PUBLIC werden alle Benutzer zur Mitbenutzung autorisiert, mit der Angabe eines Benutzernamens nur der genannte Benutzer.

Beispiel: Die Benutzer mit den LOGIN-Namen Eifer und Luft erhalten das Recht, die Datenbank zu öffnen und darin eigene Tabellen anzulegen.

GRANT RESOURCE TO eifer, luft

Beispiel: Wenn alle Benutzer der Datenbank die Rechte eines Datenbankmanagers erhalten sollen, muß die Anweisung lauten:

```
GRANT DBA TO PUBLIC
```

ORACLE und GUPTA

In ORACLE und GUPTA werden die Benutzerkennung, das Paßwort und die Zugangsstufen mit dem Datenbankbefehl GRANT zugangsrechte vereinbart:

GRANT CONNECT [, RESOURCE, DBA]
TO benutzerkennzeichen [, benutzerkennzeichen, ...]
IDENTIFIED BY paßwort [, paßwort, ...}

Die Vergabe eines Paßwortes hinter IDENTIFIED BY erfolgt mit der Vergabe des CONNECT-Rechtes.

Standardbenutzer bei ORACLE: Bei der Installation von ORACLE werden automatisch zwei Zugangsberechtigungen eingerichtet, um den Erstzugang zu dem System zu ermöglichen.

	1. Benutzer:	2. Benutzer:
Benutzer-ID (User name):	SYSTEM	SYS
Paßwort (password):	MANAGER	CHANGE_ON_INSTALL

Beide Standardbenutzer verfügen über die höchste Zugriffsstufe, die Stufe DBA.

Standardbenutzer bei GUPTA: Bei der Installation von GUPTA werden als Standardbenutzer eingerichtet:

Benutzer-ID (User name):	SYSADM
Paßwort (password):	SYSADM

Der Benutzer SYSADM besitzt in GUPTA die höchste Autoritätsstufe. Nur er kann neue Benutzernamen und Paßwörter vereinbaren. Der Benutzername SYSADM kann nicht geändert werden, sondern nur das Paßwort.

Paßwort ändern: Möglichst unmittelbar nach der Installation sollten die Paßwörter geändert werden, um Unbefugten den Zugang mit der höchsten Datenbankautorität zu erschweren.

Beispiel ORACLE: Die Paßwörter für die User SYSTEM und SYS werden in *fried* und *greg* geändert. Geben Sie dazu ein:

```
GRANT CONNECT
  TO system, sys
  IDENTIFIED BY fried, greg
```

Beispiel GUPTA: Das Paßwort für den Benutzer SYSADM wird geändert.

```
GRANT CONNECT
  TO SYSADM
  IDENTIFIED BY friegreg;
```

Zugangsberechtigungen für Tabellen der Datenbank: Die Tabellen einer Datenbank sollten nicht mit den Standard-Berechtigungskombinationen der Benutzer SYSTEM und SYS beziehungsweise SYS-

ADM erstellt und gepflegt werden, sondern mit einer neu von dem Datenbankmanager vereinbarten Zugangskombination.

Beispiel: Der Datenbankmanager öffnet das Datenbanksystem mit der Berechtigung SYSTEM/FRIED (ORACLE) beziehungsweise SYSADM/*friegreg* und erteilt sich die USER-ID *FG*, das Paßwort *MUKU* und die Zugangsstufe DBA.

```
O:  GRANT CONNECT, RESOURCE, DBA TO FG IDENTIFIED BY MUKU
```

In ORACLE beinhaltet das Recht DBA nicht automatisch die Rechte CONNECT und RESOURCE. RESOURCE umfaßt auch nicht gleichzeitig das Recht CONNECT. Deshalb müssen alle Zugangsstufen einzeln aufgeführt werden.

```
G:  GRANT CONNECT TO FG IDENTIFIED BY MUKU;
    GRANT DBA TO FG;
```

In GUPTA wird mit der Zugangsstufe CONNECT die Benutzerkennung *FG* und das Paßwort *MUKU* vereinbart und danach dem Benutzer *FG* das DBA-Recht erteilt.

Tabellen als Benutzer FG erstellen: Wenn das Datenbanksystem jetzt neu gestartet wird, meldet sich der Administrator mit *FG/MUKU* an und erstellt mit dieser Berechtigungskombination die Tabellen der Datenbank.
Bei den nachfolgenden Ausführungen unterstellen wir, daß die Tabellen von dem Benutzer *FG* angelegt worden sind.

Weiteren Benutzern Zugangsrechte erteilen: Damit auf die von *FG* eingerichteten Tabellen mit anderen Berechtigungskombinationen zugegriffen werden kann, müssen weitere Zugangsberechtigungen erteilt werden.

Beispiel: Der Datenbankmanager erteilt den Benutzern Luft und Eifer CONNECT-und RESOURCE-Rechte mit den Paßwörtern *steuer* und *transp* und dem Benutzer Meier DBA-Recht.
ORACLE: In ORACLE können die Berechtigungen mit der Zugangskombination *FG/MUKU* eingerichtet werden.

```
GRANT CONNECT, RESOURCE TO meier, luft, eifer
             IDENTIFIED BY leitg, steuer, transp
```

Dem Benutzer Meier wird anschließend zusätzlich das DBA-Recht erteilt:

```
GRANT DBA TO meier
```

GUPTA: In GUPTA müssen neue Benutzernamen und neue Paßwörter vom SYSADM-Benutzer (SYSADM/*friegreg*) erteilt werden.

```
GRANT CONNECT TO meier, luft, eifer
   IDENTIFIED BY leitg, steuer, transp;
GRANT DBA TO meier;
GRANT RESOURCE TO luft, eifer;
```

Der Benutzer Meier kann nach den Befehlseingaben auf die von dem Datenbankmanager erstellten Daten zugreifen, die Benutzer Luft und Eifer können das nicht.

Fremddaten qualifizieren: Meier muß bei der Ansprache der nicht von ihm erstellten Tabellen diese mit dem Benutzerkennzeichen des Erstellers qualifizieren (Qualifizierungsmerkmal). Wenn die Tabellen mit dem Benutzerkennzeichen *FG* erstellt worden sind, lautet das Qualifikationsmerkmal *FG*, wenn sie von dem Benutzer SYSTEM oder SYSADM angelegt worden sind, SYSTEM und SYSADM. Das Qualifikationsmerkmal muß vor dem Tabellennamen eingegeben werden. Ohne Merkmal vor dem Tabellennamen werden die Tabellen nicht gefunden.

Beispiel: Der Benutzer Meier öffnet die Datenbank mit seiner Anmeldung und läßt sich den Namen und das Eintrittsdatum des Mitarbeiters mit der Personalnummer 5 anzeigen.

Database-name: testdb
User-name: meier
Password: leitg

```
SELECT pname, gehalt     .
   FROM fg.persdat              <- SYSTEM.persdat oder
                                   SYSADM.persdat,
                                   wenn diese persdat
                                   erstellt haben.
   WHERE persnr = 5
```

Ergebnis:	PNAME	GEHALT
	Luft	4500

Die Benutzer Luft und Eifer können mit dem RESOURCE-Zugangsrecht nicht auf die Tabelle *persdat* zugreifen. Sie müssen dazu Zugriffsberechtigungen erhalten, auf die wir im nächsten Abschnitt eingehen.

Zugriff ohne Qualifikationsmerkmal: Es gibt einen Weg, den Zugriff ohne die lästige Qualifizierung zu erreichen. Dazu besitzt die Anweisung CREATE SYNONYM den Parameter PUBLIC, mit dem eine Tabelle mit Andersname allen Benutzern verfügbar gemacht wird.

Beispiel: Der Datenbankadministrator vereinbart für die Tabelle *persdat* den Andersnamen *pd* mit dem Status PUBLIC. Danach können berechtigte Benutzer die Tabelle *persdat* mit *pd* ohne Qualifizierungsmerkmal ansprechen.

```
CREATE PUBLIC SYNONYM pd
  FOR persdat
```

Beispiel: Der Benutzer Meier greift auf die Tabelle *persdat* jetzt mit dem Andersnamen *pd* zu:

```
SELECT pname, gehalt FROM pd
  WHERE persnr = 5
```

11.2 Zugriffsberechtigungen erteilen

Zugriffsberechtigungen werden mit dem SQL-Befehl GRANT zugriffsrechte erteilt. Er hat in INFORMIX, ORACLE und GUPTA die gleiche Struktur.

```
GRANT ALL /
    [ALTER], [DELETE], [INDEX], [INSERT], [SELECT],
    [UPDATE (spaltenname [, spaltenname, ...])]
    ON tabellenname/viewname
    TO PUBLIC / user-id [, user-id, ... ]
    [WITH GRANT OPTION]
```

Vorschriften für die Kombinationen und die Reihenfolge der Zusätze hinter GRANT gibt es nicht. Im einzelnen werden mit den Zusätzen folgende Rechte an einer Tabelle oder einer Sicht vergeben.

Zusatz:	Rechte:
ALL	Uneingeschränktes Bearbeitungsrecht.
ALTER	Neue Spalten können hinzugefügt und Spaltentypen geändert werden.
DELETE	Zeilen dürfen gelöscht werden.
INDEX	Indexe können angelegt und gelöscht werden.
INSERT	Neue Zeilen dürfen eingegeben werden.
SELECT	Daten können gesucht und angezeigt werden.
UPDATE	Daten dürfen geändert werden. Wenn Spalten genannt werden, dürfen nur die genannten Spalten aktualisiert werden.

Mit dem Zusatz TO PUBLIC werden die Rechte allen anderen Benutzern zugestanden. Mit der Angabe eines Benutzerkennzeichens oder mehrerer Kennzeichen werden die Berechtigungen bestimmten Benutzern zugeteilt.

Die Zusätze können für Basistabellen und für Views vereinbart werden. Die Befehle ALTER und INDEX dürfen jedoch nicht bei Views eingesetzt werden.

WITH GRANT OPTION gestattet die Übertragung der eigenen Privilegien an Dritte. Wenn die Rechte allen zustehen sollen, also PUBLIC vereinbart wurde, kann die Weiterübertragungsklausel nicht eingesetzt werden.

Die Übertragungsmöglichkeit besteht jedoch nicht in GUPTA, weil in diesem Datenbanksystem nur der Datenbankadministrator mit der speziellen Zugangsstufe SYSADM neue Benutzer anlegen darf.

Beispiel: Der Benutzer Luft besitzt die RESOURCE-Berechtigung. Er kann damit nicht auf Daten des Benutzers *FG* zugreifen. Dem Benutzer Luft soll die SELECT-Berechtigung für die Tabellen *tposten, tarten* und *auftrag* erteilt werden und die INSERT- und die UPDATE-Berechtigung für die Tabelle *tposten*. In INFORMIX und ORACLE soll er auch befugt sein, seine Rechte an der Tabelle *tposten* auf Dritte zu übertragen.
In INFORMIX und ORACLE erteilt der Benutzer *FG*, der die Tabellen erstellt hat, die Zugriffsberechtigungen, in GUPTA der Administrator mit der SYSADM-Zugangsstufe.

```
I,O:   GRANT SELECT, INSERT, UPDATE
         ON tposten
         TO luft
         WITH GRANT OPTION
```

```
G:     GRANT SELECT, INSERT, UPDATE
         ON tposten
         TO luft;
```

```
I,O,G: GRANT SELECT
         ON tarten
         TO luft
```

```
I,O,G: GRANT SELECT
         ON auftrag
         TO luft
```

Beispiel: Der Befehl zur Übertragung der Rechte SELECT, INSERT und UPDATE an der Tabelle *tposten* an alle Benutzer würde lauten:

```
I,O,G: GRANT SELECT, INSERT, UPDATE
         ON tposten
         TO PUBLIC
```

Beispiel: Dem Benutzer Luft wird die Berechtigung erteilt, die Tabelle *persdat* zu lesen und Werte der Spalte *gehalt* zu ändern.

```
I,O,G: GRANT SELECT, UPDATE (gehalt)
       ON persdat
       TO luft
```

Fremddaten als Benutzer mit RESOURCE-Zugangsrecht bearbeiten: Um die Wirksamkeit der Übertragung von Rechten zu testen, starten Sie die Datenbank als Benutzer Luft, der die Zugangsstufe RESOURCE besitzt.

Database-name: testdb
User-name: luft
Password: steuer

Luft muß bei der Ansprache der nicht von ihm erstellten Tabellen diese mit dem Benutzerkennzeichen des Erstellers qualifizieren (Qualifizierungsmerkmal). Wenn die Tabellen mit dem Benutzerkennzeichen *FG* erstellt worden sind, lautet das Qualifikationsmerkmal *FG*; wenn sie von dem Benutzer SYSTEM oder SYSADM angelegt worden sind, SYSTEM und SYSADM. Das Qualifikationsmerkmal muß vor dem Tabellennamen eingegeben werden. Ohne Merkmal vor dem Tabellennamen werden die Tabellen nicht gefunden.

Hinweis: In ORACLE und GUPTA gibt es einen Weg, den Zugriff ohne Qualifikationsmerkmal möglich zu machen.

Beispiel: Es soll festgestellt werden, daß der Benutzer Luft nicht auf die Tabelle *fmitglieder* zugreifen kann. Die Fremdtabelle *fmitglieder* wird mit dem Qualifikationsmerkmal *FG* definiert.

```
SELECT * FROM fg.fmitglieder
```

Das System meldet, daß auf die Tabelle nicht zugegriffen werden kann.

Beispiel: Testen Sie, ob Luft die Inhalte der Tabellen *tposten*, *tarten* und *auftrag* ansehen kann:

```
SELECT * FROM fg.tposten
SELECT * FROM fg.tarten
SELECT * FROM fg.auftrag
```

Beispiel: Bei der Tabelle *tposten* besitzt der Benutzer Luft die INSERT-Berechtigung. Er trägt in die Tabelle ein, daß er (*persnr* = 5) am 2.3.94 (*tbnr* = 940302) am Auftrag 2222 7 Stunden gezeichnet (*tartnr* = 6) hat. Anschließend sieht er sich seine Eintragung an.

```
INSERT INTO fg.tposten
  VALUES(940302,5,2222,6,7)
```

```
SELECT * FROM fg.tposten
  WHERE tbnr = 940302  AND
      persnr = 5
```

Ergebnis:	TBNR	PERSNR	AUFNR	TAETIGKEIT	TSTD
	940302	5	2222	6	7

Beispiel: Luft ändert die Stundenzahl von 7 Stunden auf 7.5 Stunden ab.

```
UPDATE fg.tposten
  SET tstd = 7.5
  WHERE tbnr = 940302  AND
       aufnr = 2222    AND
      persnr = 5       AND
      tartnr = 6
```

```
SELECT * FROM fg.tposten
  WHERE tbnr = 940302  AND
      persnr = 5
```

Ergebnis:	TBNR	PERSNR	AUFNR	TAETIGKEIT	TSTD
	940302	5	2222	6	7.5

Beispiel: Luft will seine Eintragung wieder löschen.

```
DELETE FROM fg.tposten
  WHERE tbnr = 940302  AND
       aufnr = 2222    AND
      persnr = 5       AND
      tartnr = 6
```

Die Anweisung wird zurückgewiesen, weil der Benutzer Luft kein DELETE-Privileg besitzt. Dieses Recht kann von dem Datenbankadministrator und Benutzern mit DBA-Berechtigung ausgeführt werden.
Wie oben bereits erwähnt, darf ein Nutzer mit DBA-Berechtigung alle Operationen in Datenbanken vornehmen. So sind ihm auch die Eintragungen, die Luft gemacht hat, zugänglich. Überzeugen Sie sich davon, indem Sie die Datenbank als Datenbankmanager oder als Benutzer mit DBA-Berechtigung öffnen und dann die SELECT-Anweisung eingeben.

Eigene Tabellen als Benutzer Eifer anlegen
Der Benutzer Eifer hat wie der Benutzer Luft mit der RESOURCE-Zugangsstufe die Berechtigung erhalten, eigene Tabellen zu erstellen. Auf diese Tabellen können Eifer, der Datenbankmanager und Benutzer mit DBA-Berechtigung unbeschränkt zugreifen.

Beispiel: Der Benutzer Eifer legt die Tabelle *notizen* mit den Spalten *datum* und *beachten* an.

Database-name: testdb
User-name: eifer
Password: transp

```
CREATE TABLE notizen
  (
  datum    DATE,
  beachten CHAR(65)
  )
```

```
INSERT INTO notizen VALUES
  ('05.03.1994', 'Kunde Hellervorden anrufen')
```

```
SELECT * FROM notizen
  WHERE datum = '05.03.1994'
```

Ergebnis:	DATUM	BEACHTEN
	05.03.1994	Kunde Hellervorden anrufen

Beispiel: Der Datenbankmanager will die Eintragungen in der Tabelle *notizen* lesen. Dazu muß er im SELECT-Befehl die Tabelle mit dem Qualifikationsmerkmal *eifer* definieren:

```
SELECT * FROM eifer.notizen
```

Beispiel: Der Benutzer Luft besitzt kein Zugriffsrecht auf *notizen*. Der Datenbankadministrator kann ihm dieses Recht jedoch verschaffen.

GUPTA: In dieser Datenbank genügt der folgende GRANT-Befehl:

```
GRANT ALL ON eifer.notizen TO luft
```

ORACLE: In ORACLE wird diese Anweisung zurückgewiesen, weil der Datenbankadministrator nur solche Tabellen übertragen kann, die er selbst angelegt hat. Deshalb muß der Datenbankadministrator die Tabelle *notizen* des Benutzers Eifer in eine eigene Tabelle speichern.

Beispiel: Der Datenbankadministrator überträgt die Daten der Tabelle *eifer.notizen* in die Tabelle *zwischen*.

```
CREATE TABLE zwischen
  (
  datum     DATE,
  beachten  CHAR(65)
  )
INSERT INTO zwischen
  SELECT * FROM eifer.notizen

SELECT * FROM zwischen
  WHERE datum = '05.03.1994'
```

Ergebnis:	DATUM	BEACHTEN
	05.03.1994	Kunde Hellervorden anrufen

Die Tabelle *zwischen* kann der Datenbankadministrator dem Benutzer Luft jetzt zur Verfügung stellen.

```
GRANT ALL ON zwischen TO luft
```

Luft kann sich die Daten mit dem Qualifikationsmerkmal des Datenbankmanagers ansehen, sie ergänzen, ändern und löschen, weil ihm das Recht ALL eingeräumt worden ist. Er kann allerdings nicht die Tabelle mit dem Befehl DROP löschen. Dazu reicht seine Berechtigung nicht aus. Das kann nur der Ersteller der Tabelle.

11.3 Benutzerkennungen, Paßwörter, Zugriffsstufen und Zugriffsberechtigungen in DB2/2 vergeben

In DB2/2 werden Benutzerkennzeichen und Kennwörter (Paßwörter) außerhalb der Datenbank mit dem Objekt *Dienste für Benutzerprofilverwaltung* vergeben, das in der *Arbeitsoberfläche* von OS/2 aufgerufen wird. Gleichzeitig werden dabei die Berechtigungsebenen Administrator, Lokaler Administrator oder Benutzer zugewiesen. Ein Administrator kann alle Möglichkeiten des Datenbanksystems ausschöpfen. Ihm wird automatisch die Berechtigungsebene SYSADM (Systemadministrator) zugewiesen. Ein Lokaler Administrator erhält ebenfalls die SYSADM-Berechtigung, sie ist dann jedoch auf seine Workstation beschränkt. In jeder Workstation kann immer nur ein einziger Lokaler Administrator eingesetzt werden. Ein Benutzer kann sich in das System einloggen, sein Benutzerprofil anschauen, ändern und löschen, sein Paßwort ändern, einen neuen User anmelden und sich ausloggen. Er kann nicht auf Daten anderer Benutzer zugreifen. Eine spezielle Form des Benutzers ist der ACCOUNTS-Administrator, das ist ein Benutzer mit eingeschränkten Administratorrechten.

11.3.1 Neues Paßwort für den Datenbankmanager vereinbaren

Bei der Installation von DB2/2 werden für den Erstzugang die

Benutzer-ID *BENUTZER*

und das

Kennwort (Paßwort) *KENNWORT*

eingerichtet. Um Unberechtigten den Zugang mit dem Standardpaßwort *KENNWORT* unmöglich zu machen, sollte der Datenbankmanager das Paßwort *KENNWORT* möglichst unmittelbar nach der Installation ändern. Ein Paßwort muß bei DB2/2 aus mindestens vier und darf aus höchstens acht Zeichen bestehen.

Beispiel: Das Standardpaßwort *KENNWORT* soll in *FRIEGREG* geändert werden.

Um das Kennwort zu ändern, rufen Sie zuerst das Objekt *Dienste für Benutzerprofilverwaltung* in der *Arbeitsoberfläche* von OS/2 auf. Der Ordner enthält die Objekte *Anmelden*, *Benutzerprofilverwaltung* und *Abmelden*. Öffnen Sie darin das Objekt *Benutzerprofilverwaltung*.

Falls Sie sich vorher noch nicht angemeldet haben, wird zwischendurch das Fenster *Lokal anmelden* eingeblendet, in dem Sie die Benutzer-ID und das Kennwort eingeben. Verwenden Sie dazu die Berechtigungskombination für den Erstzugang:

Benutzer-ID *BENUTZER*
Kennwort (Paßwort) *KENNWORT*

Bildschirmausdruck des geöffneten Objekts *Benutzerprofilverwaltung – Benutzerprofil*:

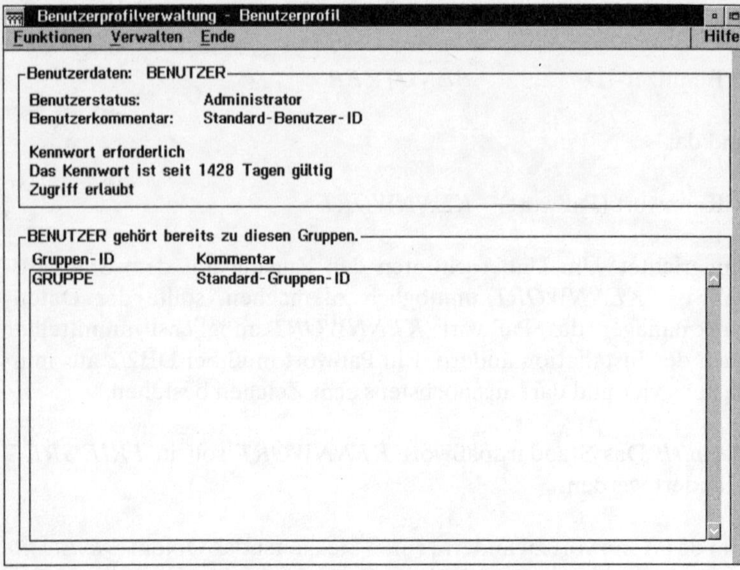

Das Objekt *Benutzerprofilverwaltung – Benutzerprofil* informiert über den Benutzerstatus, das Kennworterfordernis und Gruppenzugehörigkeiten.

***Kennwort ändern* aufrufen:** Unter der Titelzeile des Fensters finden Sie die Menüleiste mit den Auswahlmöglichkeiten *Funktionen*, *Verwalten* und *Ende*. Öffnen Sie darin das Menü *Funktionen*, in dem Sie das Fenster *Kennwort ändern* aufrufen. Um das bisherige Paßwort zu ändern, geben Sie das aktuelle Paßwort *KENNWORT* einmal und das neue Paßwort *FRIEGREG* zweimal ein. Bestätigen Sie die Eingaben mit Links-Klicken des Schalters *OK*.

Hinweis: In der Menüauswahl *Funktionen* finden Sie unter anderem auch den Punkt *Benutzeranmeldeprofile löschen*. Bevor Sie diese Wahl ausführen, sollten Sie sicher sein, daß Sie sich damit nicht den Zugang zum System versperren. Das passiert nicht, wenn Sie vorher Ihre Berechtigungen einem anderen Benutzerprofil zuweisen.

11.3.2 Neue Berechtigungskombination einrichten

Die Tabellen der Datenbank sollten nicht von dem Standardbenutzer *BENUTZER* erstellt und gepflegt werden, sondern mit einer neu von dem Datenbankmanager vereinbarten Zugangskombination.

Beispiel: Der Datenbankmanager mit der Zugangskombination *BENUTZER/FRIEGREG* definiert einen neuen Benutzer mit der Benutzer-ID *FG*, dem Paßwort *MUKU* und dem Benutzerstatus Administrator.

Um einen neuen Benutzer einzufügen, wählen Sie im Objekt *Benutzerprofilverwaltung – Benutzerprofil* das Menü *Verwalten* und darin die Auswahl *Benutzer verwalten.* Daraufhin wird das Fenster *Benutzerprofilverwaltung – Benutzerverwaltung* geöffnet:

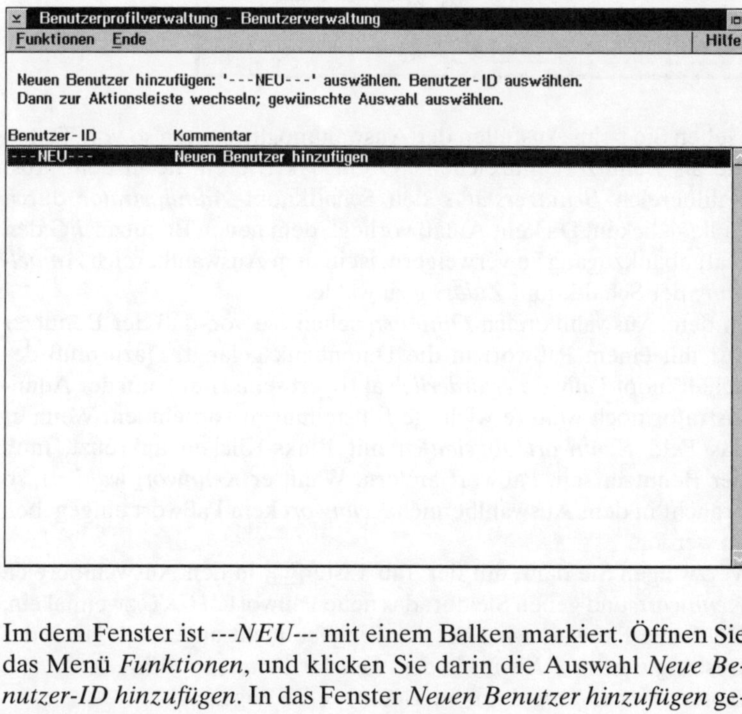

Im dem Fenster ist ---*NEU*--- mit einem Balken markiert. Öffnen Sie das Menü *Funktionen*, und klicken Sie darin die Auswahl *Neue Benutzer-ID hinzufügen*. In das Fenster *Neuen Benutzer hinzufügen* geben Sie die in dem folgenden Ausdruck bereits eingetragenen Werte ein.

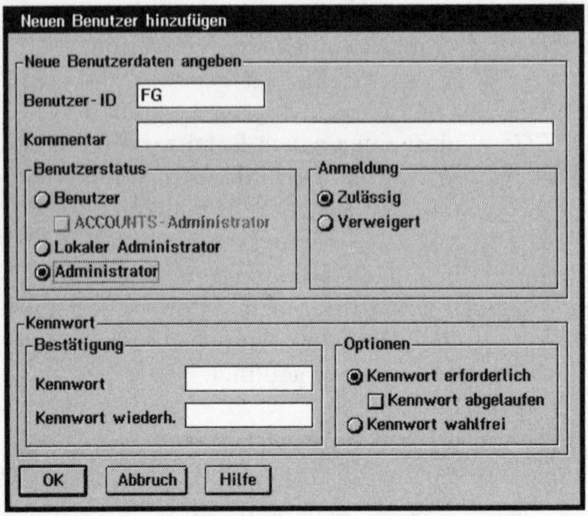

Gehen Sie beim Ausfüllen der Auswahlmöglichkeiten so vor: Tasten Sie als Benutzerkennzeichen *FG* ein. Aktivieren Sie in dem Auswahlbereich *Benutzerstatus* den Schaltknopf *Administrator* durch Links-Klicken. Da kein Anlaß vorliegt, dem neuen Benutzer *FG* den Datenbankzugang zu verweigern, ist in dem Auswahlbereich *Anmeldung* der Schaltknopf *Zulässig* zu wählen.

In dem Auswahlbereich *Optionen* sehen Sie vor, daß der Benutzer nur mit einem Paßwort in die Datenbank gelangt. Dazu muß der Schaltknopf *Paßwort erforderlich* aktiviert sein. Hier kann der Administrator noch weitere wichtige Einstellungen vornehmen. Wenn er das Feld *Kennwort abgelaufen* mit Links-Klicken ankreuzt, muß der Benutzer sein Paßwort ändern. Wählt er *Kennwort wahlfrei*, so braucht in dem Auswahlbereich *Kennwort* kein Paßwort eingegeben zu werden.

Verzweigen Sie dann mit der Tab-Taste ⭾ in den Auswahlbereich *Kennwort*, und geben Sie dort das neue Paßwort *MUKU* zweimal ein. Das neue Paßwort wird bei der Eingabe nicht angezeigt. Nach der Bestätigung mit *OK* wird in dem Fenster *Benutzerprofilverwaltung – Benutzerverwaltung* der neue Benutzer *FG* angezeigt.

Übung: Gewähren Sie bei gleicher Vorgehensweise den Mitarbeitern Luft und Eifer den Zugang zur Datenbank mit den nachfolgend genannten Werten:

Mitarbeiter	**Benutzer-ID**	**Benutzerstatus**	**Anmeldung**	**Optionen**	**Kennwort**
Luft	Luft	Benutzer	Zulässig	Kennwort erforderlich	Steuer
Eifer	Eifer	Lokaler Administrator	Zulässig	Kennwort erforderlich	Transp

Öffnen Sie danach einmal als Benutzer Luft und dann als Benutzer Eifer das Objekt *Benutzerprofilverwaltung*, und stellen Sie fest, daß in der Menüleiste des Fensters *Benutzerprofilverwaltung – Benutzerprofil* die Auswahl *Verwalten* fehlt. Das bedeutet, daß Luft und Eifer nicht berechtigt sind, neue Benutzer hinzuzufügen. In der Menüauswahl *Funktionen* werden Sie den Auswahlpunkt *Gruppen für Benutzer-ID auswählen* nicht finden.

11.3.3 Erteilte Zugangsberechtigungen löschen

Eine erteilte Benutzer-ID kann im Fenster *Benutzerprofilverwaltung – Benutzerverwaltung* gelöscht werden. Das Recht zum Löschen steht dem Benutzer und denjenigen zu, die die Benutzer angelegt haben.

Beispiel: Die Benutzer-ID *eifer* wird von dem Administrator mit der Berechtigungskombination *FG/MUKU* gelöscht:

Fenster/Menü	**Eingabe/Auswahlpunkt**	**Aktion**
Benutzerprofilverwaltung – Benutzerprofil	Verwalten Benutzer verwalten	links-klicken links-klicken
Benutzerprofilverwaltung – Benutzerverwaltung	Benutzer-ID eifer	links-klicken
Menüleiste	Funktionen Benutzer-ID löschen	links-klicken links-klicken
Benutzer-ID löschen	ID löschen	links-klicken

11.3.4 DB2/2-Zugangsstufen nachträglich ändern

Bei DB2/2 werden die Zugangsstufen bereits mit der Vergabe der Benutzerstatuswerte Administrator, Lokaler Administrator und Benutzer zugeordnet. Sie setzen den Datenbankbefehl GRANT zugangsrechte deshalb nur dann ein, um die Zugangsstufe eines Benutzers zu ändern.

```
GRANT CONNECT [, CREATETAB, DBADM, BINDADD]
   ON DATABASE
   TO PUBLIC/ benutzerkennzeichen
             [, benutzerkennzeichen, ...]
```

Die DB2/2-Zugangsstufen haben folgende Bedeutung: CONNECT gestattet den Zugang zur Datenbank. CREATETAB erlaubt das Anlegen eigener Tabellen. Verbunden ist damit automatisch das CONTROL-Recht, auf das wir im Befehl GRANT zugriffsberechtigung eingehen. DBADM weist die Rechte eines Datenbankadministrators zu. Das DBADM-Recht kann nur mit SYSADM-Berechtigung erteilt werden. Mit BINDADD wird die Berechtigung zum Erstellen von Zugriffspaketen erteilt. Ein Zugriffspaket ist ein Quellprogramm mit SQL-Anweisungen zum Zugriff auf Daten einer Datenbank.

Direkte und indirekte Zugangsrechte: In DB2/2 gibt es direkte und indirekte Zugangsberechtigungen. Direkte Berechtigungen sind dem Benutzer direkt mit dem Benutzerstatuswert oder dem Befehl GRANT zugangsrechte zugewiesen worden. Indirekte Berechtigungen besitzt ein Benutzer, weil er einer Benutzergruppe mit diesen Berechtigungen angehört oder weil mit der Anweisung

```
GRANT zugangsrechte TO PUBLIC
```

diese Rechte allen Benutzern zugestanden worden sind.
Bei der Installation von DB2/2 werden die Berechtigungen CREATETAB und BINDADD automatisch an PUBLIC vergeben. Diese Berechtigungen stehen damit indirekt allen Benutzern zu, die DB2/2 bekannt sind.

Hinweis: Sie können die TO PUBLIC erteilten indirekten Berechtigungen CREATETAB und BINDADD eines Benutzers mit dem Befehl REVOKE aufheben: REVOKE CREATETAB, BINDADD ON DATABASE FROM PUBLIC.

Beispiel: Der von uns mit dem Status Administrator eingerichtete Benutzer *FG* besitzt alle direkten und indirekten Zugangsstufen:

Direkte SYSADM-Berechtigung	= JA
Direkte DBADM-Berechtigung	= JA
Direkte CREATETAB-Berechtigung	= JA
Direkte BINDADD-Berechtigung	= JA
Direkte CONNECT-Berechtigung	= JA

Indirekte SYSADM-Berechtigung	= JA
Indirekte DBADM-Berechtigung	= JA
Indirekte CREATETAB-Berechtigung	= JA
Indirekte BINDADD-Berechtigung	= JA
Indirekte CONNECT-Berechtigung	= JA

Beispiel: Der Benutzer Luft mit dem Benutzerstatus als BENUTZER besitzt direkt das CONNECT-Recht, um in die Datenbank zu gelangen. Er kann damit aber nicht auf Tabellen anderer Benutzer zugreifen. Das CREATETAB-Recht gibt ihm die Möglichkeit, eigene Tabellen anzulegen und zu löschen.

Direkte SYSADM-Berechtigung	= NEIN
Direkte DBADM-Berechtigung	= NEIN
Direkte CREATETAB-Berechtigung	= NEIN
Direkte BINDADD-Berechtigung	= NEIN
Direkte CONNECT-Berechtigung	= JA

Indirekte SYSADM-Berechtigung	= NEIN
Indirekte DBADM-Berechtigung	= NEIN
Indirekte CREATETAB-Berechtigung	= JA
Indirekte BINDADD-Berechtigung	= JA
Indirekte CONNECT-Berechtigung	= JA

Übung: Melden Sie sich als Benutzer Luft an, und versuchen Sie, auf die Tabelle *persdat* des Benutzers *FG* zuzugreifen.

[C:\] DBM SELECT * FROM fg.persdat
Meldung: LUFT verfügt nicht über die Berechtigung, die Operation SELECT für das Objekt FG.PERSDAT auszuführen.

Nachträglich das DBADM-Recht erteilen: Wenn der Benutzer Luft auf alle Tabellen des Benutzers *FG* zugreifen soll, muß er vom Benutzer *FG* das DBADM-Recht mit dem Befehl GRANT nachträglich zugeteilt erhalten. Im folgenden Beispiel starten wir die Datenbank am Prompt und geben die Anweisungen mit dem Befehlszeilenprozessor DBM ein.

[C:\] STARTDBM
[C:\] DBM CONNECT TO TESTDB
Melden Sie sich mit FG und MUKU an
[C:\] DBM GRANT DBADM ON DATABASE TO luft

Wenn Luft nur Zugriff auf die Tabelle *persdat* des Benutzers *FG* erhalten soll, muß der Benutzer *FG* Luft die SELECT-Zugriffsberechtigung für *persdat* erteilen. Die dafür erforderliche Vorgehensweise beschreiben wir im folgenden Abschnitt.

11.3.5 Zugriffsberechtigungen erteilen

In DB2/2 hat der Befehl GRANT zugriffsberechtigung gegenüber der Struktur in INFORMIX, ORACLE und GUPTA eine geringfügig geänderte Struktur:

```
GRANT ALL /
  [ALTER] [, DELETE] [, INDEX] [, INSERT] [, SELECT]
  [, UPDATE] [, CONTROL] [, REFERENCES]
  ON tabellenname/viewname
  TO PUBLIC / user-id [, user-id, ... ]
```

In DB2/2 gibt es neben den üblichen Befehlen die Rechte CONTROL und REFERENCES. Der Zusatz WITH GRANT OPTION ist nicht vorhanden. Die Übertragung von Rechten an Dritte erfolgt in DB2/2 mit dem Zusatz CONTROL. Das Recht UPDATE kann nicht auf einzelne Spalten bezogen werden, sondern gilt in DB2/2 immer für die gesamte Zeile. Der neue Zusatz REFERENCES gestattet zur Erhaltung der referentiellen Integrität dem neuen Benutzer das Erstellen und Löschen eines Fremdschlüssels. Voraussetzung ist allerdings, daß dann auch das ALTER-Recht vorhanden ist für jene Tabelle, die den Fremdschlüssel enthält.

Beispiel: Der Benutzer Luft besitzt nicht das Recht, auf Tabellen des Benutzers *FG* zuzugreifen. Ihm sollen von dem Benutzer *FG* die SELECT-, INSERT- und UPDATE-Berechtigung für die Tabelle *tposten* erteilt werden. Zusätzlich soll er befugt sein, seine Rechte an der Tabelle *tposten* auf Dritte zu übertragen. Geben Sie dazu als Benutzer *FG* folgende Anweisung ein:

```
GRANT CONTROL, SELECT, INSERT, UPDATE
  ON tposten TO luft
```

Beispiel: Übertragen Sie das SELECT-Recht an der Tabelle *tposten* an die Mitarbeiterin Volt, für die Sie vorher die Benutzer-ID *volt* und das Paßwort *MIT3* eingerichtet haben:

```
GRANT SELECT ON fg.tposten TO volt
```

Im übrigen gelten die im Abschnitt 11.2 gemachten Ausführungen auch für DB2/2.

11.4 Zugangs- und Zugriffsrechte entziehen

Benutzer, die Rechte erteilen dürfen, können diese auch wieder entziehen. Die Befehle dafür heißen REVOKE zugangsstufe und REVOKE zugriffsrechte.

Zugangsrechte entziehen
Der Befehl REVOKE zugangsstufe wird vom Datenbankadministrator verwendet, um Benutzern den Zugang zur Datenbank zu verwehren. Theoretisch reicht dazu der Entzug der CONNECT-Berechtigung aus, weil damit der Zugang zur Datenbank gesperrt ist. Zweckmäßig ist es aber, mit REVOKE immer alle Rechte zu entziehen, die vorher mit GRANT zugangsstufe erteilt worden sind.

Beispiel für INFORMIX, ORACLE und GUPTA: Dem Benutzer Eifer wird die Berechtigung entzogen, mit der Datenbank zu arbeiten.

```
REVOKE CONNECT FROM eifer
REVOKE RESOURCE FROM eifer
```

Beispiel für DB2/2: Die Gruppe PUBLIC besitzt in DB2/2 nach der Installation die Berechtigungen CREATETAB und BINDADD. Wenn diese Zugangsstufen Benutzern mit dem Benutzerstatus BENUTZER nicht eingeräumt werden sollen, müssen sie aus der Gruppe PUBLIC gelöscht werden.

```
REVOKE CREATETAB, BINDADD ON DATABASE
  FROM PUBLIC
```

Zugriffsrechte entziehen

Mit REVOKE zugriffsrechte können jene Rechte entzogen werden, die einem Benutzer mit GRANT zugriffsrechte erteilt worden sind. Der REVOKE-Befehl entspricht im Aufbau der Anweisung GRANT zugriffsrechte, besitzt jedoch nicht den Zusatz WITH GRANT OPTION.

REVOKE ALL /
  [ALTER], [DELETE], [INDEX], [INSERT], [SELECT],
  [UPDATE (spaltenname [, spaltenname, ...])]
  ON tabellenname/viewname
  FROM PUBLIC / user-id [, user-id, ...]

Mit dem REVOKE-Befehl können alle erteilten Rechte zurückgenommen werden oder nur einzelne. Wenn einem Benutzer Weitergaberechte erteilt worden sind und er davon Gebrauch gemacht hat, entfallen diese Rechte mit dem Entzug des Rechtes auch bei den Nachbenutzern.

Beispiel: Dem Benutzer Luft sollen folgende Rechte erteilt worden sein:

```
GRANT SELECT, INSERT, UPDATE  ON tposten   TO luft
  WITH GRANT OPTION
GRANT SELECT, UPDATE (gehalt) ON persdat   TO luft
```

Unterstellung: Die Mitarbeiterin Volt hat von dem Datenbankmanager das Zugangsrecht zur Datenbank erhalten:

```
GRANT CONNECT TO volt
  IDENTIFIED BY mit3
```

Herr Luft hat an seine Mitarbeiterin Volt das SELECT-, INSERT- und UPDATE-Recht weitergegeben:

```
GRANT SELECT, INSERT, UPDATE  ON fg.tposten TO volt
```

Herrn Luft wird vom Datenbankmanager das INSERT-Recht bei *tposten* entzogen:

```
REVOKE INSERT ON tposten FROM luft
```

Auch die Mitarbeiterin Volt kann mit Wirksamwerden des Befehls keine neuen Zeilen in die Tabelle *tposten* schreiben. Die Berechtigungen SELECT und INSERT bleiben bestehen. Wenn mit

```
GRANT INSERT ON tposten TO luft
```

das INSERT-Recht wieder erteilt wird, kann auch seine Mitarbeiterin dieses Recht wieder verwenden.

Beispiel: Dem Benutzer Luft soll das UPDATE-Recht bei der Tabelle *persdat* entzogen werden.

```
REVOKE UPDATE (gehalt) ON persdat FROM luft
```

11.5 Views zum Datenschutz einsetzen

Sichten, Views, sind gespeicherte SELECT-Anweisungen, die mit dem Namen der Sicht aufgerufen werden. Sie können eine Organisation einrichten, in der alle Benutzer außer dem Datenbankmanager nur das CONNECT-Recht, also das Zugangsrecht zur Datenbank haben. Diese Benutzer können nicht auf Tabellen zugreifen, die der Datenbankadministrator angelegt hat.

Mit dem Befehl GRANT zugriffsrechte können differenzierte Zugriffsberechtigungen nicht nur für Tabellen, sondern auch für Views definiert werden. Wenn ein Datenbankadministrator keinem Benutzer das DBA-Zugangsrecht zuweist und mit dem Befehl GRANT zugriffsrechte nur differenzierte Zugriffe auf Sichten und nicht auf Tabellen erlaubt, so kann er Daten vor unberechtigter Bearbeitung schützen. Er stellt dann den Benutzern in Views aus den Basistabellen nur jene Zeilen und Spalten zur Verfügung, die die Mitarbeiter für ihre spezielle Arbeit benötigen. Das Recht, die Views zu erstellen und zu ändern, bleibt allein beim Datenbankadministrator. Eine Organisation mit Zugriffsberechtigungen ausschließlich aus Views optimiert deshalb die Datensicherung.

Beispiel: Dem Abteilungsleiter Luft der Abteilung 3 werden aus den Tabellen *persdat* und *fmitglieder* Informationen ausschließlich über seine Mitarbeiter verfügbar gemacht, nicht über andere.

Der Datenbankmanager erstellt dafür die Sicht *persdat3*:

```
CREATE VIEW
  persdat3 (persnr, pname, pvname, geschlecht)
AS
SELECT persnr, pname, pvname, geschlecht
  FROM persdat
  WHERE abtnr = 3
UNION
SELECT f.persnr, '', vorname,  vwgrad
  FROM fmitglieder f, persdat p
  WHERE f.persnr = p.persnr  AND
         p.abtnr = 3
```

Er erteilt Herrn Luft dafür das Leserecht:

```
GRANT SELECT ON persdat3  TO luft
```

Wenn Benutzer Luft die Datenbank mit seiner Berechtigungskombination öffnet, kann er sich diese Daten ansehen:

```
SELECT * FROM fg.persdat3
```

11.6 Datenbankaktivitäten protokollieren

Einrichtungen zur Datensicherheit können niemals hundertprozentig verhindern, daß Daten beschädigt werden und deshalb wiederhergestellt werden müssen. Für die Überwachung der Zugriffe auf die Datenbank und für die Rekonstruktion des Datenbestandes stellen deshalb INFORMIX und DB2/2 Befehle zur Verfügung, ORACLE gestattet die Protokollierung der Eingaben.

INFORMIX
In INFORMIX wird mit dem Befehl CREATE AUDIT vereinbart, daß ein Protokoll angelegt wird. Mit RECOVER TABLE kann mit den Protokollaufzeichnungen und dem letzten Stand einer Sicherungskopie der aktuelle Datenstand wiederhergestellt werden. Mit DROP AUDIT wird dann die Protokolldatei gelöscht. Der Einsatz der Befehle ist nur den Tabelleninhabern und Benutzern mit DBA-Berechtigung möglich. Die Sicherungsdatei wird mit dem jeweiligen Betriebssystembefehl erstellt; bei MS-DOS ist dies der Befehl BACKUP (ab DOS 6.0: MSBACKUP).

Beispiel: Die Systemtabellen der Datenbank TESTDB sollen auf Diskette in Laufwerk A: gespeichert werden. Hinweis: Bei der Erstellung der Datenbank hat INFORMIX, ausgehend von dem Startverzeichnis, für den Datenbankkatalog ein Unterverzeichnis mit dem Namen der Datenbank und dem Zusatz DBS (bei DOS) bzw. dbs (bei UNIX) angelegt, in dem alle Datenbankinformationen gespeichert sind. Deshalb lautet der BACKUP-Befehl:

```
C:\>BACKUP C:\INFORMIX\TESTDB.DBS A:
```

Ab dem Backup-Zeitpunkt müssen alle Aktualisierungen von Tabellen protokolliert werden.

Beispiel: Alle in der Tabelle *ueb* erfolgten Änderungen mit UPDATE, Löschungen mit DELETE und Ergänzungen mit INSERT sollen in der Protokolldatei *prot* auf der Diskette in Laufwerk A: gespeichert werden. Geben Sie im SQL-Fenster den Befehl CREATE AUDIT ein:

```
CREATE AUDIT FOR ueb IN 'A:\prot'
```

Mit der Sicherungsdatei und der Protokolldatei *prot* kann dann die beschädigte Tabelle rekonstruiert werden.

Beispiel: Die Tabelle *ueb* soll rekonstruiert werden. Die Wiederherstellung erfogt in zwei Schritten:

Wiederherstellung des Standes zum Backup-Termin:

C:\>RESTORE A: C:\INFORMIX\TESTDB.DBS

Rekonstruktion des aktuellen Standes mit der Protokolldatei im SQL-Fenster:

```
RECOVER TABLE ueb
```

Danach wird eine neue Sicherungskopie erstellt. Die alte Protokolldatei ist zu löschen und eine neue anzulegen.

Beispiel: Die Protokolldatei *prot* in A: wird gelöscht.

```
DROP AUDIT FOR ueb
```

ORACLE

In ORACLE werden mit dem Befehl AUDIT Datenbankaktivitäten protokolliert. Den RECOVER-Befehl zur Rekonstruktion gibt es nicht. Vor dem Einsatz des Befehls muß das AUDIT-System aktiviert werden. Bei jedem Start liest ORACLE die Konfigurationsdatei CONFIG.ORA, die im Aufruf-Directory steht, und die Datei INIT.ORA, die im Unterverzeichnis DBS gespeichert ist. INIT.ORA enthält Anweisungen zur Kontrolle interner Strukturen und interner Abläufe. Das AUDIT-System wird aktiviert, indem mit dem Editor in die INIT-Datei der Parameter AUDIT_TRAIL mit einer Ganzzahl über null eingetragen wird:

AUDIT_TRAIL 0	Kontrollsystem ist deaktiviert
AUDIT_TRAIL 2	Kontrollsystem ist aktiviert

Beispiel: Rufen Sie mit Ihrem Editor die Datei INIT.ORA auf, und tragen Sie darin ein:

```
AUDIT_TRAIL 2
```

Danach wird in SQLPLUS mit dem Datenbankbefehl AUDIT festgelegt, welche Aktivitäten in ausgesuchten Systemtabellen protokolliert werden sollen. Den AUDIT-Befehl gibt es in zwei Ausprägungen.

Ausprägung 1

AUDIT zugriffsbefehle/ALL
ON [benutzerkennzeichen.] tabellenname
[BY ACCESS / SESSION}
[WHENEVER [NOT] SUCCESSFUL]

Beispiel: Von der Tabelle *ueb* sollen alle (ALL) erfolgreichen (WHENEVER SUCCESSFUL) Zugriffe überwacht werden, wobei nicht für jeden Zugriff (BY ACCESS) ein Protokollsatz angelegt werden soll, sondern nur für jede Sitzung (BY SESSION).

```
AUDIT ALL ON ueb
  BY SESSION
  WHENEVER SUCCESSFUL
```

Anstelle von ALL kann vorgesehen werden, daß nur Zugriffe mit den Befehlen ALTER, AUDIT, COMMENT, DELETE, GRANT, INDEX, INSERT, LOCK, RENAME, SELECT und UPDATE überwacht werden. Wenn die Tabelle von einem anderen angelegt worden ist, muß der Tabellenname mit dessen Benutzerkennzeichen qualifiziert werden.

Beispiel: Es sollen alle Zugriffe mit SELECT, INSERT und DELETE in der Tabelle *ueb1* des Benutzers Eifer protokolliert werden, und zwar erfolgreiche und nicht erfolgreiche.

```
AUDIT SELECT, INSERT, DELETE ON eifer.ueb1
```

Es können auch Synonymnamen und Views genannt werden.

Alle AUDIT-Systemtabellen enthalten den Begriff AUDIT. Sie erfahren die Namen und Funktionen dieser Systemtabellen mit der Eingabe des folgenden Befehls:

```
SELECT * FROM DTAB
  WHERE tname = '%AUDIT%'
```

Beispiel: Sie wollen die SELECT-, INSERT- und UPDATE-Zugriffe auf die Tabelle *ueb* erfahren. Die Zugriffe sind in der AUDIT-Tabelle *audit_access* gespeichert. Schauen Sie sich zunächst den Aufbau der Tabelle an, um die Spalten- und Zeilenauswahl vornehmen zu können:

```
DESC audit_access
```

Geben Sie dann den Lesebefehl ein:

```
SELECT action_name, sel, ins, upd, statement
  FROM audit_access
  WHERE obj$name = 'ueb'
```

Mit dem Befehl NONAUDIT werden Protokollierungen beendet:

NONAUDIT zugriffsbefehle/ALL
    ON [benutzerkennzeichen.] tabellenname
    [WHENEVER [NOT] SUCCESSFUL]

Ausprägung 2
Die zweite Ausprägung von AUDIT protokolliert die Anmeldungen zum System und speichert die Informationen in der Datei SYSTEM_AUDIT.

AUDIT zugriffsstufen/ALL
    [WHENEVER [NOT] SUCCESSFUL]

Hinter AUDIT können die Zugriffsstufen CONNECT, DBA, RESOURCE, NOT EXISTS oder ALL genannt werden. NOT EXISTS protokolliert Eingangsversuche, die mit der Meldung «... does not exist» zurückgewiesen werden.

DB2/2

In DB2/2 werden zur Sicherung der Daten verschiedene Dienstprogramme eingesetzt, die der Datenbankadministrator über den Befehlszeilenprozessor startet. Wir gehen auf diese Programme nachstehend im Überblick ein.

BACKUP DATABASE: Mit BACKUP DATABASE wird eine Sicherungskopie von der Datenbank erstellt.

Beispiel: Beim ersten Backup soll die gesamte Datenbank auf einer Diskette in Laufwerk A: gesichert werden.

```
[C:\] DBM BACKUP DATABASE testdb TO A:
```

Beispiel: Bei den folgenden Backups sollen nur solche Tabellen gesichert werden, in denen seit dem letzten Sicherungstermin Änderungen eingetreten sind.

```
[C:\] DBM BACKUP DATABASE CHANGES testdb TO A:
```

RESTORE DATABASE: Damit wird eine mit BACKUP gesicherte Datenbank mit den Werten des Backup-Termins wiederhergestellt.

Beispiel: Die mit BACKUP DATABASE in A: gesicherte Datenbank TESTDB soll in das DB2/2-Verzeichnis zurückgeschrieben werden.

```
[C:\] DBM RESTORE DATABASE testdb FROM A:
```

Nach erfolgreichem Wiederherstellen der Datenbank erwartet das System den Start des nachstehend beschriebenen Dienstprogramms ROLLFORWARD DATABASE. Wenn nach dem RESTORE-Befehl keine ROLLFORWARD-Anweisung eingegeben werden soll, muß dies im RESTORE-Befehl vermerkt werden:

```
[C:\] DBM RESTORE DATABASE testdb FROM A:
      WITHOUT ROLLING FORWARD
```

Hinweis: Mit RESTORE DATABASE kann eine Datenbank auch kopiert werden, zum Beispiel auf Diskette in Laufwerk B:.

```
[C:\] DBM RESTORE DATABASE testdb FROM A: TO B:
```

ROLLFORWARD DATABASE: Mit diesem Dienstprogramm werden die in den Tabellen erfolgten Änderungen ab dem letzten Backup-Stand aufgezeichnet und in die Datenbank eingetragen. Voraussetzung ist ein vorhergegangener erfolgreicher RESTORE-Lauf. Das Grundformat des Befehls enthält nur den Datenbanknamen. Weitere Parameterangaben sind möglich.

Beispiel: Die in Tabellen der Datenbank *testdb* ab dem letzten Backup-Termin durchgeführten Änderungen sollen protokolliert und in die Tabellen der Datenbank übertragen werden.

```
[C:\] DBM ROLLFORWARD DATABASE testdb
```

Beispiel: Die Informationsausgaben beim Befehlslauf sollen nicht auf dem Bildschirm angezeigt, sondern in die Standard-Reportdatei DBM.RPT geschrieben werden.

```
[C:\] DBM -R  ROLLFORWARD DATABASE testdb
```

GUPTA

In GUPTA wird mit der Auswahl *Start Journaling* im Menü *Admin* vereinbart, daß ein Protokoll angelegt wird, in dem alle CREATE-, DROP-, ALTER-, UPDATE-, INSERT- und DELETE-Anweisungen ab einem Termin festgehalten werden, zu dem eine Sicherungsdatei mit den aktuellen Daten angelegt worden ist. Die Sicherungsdatei wird mit dem Betriebssystembefehl erstellt, bei MS-DOS mit BACKUP.

```
C:\>BACKUP C:\SQLBASE\TESTDB\TESTDB.DBS A:
```

Mit *Stop Journaling* in *Admin* wird die Protokolldatei geschlossen. Mit der Auswahl *Apply Journal* im Menü *Admin* kann dann mit den Protokoll-Aufzeichnungen und dem letzten Stand der Sicherungskopie der aktuelle Datenstand wiederhergestellt werden. Zur Wiederherstellung des Standes zum Backup-Termin wird unter DOS der Betriebssystembefehl RESTORE eingesetzt.

```
C:\>RESTORE A: C:\SQLBASE\TESTDB\TESTDB.DBS
```

Der Einsatz der Befehle ist nur Benutzern mit SYSADM- oder DBA-Recht möglich.

12 DATEN IMPORTIEREN UND EXPORTIEREN

Es ist leider nur selten möglich, die in einer Anwendung erstellten Daten in anderen Anwendungen ohne Anpassung zu übernehmen. Aus diesem Grund stellen alle Datenbanksysteme Programme für die Umwandlung der Aufzeichnungsformate zur Verfügung. In der Regel ist es immer möglich, Tabellendaten in ASCII-Daten umzuwandeln und umgekehrt. Deshalb beschreiben wir die Vorgehensweisen zum Importieren und Exportieren von Daten im ASCII-Format ausführlich.

12.1 Daten in INFORMIX importieren und exportieren

Für den Import und Export von Daten stellt INFORMIX die Datenbankbefehle LOAD und UNLOAD zur Verfügung.

Importieren mittels LOAD
Mit LOAD können Daten, die im ASCII-Format in Quelldateien gespeichert sind, in vorhandene INFORMIX-Tabellen übertragen werden. Die Satzlänge kann unterschiedlich sein. Zum Trennen der Satzelemente wird ein Trennzeichen (Delimiter) verwendet. In der Regel wird das Symbol | (Alt+124) eingesetzt. Sie können aber auch ein anderes Zeichen als Trennmarke vereinbaren. Die LOAD-Anweisung hat folgendes Format:

```
LOAD FROM "ASCII-datei"  [DELIMITER "Zeichen"]
  INSERT INTO tabellenname/
```

Beispiel: Sie wollen die Daten, die in der ASCII-Datei ASDAT.INF gespeichert sind, in die SQL-Tabelle *impasc* übertragen. Voraussetzung für die Anwendung des LOAD-Befehls ist, daß die Zieltabelle in der Datenbank existiert. Die Tabelle *impasc* ist wie folgt strukturiert:

nr	**name**	**datum**	**betrag**
SMALLINT NOT NULL	CHAR(12)	DATE	DECIMAL (8,2)

Schritt 1: Erstellen Sie mit Ihrem Editor die ASCII-Datei ASCDAT.INF. In unserem Beispiel sei diese in A:\KAP12 gespeichert. Die Datensätze können eine variable Länge aufweisen. Innerhalb eines Datensatzes werden die Datenfelder durch das Zeichen | getrennt, wenn nichts anderes vereinbart wurde. Das Doppelzeichen CR/LF trennt die Datensätze.

ASCII-Datei ASCDAT.INF:

```
3|Wildermann|01031984|2750.00|                 (ASCDAT.INF)
1|Ach|01/02/1980|3800.00|
```

Schritt 2: Starten Sie dann INFORMIX mit der Datenbank *testdb*. Erstellen Sie darin die Tabelle *impasc*:

```
CREATE TABLE impasc                          (CRIMPASC.SQL)
  (nr      SMALLINT NOT NULL,
   name    CHAR(12),
   datum   DATE,
   betrag  DECIMAL(8,2))
```

Vorgehensweise in INFORMIX-SQL:

C:\> pstartsq Server laden
C:\> pisql SQL im Protected Modus starten

Fenster/Menü	**Eingabe/Auswahlpunkt**	**Aktion**
INFORMIX-SQL	Query-Language	wählen
SQL	New CREATE-Anweisung Run	wählen eingeben, Esc wählen

Meldung: Table created

Schritt 3: Wählen Sie im SQL-Fenster den Menüpunkt *New* an, und geben Sie den LOAD-Befehl ein.

```
NEW:     ESCAPE = Done editing            INSERT = Typeover/Insert
         DELETE = Delete character        CTRL-D = Delete rest of line
------------------------- TESTDB ----------------- Press F1 for Help ----------

LOAD FROM "A:\KAP12\ascdat.inf"
  INSERT INTO impasc
```

Drücken Sie die Taste [Esc] zur Beendigung der Eingabe. Bestätigen Sie im SQL-Menü die Auswahl *Run* mit [↵]. Das System meldet: «2 row(s) retrieved.»

Datenbankbefehl UNLOAD

Mit dem Befehl UNLOAD werden Daten aus SQL-Tabellen in ASCII-Dateien übertragen. Als Trennzeichen zwischen den Datenelementen dient in der Regel das Zeichen |. Das Doppelzeichen CR/LF ist die Trennmarke zwischen den Datensätzen.

Beispiel: Die Daten der Tabelle *persdat* sollen in der ASCII-Datei PERSDAT.ASC im Verzeichnis C:\INFORMIX gesichert werden.

Geben Sie im Arbeitsbereich des SQL-Menüs den UNLOAD-Befehl ein.

```
NEW:     ESCAPE = Done editing            INSERT = Typeover/Insert
         DELETE = Delete character        CTRL-D = Delete rest of line
------------------------- TESTDB ----------------- Press F1 for Help ----------

UNLOAD TO "C:\INFORMIX\persdat.asc"
  SELECT * FROM persdat
```

Drücken Sie die Taste [Esc] zur Beendigung der Eingabe. Bestätigen Sie im SQL-Menü die Auswahl *Run* mit [↵]. Das System meldet: «8 row(s) unloaded.»

Der UNLOAD-Befehl ist wie folgt aufzubauen:

UNLOAD TO "ASCII-dateiname" [DELIMITER "zeichen"]
SELECT */ spaltenbezeichnung [,spaltenbezeichnung]
FROM tabellenname

12.2 Daten in ORACLE importieren

Im ORACLE-System gibt es das Hilfsprogramm LOADER. Damit können Sie dBASE-III+-Daten, Lotus-1-2-3-Daten und ASCII-Daten mit variablen Längen in ORACLE-Tabellen übertragen. Vor der Übertragung müssen die Zieltabellen erstellt sein. Nachfolgend beschreiben wir ein Beispiel für das Importieren vonn ASCII-Daten.

Beispiel: Sie wollen Daten aus der Datei ASCDAT.DAT mit ASCII-Daten in variabler Länge in die SQL-Tabelle *impasc* übertragen.

Schritt 1: Erstellen Sie mit Ihrem Editor die ASCII-Datei. In der ASCII-Datei werden die Datenfelder innerhalb eines Datensatzes mit einem Komma getrennt. Das Doppelzeichen CR/LF dient als Trennmarke zwischen den Datensätzen. Datumswerte speichern wir im ORACLE-Datumsformat.

ASCII-Datei ASCDAT.DAT

```
3,Wildermann,01-mar-84,2750.00          (ASCDAT.DAT)
1,Ach,01-feb-80,3800.00
```

Schritt 2: Erstellen Sie die Tabelle *impasc*.

```
CREATE TABLE impasc                    (CRIMPASC.ORA)
  (nr      SMALLINT NOT NULL,
   name    CHAR(12),
   datum   DATE,
   betrag  DECIMAL(8,2)
  )
```

Schritt 3 in ORACLE7: Geben Sie bei geöffneter Datenbank den Befehl ASCPREP ein:

ASCPREP [optionen] benutzername/passwort asciidatei.ext

Lassen Sie sich die Optionen des Befehls auf dem Bildschirm mit der Anweisung

[C:]ASCPREP

erklären. In unserer ASCII-Datei haben wir als Spaltentrennzeichen den Standard verwendet, also das Komma (ASCII-Nummer 44). Sie können statt dessen auch die Zeichen - . / : ; \ _ einsetzen. Dann müssen Sie hinter -p die entsprechende ASCII-Nummer schreiben. Der Name der ASCII-Datei muß mit Dateikennzeichen genannt werden. Für unser Beispiel lautet der Befehlsstring

[C:]ASCPREP -d -timpasc -p44 system/manager ascdat.dat

Wir haben darin die Option -d eingesetzt, um mögliche Daten in der Datei *impasc* zu löschen, -timpasc, um die Empfangstabelle zu definieren, und -p44, um das in der ASCII-Datei verwendete Komma als Spaltentrennzeichen zu definieren.
Da die Tabelle eine Datumsfeld enthält, fragt das Programm im Ablauf nach, welches Format vorliegt. Da wir in der ASCII-Datei das ORACLE-Format DD-MON-YY eingesetzt haben, brauchen wir nur [↵] einzugeben. Wenn in der ASCII-Datei das Datum in einem anderen Format gespeichert ist, müssen Sie dies an dieser Stelle hinter der Aufforderung

Enter format for DATE ...:

eingeben. Dabei definieren Sie Tage mit DD, Monate mit MM und Jahre mit YY oder YYYY in der Reihenfolge und mit den Trennzeichen wie in der ASCII-Datei:

dd.mm.yyyy	17.12.1980
mm/dd/yyyy	12/17/1980

Die Anweisung erstellt die Kommandodatei ASCDAT.CTL, die die Übertragung der Daten vornimmt:

```
LOAD DATA
INFILE "ASCDAT.DAT"
REPLACE
INTO TABLE impasc
FIELDS TERMINATED BY ',' OPTIONALLY ENCLOSED BY '"'
 (nr,
  name,
  datum DATE,
  betrag)
```

Nach erfolgreicher Befehlsdurchführung stehen die Daten in der Tabelle *impasc* zur Verfügung.

Schritt 3 in ORACLE5: In ORACLE5 schreiben Sie die ASCDAT.CTL-Datei mit Ihrem ASCII-Editor. Der Zusatz DATE bei dem Namen der Datumsspalte kann dabei entfallen. Sie starten anschließend ASCDAT.CTL mit folgender Anweisung:

C:\> SQLLOAD system/manager ascdat

12.3 Daten in DB2/2 importieren und exportieren

Andersformatige Daten werden in DB2/2 mit dem Befehl IMPORT in Tabellen importiert und mit dem Befehl EXPORT exportiert. Die Befehle können am OS/2-Bereitschaftszeichen eingegeben oder im Abfrage-Manager aufgerufen werden.

Zugelassene Speicherformate in den Quelldateien

In den Import- oder Exportdateien sind die Datenspeicher-Formate DEL, ASC, WSF und IXF zugelassen.

DEL-Format: Im DEL-ASCII-Format sind die Datensätze der Quelldatei mit den Satzbegrenzungszeichen Wagenrücklauf und Zeilenvorschub (CR/LF) definiert. Die Tabellenspalten eines Datensatzes werden durch Kommata getrennt.

ASC-Format: Im ASC-ASCII-Format haben die Datensätze der Quelldatei feste Satzlängen ohne Feldbegrenzungszeichen. Die Datensätze sind mit CR/LF getrennt. Das Format kann nur zum Import eingesetzt werden.

WSF-Format: In diesem Format sind zum Beispiel Daten der Anwendungen Lotus 1-2-3 und Symphony gespeichert.

IXF-Format: Dies ist das Format zum Austausch von Daten innerhalb des Datenbank-Managers und aus anderen Datenbank-Manager-Systemen.

Daten, die auf einem Host in der relationalen Datenbank DB2/2 oder in der SQL/DS-Datenbank gespeichert sind, können Sie mit dem Programm SQLQMF importieren.

Daten importieren

Beispiel: Sie wollen Daten aus der DEL-ASCII-Datei ASCDAT.DB2 in die SQL-Tabelle *impasc* übertragen. Zweckmäßigerweise speichern Sie die Quelldatei ASCDAT.DB2 im Verzeichnis C:\SQLLIB.

Schritt 1: Erstellen Sie mit Ihrem Editor die ASCII-Datei.
In der ASCII-Datei werden die Datenfelder innerhalb eines Datensatzes durch Kommata getrennt, die Datensätze durch das Doppelzeichen CR/LF. In den Datensätzen im DEL-Format stehen sowohl die numerischen als auch die nichtnumerischen Werte ohne Anführungszeichen. Datumsangaben erfolgen in der Form JJJJMMTT oder im Format tt.mm.jjjj, Zahlen können Vorzeichen (+3800.00) vorangestellt werden.

ASCII-Datei ASCDAT.DB2:

```
3,Wildermann,19840301,2450.0                    (ASCDAT.DB2)
1,Ach,01.02.1980,3800.0
```

Schritt 2: Starten Sie DB2/2 mit der Datenbank *testdb*. Erstellen Sie darin die Tabelle *impasc*.

```
CREATE TABLE impasc                           (CRIMPASC.CMD)
  (nr       SMALLINT NOT NULL,
   name     CHAR(12),
   datum    DATE,
   betrag   DECIMAL(8,2)
  )
```

Schritt 3: Übertragen Sie die Daten aus der Quelldatei entweder im Abfrage-Manager oder mit dem Befehl IMPORT vom OS/2-Bereitschaftszeichen aus.

Daten aus PERSDAT.DB2 im Abfrage-Manager importieren:

Fenster/Menü	**Eingabe/Auswahlpunkt**	**Aktion**
Abfrage-Manager	*testdb*	links-doppelklicken
Abfrage-Manager für *testdb*	Tabellen und Sichten	links-klicken Esc
Tabellen und Sichten	Hilfsprogramme Importieren	links-klicken links-klicken
Datei importieren	ASCDAT.DB2 DEL An vorhandene Datensätze Eingabe	eingeben links-klicken links-klicken links-klicken

Daten mit dem Datenbankbefehl IMPORT übertragen: Informieren Sie sich über den IMPORT-Befehl auch mit der Befehlseingabe

[C:\SQLLIB] DBM ? IMPORT

Der Importbefehl zur Eingabe im Befehlszeilenprozessor lautet:

```
[C:\SQLLIB] DBM                              (A12301)
                IMPORT TO testdb             (1)
                FROM ascdat.db2              (2)
                OF DEL                       (3)
                INSERT INTO impasc           (4)
                MESSAGES nachdat             (5)
```

(1) Hinter TO muß die Datenbank genannt werden,
(2) hinter FROM die Quelldatei,
(3) hinter OF das Speicherformat der Quelldatei.
(4) An dieser Stelle legen Sie fest, ob die Daten an vorhandene Daten angehängt oder ob vorhandene Daten gelöscht werden sollen:
INSERT INTO tabellenname – Daten werden angehängt.
INSERT_UPDATE INTO .. – Daten werden angehängt, und

der Primärschlüssel wird aktualisiert.

REPLACE INTO .. – Vorhandene Daten werden vor der Übertragung gelöscht.

(5) Hinter MESSAGES wird die Nachrichtendatei definiert, deren Informationen gelesen werden können, zum Beispiel mit TYPE nachdat.

Daten in eine Zieldatei exportieren:

Beispiel: Aus der SQL-Tabelle *persdat* sollen solche Zeilen in die Datei PERSAUS.TXT im Format DEL übertragen werden, die eine höhere Personalnummer als 8 haben.

```
[C:\SQLLIB] DBM EXPORT FROM testdb TO persaus.txt
          OF DEL MESSAGES nachdat
          SELECT * FROM persdat
             WHERE persnr > 8
```

Die Zieldatei PERSAUS.TXT wird – da bei der Eingabe des Dateinamens kein anderer Pfad vereinbart worden ist – im Verzeichnis C:\SQLLIB gespeichert.

Den Befehl zum Export von Datenbank-Daten können Sie auch im Abfrage-Manager geben, indem Sie im Hauptmenü *Tabellen und Sichten* aufrufen:

Fenster/Menü	**Eingabe/Auswahlpunkt**	**Aktion**
Tabellen und Sichten	Hilfsprogramme	links-klicken
Hilfsprogramme	Exportieren	links-klicken
Datei exportieren	Zieldateiname: Datenformat: DEL Ersetzen bestätigen: Nein Eingabe	*abtaus.txt* eingeben links-klicken links-klicken links-klicken

12.4 Daten in GUPTA importieren und exportieren

In GUPTA werden andersformatige Daten mit dem Befehl IMPORT in Tabellen importiert und mit dem Befehl EXPORT exportiert. Die Befehle werden im Fenster *SQLTalk* im Menü *Utilities* aufgerufen.

Zugelassene Speicherformate in den Quelldateien
In den Import- oder Exportdateien sind die Datenspeicher-Formate SQL, CSV, DIF, Lotus123, dBASEII und dBASEIII zugelassen.
SQL-Format: Darin können SQL-CREATE- und SQL-INSERT-Anweisungen stehen.
CSV-Format: Bei Daten im CSV-ASCII-Format (engl.: Comma Separated Format) sind die Datensätze mit den Satzbegrenzungszeichen Wagenrücklauf und Zeilenvorschub (CR/LF) definiert, die Tabellenspalten eines Datensatzes werden durch Kommata getrennt. Alphanumerische Werte und Datumswerte sind in Anführungszeichen eingeschlossen.
DIF-Format: Das DIF-Format (engl.: Data Interchange Format) wird in Tabellenkalkulationsprogrammen eingesetzt, zum Beispiel in Visicalc.
Lotus123-Format: In diesem Format sind zum Beispiel Daten der Anwendungen Lotus 1-2-3 und Symphony gespeichert.
dBASEII-Format: Format in dBaseII-Dateien.
dBASEIII-Format: Format in dBaseIII-Dateien.
Nachstehend beschreiben wir ein Beispiel für den Datenaustausch im CSV-Format.

Daten importieren
Beispiel: Sie wollen Daten aus der CSV-Datei ASCDAT.CSV in die SQL-Tabelle *impasc* übertragen. Zweckmäßigerweise speichern Sie die Quelldatei ASCDAT.CSV im Verzeichnis des Datenbanksystems (C:\DB\GUPTA), damit die Datei im Import-Bildschirm angezeigt wird.

Schritt 1: Erstellen Sie mit Ihrem Editor die ASCII-Datei.
Datumsangaben erfolgen in der Form JJJJ-MM-TT.

ASCII-Datei ASCDAT.CSV:

```
3,"Wildermann","1984-03-01",2450          (ASCDAT.CSV)
1,"Ach","1980-02-01",3800
```

Schritt 2: Starten Sie dann GUPTA mit der Datenbank *testdb*. Erstellen Sie darin die Tabelle *impasc*.

```
CREATE TABLE impasc                       (CRIMPASC.WTS)
  (nr      SMALLINT NOT NULL,
   name    CHAR(12),
   datum   DATE,
   betrag  DECIMAL(8,2)
  )
```

Schritt 3: Übertragen Sie bei geöffneter Datenbank die Daten aus ASCDAT.CSV mit dem Befehl IMPORT in die Tabelle *impasc*.

Fenster/Menü	**Eingabe/Auswahlpunkt**	**Aktion**
SQLTalk	Funktionen Import	links-klicken links-klicken

Damit öffnen Sie das Fenster *Import*. Aktivieren Sie in diesem Fenster *CSV*, *ascdat.csv*, *impasc*, und bestätigen Sie die Vereinbarungen mit *OK*.

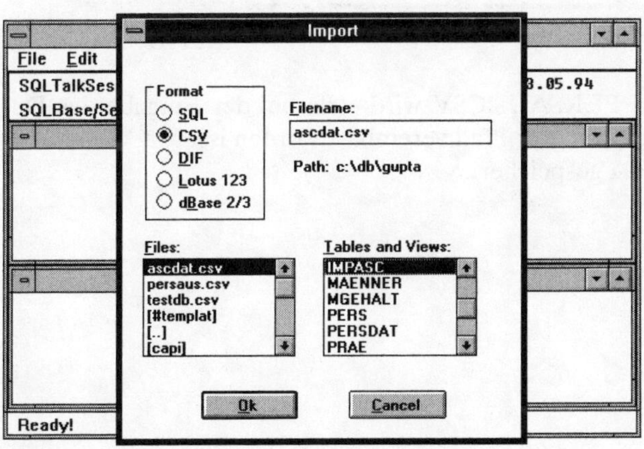

Daten in eine Zieldatei exportieren

Beispiel: Aus der SQL-Tabelle *persdat* sollen die Daten in die Datei PERSAUS.CSV im Format CSV übertragen werden.

Fenster/Menü	Eingabe/Auswahlpunkt	Aktion
SQLTalk	Funktionen	links-klicken
	Export	links-klicken

Damit öffnen Sie das Fenster *Export*. Aktivieren Sie in diesem Fenster *CSV*, *persdat*, schreiben Sie PERSAUS.CSV unter *Filename*, und bestätigen Sie die Vereinbarungen mit *OK*.

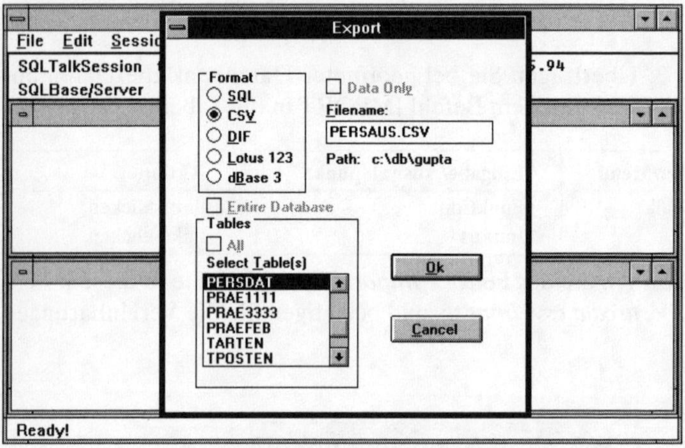

Die Zieldatei PERSAUS.CSV wird – da bei der Eingabe des Dateinamens kein anderer Pfad vereinbart worden ist – im Verzeichnis C:\DB\GUPTA gespeichert.

13 ANHANG

13.1 Strukturen und Daten der Arbeitstabellen

Struktur der Tabelle PERSDAT:

Datenfeld	Datentyp	Größe
PERSNR	Numerisch	
PNAME	Text	12
PVNAME	Text	12
GESCHLECHT	Text	1
ABTNR	Numerisch	
EINTRITT	Datum	8
GEHALT	Numerisch	8

```
CREATE TABLE PERSDAT
  (
  PERSNR     SMALLINT    NOT NULL,
  PNAME      CHAR(12),
  PVNAME     CHAR(12),
  GESCHLECHT CHAR(1),
  ABTNR      SMALLINT,
  EINTRITT   DATE,
  GEHALT     DECIMAL(8,2)
  )
```

Datensätze der Tabelle PERSDAT:

PERSNR	PNAME	PVNAME	GE-SCHLECHT	ABTNR	EINTRITT	GEHALT
1	Eifer	Rik	M	4	01.02.80	3800,00
3	Meyer	Luise	W	4	01.03.84	2450,00
4	Strom	Claudius	M	2	01.03.84	3800,00
5	Luft	Friedrich	M	3	15.05.85	4500,00
7	Meieris	Heinz	M	3	01.02.80	2450,00
8	Volt	Gerda	W	3	01.02.80	4200,00
9	Bind	Gisela	W	2	15.05.85	4000,00
10	Meier	Adam	M	1	01.01.75	5000,00

Struktur der Tabelle FMITGLIEDER:

Datenfeld	Datentyp	Größe
PERSNR	Numerisch	2
FMNR	Numerisch	2
VORNAME	Text	12
VWGRAD	Text	1
ZUSCHLAG	Numerisch	8

```
CREATE TABLE FMITGLIEDER
 (
 PERSNR    SMALLINT      NOT NULL,
 FMNR      SMALLINT,
 VORNAME   CHAR(12),
 VWGRAD    CHAR(1),
 ZUSCHLAG  DECIMAL(8,2)
 )
```

Datensätze der Tabelle FMITGLIEDER:

PERSNR	FMNR	VORNAME	VWGRAD	ZUSCHLAG
3	1	Heinrich	m	60.00
5	1	Beate	f	60.00
5	2	Heinz	s	40.00
8	1	Christa	t	40.00
10	1	Hanna	f	60.00
10	2	Theo	s	40.00
10	3	Else	t	60.00

Struktur der Tabelle VWGRADE:

Datenfeld	Datentyp	Größe
VWGRAD	Text	1
VWNAME	Text	7

```
CREATE TABLE VWGRADE
 (
 VWGRAD     CHAR(1)  NOT NULL,
 VWNAME     CHAR(7)
 )
```

Datensätze der Tabelle VWGRADE:

VWGRAD	VWNAME
m	Ehemann
f	Ehefrau
s	Sohn
t	Tochter

Struktur der Tabelle ABTEILG:

Datenfeld	Datentyp	Größe
ABTNR	Numerisch	1
ABTNAME	Text	12

```
CREATE TABLE ABTEILG
  (
  ABTNR      SMALLINT    NOT NULL,
  ABTNAME    CHAR(12)
  )
```

Datensätze der Tabelle ABTEILG:

ABTNR	ABTNAME
1	Leitung
2	Verwaltung
3	Steuerung
4	Transport

Struktur der Tabelle VORG:

Datenfeld	Datentyp	Größe
PERSNR	Numerisch	2
VPERSNR	Numerisch	2

```
CREATE TABLE VORG
  (
  PERSNR   SMALLINT NOT NULL,
  VPERSNR  SMALLINT
  )
```

Datensätze der Tabelle VORG:

PERSNR	VPERSNR
1	10
3	1
4	9
5	10
7	5
8	5
9	10
10	0

Struktur der Tabelle ABLEITER:

Datenfeld	Datentyp	Größe
ABTNR	Numerisch	1
PERSNR	Numerisch	2

```
CREATE TABLE ABLEITER
  (
  ABTNR    SMALLINT NOT NULL,
  PERSNR   SMALLINT
  )
```

Datensätze der Tabelle ABLEITER:

ABTNR	PERSNR
1	10
2	9
3	5
4	1

Struktur der Tabelle MGEHALT:

Datenfeld	Datentyp	Größe
PERSNR	Numerisch	2
JAHR	Numerisch	2
MONAT	Numerisch	2
MGEHALT	Numerisch	8

```
CREATE TABLE MGEHALT
  (
  PERSNR    SMALLINT   NOT NULL
  JAHR      DECIMAL(2),
  MONAT     SMALLINT,
  MGEHALT   DECIMAL(8,2)
  )
```

Datensätze der Tabelle MGEHALT:

PERSNR	JAHR	MONAT	MGEHALT	PERSNR	JAHR	MONAT	MGEHALT
1	94	1	4100.00	1	94	2	4482.40
3	94	1	3200.00	3	94	2	3428.28
4	94	1	3820.10	4	94	2	3800.00
5	94	1	5000.00	5	94	2	6063.63
7	94	1	2700.00	7	94	2	2929.65
8	94	1	4760.00	8	94	2	4240.00
9	94	1	4250.00	9	94	2	4000.00
10	94	1	5900.00	10	94	2	6051.74

Struktur der Tabelle TARTEN:

Datenfeld	Datentyp	Größe
TARTNR	Text	1
TBEZ	Text	15
TPREIS	Numerisch	6

```
CREATE TABLE TARTEN
 (
 TARTNR     CHAR(1) NOT NULL,
 TBEZ       CHAR(12),
 TPREIS     DECIMAL(6,2)
 )
```

Datensätze der Tabelle TARTEN:

TARTNR	TBEZ	TPREIS
1	Akquisition	90.00
2	Vorbesprechung	100.00
3	Beratung	130.00
4	Projektentwurf	120.00
5	Kalkulation	110.00
6	Zeichnen	90.00
7	Schreibarbeiten	80.00

Struktur der Tabelle AUFTRAG:

Datenfeld	Datentyp	Größe
AUFNR	Numerisch	4
AUFWERT	Numerisch	8
ABDATUM	Datum	

```
CREATE TABLE AUFTRAG
 (
 AUFNR      SMALLINT NOT NULL,
 AUFWERT    DECIMAL(8,2),
 ABDATUM    DATE
 )
```

Datensätze der Tabelle AUFTRAG:

AUFNR	AUFWERT	ABDATUM
1111	56400.00	28.02.1994
2222	52700.00	
3333	20800.00	28.02.1994
4444		

Struktur der Tabelle TPOSTEN:

Datenfeld	Datentyp	Größe
TBNR	Numerisch	
PERSNR	Numerisch	
AUFNR	Numerisch	
TARTNR	Text	1
TSTD	Numerisch	4

```
CREATE TABLE TPOSTEN
  (
  TBNR        INTEGER,
  PERSNR      SMALLINT,
  AUFNR       SMALLINT,
  TARTNR      CHAR(1),
  TSTD        DECIMAL(8,2)
  )
```

Datensätze der Tabelle TPOSTEN (sortiert):

TBNR	PERSNR	AUFNR	TARTNR	TSTD	TBNR	PERSNR	AUFNR	TARTNR	TSTD
940228	1	1111	6	32.00	940228	7	1111	7	58.00
940228	1	1111	5	18.00	940228	7	2222	7	35.00
940228	1	1111	3	12.00	940228	7	3333	7	62.00
940228	1	2222	6	24.00	940228	8	1111	5	4.00
940228	1	2222	5	7.00	940228	8	1111	6	62.00
940228	1	2222	3	4.00	940228	8	2222	5	7.00
940228	1	3333	5	9.00	940228	8	2222	6	42.00
940228	1	3333	3	5.00	940228	8	3333	6	39.00
940228	1	3333	6	39.00	940228	10	1111	1	38.00
940228	3	1111	7	24.00	940228	10	1111	2	42.00
940228	3	1111	6	70.00	940228	10	1111	3	38.00
940228	3	2222	7	38.00	940228	10	3333	1	17.00
940228	3	2222	6	12.00	940228	10	3333	2	18.00
940228	3	3333	6	12.00	940228	10	3333	3	12.00
940228	3	3333	7	18.00	940301	1	4444	2	8.00
940228	5	1111	3	18.00	940301	3	4444	6	4.00
940228	5	1111	2	24.00	940301	3	4444	7	3.00
940228	5	1111	1	18.00	940301	5	2222	6	6.00
940228	5	1111	4	42.00	940301	7	2222	7	6.50
940228	5	1111	5	12.00	940301	8	4444	2	8.00
940228	5	2222	5	17.00	940301	10	2222	4	3.00
940228	5	2222	6	32.00	940301	10	2222	2	4.00

13.2 Strukturen der eingesetzten SQL-Anweisungen

In dieser Aufstellung beschreiben wir die Strukturen der in diesem Buch eingesetzten SQL-Anweisungen in der benötigten Ausprägung.

Darstellungsweise der Befehlssyntax:

- Großbuchstaben kennzeichnen SQL-Schlüsselwörter.
- Kleinbuchstaben sind das Kennzeichen dafür, daß Angaben erwartet werden und welche es sein sollen.
- Eckige Klammern enthalten optionale Befehlsteile.
- Drei Punkte sind das Wiederholungsmerkmal.
- Der Schrägstrich gibt an, daß eine Entweder/Oder-Auswahl vorgenommen werden kann.

```
--------------------------------------------------------------------------------------------------
SQL-Anweisungen                                     I    <-in INFORMIX
                                                     O   <-in ORACLE
                                                      D  <-in DB2/2
                                                       G <-in GUPTA
--------------------------------------------------------------------------------------------------

ALTER TABLE tabellenname                                 Fügt neue Spalten in vorhandene
  ADD                                                    Tabellenstruktur ein,
   [BEFORE spaltenname]                             I    an bestimmter Position,
   (spaltenname datentyp [NULL/NOT NULL]                 mit definierten Namen und Datentypen.
   [,spaltenname datentyp [NULL/NOT NULL], ...])

ALTER TABLE tabellenname                            I  G Löscht Spalten in vorhandener
  DROP                                                   Tabellenstruktur, und zwar jene,
   (spaltenname datentyp [NULL/NOT NULL]                 die mit Namen und Datentyp definiert
   [,spaltenname datentyp [NULL/NOT NULL], ...])         sind.

ALTER TABLE tabellenname                            IO G Ändert Spaltennamen und Datentypen in
  MODIFY                                                 vorhandener Tabellenstruktur:
   (alter_spaltname datentyp [NULL/NOT NULL],            bisheriger Name und Typ,
   neuer_spaltname datentyp [NULL/NOT NULL], ...)        neuer Name und Typ.

ALTER TABLE tabellenname                               G Ändert Tabellennamen
  RENAME TABLE neuer_tabellenname /                      oder
  alter_spaltname neuer_Spaltname                        Spaltennamen.
  [,alter_spaltname neuer_spaltname, ...]
    [CONSTRAINT name]                               IO   Constraint-Bezeichner.
    [PRIMARY KEY (spaltenname [,spaltenname,...])        Bestimmt eine vorher definierte Spalte
                                                         als Primärschlüssel-Spalte.
    [FOREIGN KEY (spaltenname [,spaltenname,...])        Definiert die Bezugsschlüsselspalte
      REFERENCES tabellenname                            zur übergeordneten Tabelle,
        ON DELETE RESTRICT [CASCADE] [SET NULL]          mit möglichen DELETE-Regeln,
        [ON UPDATE RESTRICT] ]                        D  mit UPDATE-Regel.

BEGIN WORK                                          I    Startet Transaktionsverarbeitung.
COMMIT WORK                                         I    Beendet Transaktionsverarbeitung und
```

SQL-Anweisungen	I O D G	<-in INFORMIX <-in ORACLE <-in DB2/2 <-in GUPTA
COMMIT [WORK]	ODG	speichert die Änderungen, leitet bei GUPTA auch Verarbeitung ein.
CLOSE DATABASE	I	Schließt die aktuelle Datenbank und Systemtabellen (katalogisiert DB).
CREATE DATABASE datenbankname		Befehl zum Erstellen einer Datenbank.
[WITH LOG IN "protokolldatei"]	I	Erstellt eine Protokolldatei.
CREATE [UNIQUE] INDEX indexname ON tabellenname (spaltenname [ASC/DESC] [,spaltenname [ASC/DESC], ...])	IO G	Indexiert Spalten einer Tabelle, auf- oder absteigend sortiert. UNIQUE verhindert Eingabe doppelter Werte.
CREATE [PUBLIC] SYNONYM andersname FOR tabellenname	IO G	Vergibt einen synonymen Namen für eine Tabelle oder eine Sicht. PUBLIC macht Synonym allen berechtigten Benutzern verfügbar.
CREATE TABLE tabellenname (spaltenname datentyp [NOT NULL] [, spaltenname, datentyp, [NOT NULL] ...]		Erstellt eine neue Tabelle und definiert deren Spaltenstruktur mit Spaltenname, Datentyp und Länge. NOT NULL bewirkt, daß in die Spalte Werte eingegeben werden müssen.
[CONSTRAINT name]	IO	Constraint-Bezeichner.
[PRIMARY KEY (spaltenname [,spaltenname,...])]		Bestimmt eine vorher definierte Spalte als Primärschlüssel-Spalte.
[FOREIGN KEY (spaltenname [,spaltenname,...]) REFERENCES tabellenname ON DELETE RESTRICT [CASCADE] [SET NULL] [ON UPDATE RESTRICT]]	D	Definiert die Bezugsschlüsselspalte zur übergeordneten Tabelle, mit möglichen DELETE-Regeln, mit UPDATE-Regel.
CREATE VIEW viewname [(viewspaltenname, viewspaltenname, ...)] AS SELECT [spaltenname, spaltenname, ...] FROM tabellenname [, tabellenname, ...] [WHERE bedingung] [GROUP BY spaltenname] [WITH CHECK OPTION]		Erstellt eine Sicht aus der Ergebnistabelle der SELECT-Abfrage.
DELETE FROM tabellenname [WHERE bedingung]		Löscht die mit WHERE definierten oder alle Tabellenreihen.
DROP DATABASE datenbankname	I G	Löscht alle Daten in Datenbank und entkatalogisiert die Datenbank.
DROP INDEX indexname		Entfernt Indizes.
DROP [PUBLIC] SYNONYM andersname		Löscht Andersnamen.
DROP TABLE tabellenname		Löscht Tabellen.
DROP VIEW sichtname		Löscht Sichten.
GRANT		Erteilt Benutzern Zugangsrechte auf
BINDADD / CONNECT / CREATETAB / DBADM	D	Datenbankebene.
CONNECT / RESOURCE / DBA	I G	
CONNECT [,RESOURCE] [,DBA]	O	
TO PUBLIC / benutzer		
GRANT		Erteilt Benutzern alle oder bestimmte
ALL [PRIVILEGES] /		Zugriffsrechte in den genannten Tabellen.

```
---------------------------------------------------------------------------------------------
SQL-Anweisungen                                      I    <-in INFORMIX
                                                      O   <-in ORACLE
                                                       D  <-in DB2/2
                                                        G <-in GUPTA
---------------------------------------------------------------------------------------------

 ALTER / DELETE / INDEX / INSERT / SELECT /          IO G  (GRANT-Tabellenebene)
    UPDATE (spaltenname [, spaltenname, ...])        IO G
    REFERENCES (spaltenname [, spaltenname, ...])    IO G
  ALTER / CONTROL / DELETE / INDEX / INSERT /          D
    REFERENCES / SELECT / UPDATE                       D
  ON [TABLE] tabellenname1 [, tabellenname2, ...]
  TO PUBLIC / benutzer1 [, benutzer2, ... ]
  [WITH GRANT OPTION]                                IO G  Weitergaberecht.

INSERT INTO tabellenname / sichtname                       Ergänzt Tabelle oder Sicht um neue
  [(spaltenname, spaltenname, ...)]                        Zeilen.
  VALUES (wert, wert, ...)

INSERT INTO tabellenname                                   Überträgt Reihen aus der mit der SELECT-
  [(spaltenname [,spaltenname, ...])]                      Unterabfrage definierten Tabelle in die
  SELECT spaltenname [,spaltenname,...]                    INSERT-INTO-Empfangstabelle.
  FROM andertabellenname [,andertabellenname,...]
  [WHERE bedingung]

RENAME tabelle / view / synonym  TO neuname           O   Benennt Tabellen, Sichten, Synonyme neu.
RENAME COLUMN / TABLE altname TO neuname             I    Benennt Spalten oder Tabelle um.

REVOKE zugangsrechte / zugriffsrechte                     Widerruft mit GRANT erteilte Zugangs-
    FROM PUBLIC / benutzer1 [, benutzer2, ... ]           oder Zugriffsrechte (vgl. GRANT).

ROLLBACK WORK                                        I    Macht mit INSERT, UPDATE, DELETE veran-
ROLLBACK [WORK]                                       ODG laßte Aktualisierungen rückgängig.

SELECT                                                    Sucht und gibt Daten aus Tabellen aus,
  * /ALL /DISTINCT /                                      alle oder ohne doppelte Werte,
  spaltenname [, spaltenname, ... ] / *                   oder namentlich genannte Datenfelder
  FROM tabellenname [,tabellenname, ...]                  aus der oder den Tabellen,
  [WHERE bedingung]                                       oder nur in der Bedingung definierte
                                                          Datensätze (Selektion).
  [GROUP BY spaltenname [,spaltenname, ...]               Spalten, die gemeinsame Werte haben,
    [HAVING bedingung]]                                   werden zu einer Ausgabereihe zusammen-
                                                          gefaßt. Mit HAVING kann zusätzlich ein
                                                          Vergleichswert zur Gruppen-Anzahl,
                                                          -Summe, dem -Durchschnitt, -Minimum,
                                                          -Maximum abgefragt werden.
  [UNION select-befehl                                    Bei Beachtung bestimmter Voraussetzungen
    [UNION select-befehl ...]]                            werden SELECT-Abfragen gekoppelt.
  [ORDER BY                                               Ergebnistabelle wird nach der/den hinter
    spaltenname/spaltennummer [ASC/DESC]                  ORDER BY genannten Spalten aufsteigend
    [,spaltenname/spaltennummer                           oder absteigend sortiert.
      [ASC/DESC], ...]]
  [INTO TEMP tempname]                               I    Erstellt ein Zwischentabelle.

START DATABASE datanbankname                         I    Öffnet Datenbank,
  [WITH LOG IN protokolldatei]                            startet Protokolldatei.

UPDATE tabellenname / sichtname                           Ändert in Tabelle oder Sicht
  SET spaltenname = neuwert                               Werte in Spalten einer mit WHERE
    [, spaltenname = neuwert, ...]                        definierten Zeile oder in allen Zeilen.
  [WHERE bedingung]
```

13.3 Erlaubte Datentypen in den Datenbanksystemen

13.3.1 INFORMIX-Spaltentypen

Erlaubter Spaltentyp:	**Speichert**
BYTE	binäre Daten.
CHAR(anzahl) / CHARACTER()	alphanumerische Daten mit bis zu 32767 Stellen.
DATE	Datumswerte. Struktur wird durch Umgebungsvariable DBDATE definiert.
DATETIME anfang TO ende	Datums- und Zeitwerte nach Vorgabe: DATETIME year TO fraction enthält YEAR-MONTH-DAY HOUR:MINUTE:SECOND.FRACTION.
DECIMAL(i,n) / DEC(i,n) / NUMERIC(i,n)	Dezimalzahl mit Insgesamtstellen (i) und Nachpunktstellen (n): DECIMAL(6,2) = 6 Stellen, darin 2 Nachpunktstellen. Maximal 32 signifikante Stellen.
FLOAT(i) / DOUBLE PRECISION	Binäre Gleitkommazahl mit maximal 16 signifikanten Ziffern
INTEGER / INT	Ganzzahl zwischen –2147483647 und +2147483647.
INTERVAL	Zeitspanne: entweder YEAR TO MONTH oder DAY TO FRACTION mit den Zwischenstufen HOUR:MINUTE:SECOND.
MONEY(i,n)	Geldbeträge mit insgesamt i Stellen und n Nachpunktstellen, maximal 32 signifikante Stellen.
SERIAL(n)	fortlaufende Nummer ab 1. Oder: SERIAL(101) = fortlaufend ab 101.
SMALLFLOAT / REAL	binäre Gleitkommazahl mit maximal 8 signifikanten Ziffern.
SMALLINT	Ganzzahl zwischen –32767 und +32767.
VARCHAR(m,r)	alphanumerische Daten variabler Länge zwischen Maximalwert (m) und Minimalwert (r).

13.3.2 ORACLE-Spaltentypen

ORACLE stellt als ORACLE-Spaltentypen CHAR(i), VARCHAR(i), NUMBER(i,n), NUMBER(i) und NUMBER zur Verfügung. ORACLE akzeptiert aber auch in CREATE-Anweisungen ANSI- und die in IBM-Datenbanken eingesetzten Datentypen.

Erlaubter Spaltentyp:	**Speichert**
CHAR(anzahl) / CHARACTER()	alphanumerische Daten mit bis zu 255 Stellen.
DATE	Datumswerte Jahr, Monat, Tag und Zeitwerte Tag, Stunde, Minute, Sekunde.
DECIMAL(i,n) / DEC(i,n) / NUMERIC(i,n) /	Dezimalzahl mit Insgesamtstellen (i) und Nachpunktstellen (n): DECIMAL(6,2) = 6 Stellen, darin 2 Nachpunktstellen.
NUMBER(i,n)	NUMBER(i,n) ist der originale ORACLE-Typ.
FLOAT(i) / NUMBER / DOUBLE PRECISION	binäre Gleitkommazahl mit Präzision i, NUMBER mit Präzision 38.
INTEGER / INT / NUMBER(38)	Ganzzahl.
NUMBER	vgl. DECIMAL(), INTEGER, SMALLINT, FLOAT, REAL.
REAL / NUMBER	binäre Gleitkommazahl mit Präzision 18.
SMALLINT / NUMBER(38)	Ganzzahl mit i Stellen.
VARCHAR(m)	alphanumerische Daten variabler Länge mit Maximalwert (m) bis 2000 Bytes.

13.3.3 DB2/2-Spaltentypen

Erlaubter Spaltentyp:	**Speichert**
CHAR(i) / CHARACTER()	alphanumerische Daten mit bis zu i Zeichen, maximal 254.

DATE	Datumswert. Struktur richtet sich nach Landescode: tt.mm.jjjjj in Europa.
DECIMAL(i,n) / DEC(i,n) / NUMERIC(i,n) / NUM(i,n)	Dezimalzahl mit Insgesamtstellen (i) und Nachpunktstellen (n): DECIMAL(6,2) = 6 Stellen, darin 2 Nachpunktstellen. Maximal 31 signifikante Stellen.
FLOAT(i) /	Binäre Gleitkommazahl von –1.79769E+308 bis –2.225E-307 oder von 2.225E-307 bis 1.79769E+308.
INTEGER / INT	Ganzzahl zwischen –2147483648 und +2147483647.
LONG VARCHAR	alphanumerische Daten variabler Länge, maximal 32700, nicht einsetzbar in Suchbedingungen, zum Sortieren, Gruppieren und Indexieren.
SMALLFLOAT / REAL	binäre Gleitkommazahl mit maximal 8 signifikanten Ziffern.
SMALLINT	Ganzzahl zwischen –32768 und +32767.
TIME	Uhrzeit hh.mm.ss im 24-Stunden-Format oder hh.mm am/pm im 12-Stunden-Format.
TIMESTAMP	Datum und Uhrzeit: jjjj-mm-tt-hh.mm.ss oder jjjj-mm-tt-hh.mm.ss.nnnnnn, wobei nnnnnn für Mikrosekunden steht.
VARCHAR(m,r)	alphanumerische Daten variabler Länge zwischen Maximalwert (m) und Minimalwert (r).

13.3.4 GUPTA-Datentypen

Erlaubter Spaltentyp:	**Speichert**
CHAR(i) / VARCHAR(i)	alphanumerische Daten mit bis zu i Zeichen, maximal 254.
DATE	Datumswert. Struktur richtet sich nach Landescode: tt.mm.jjjjj in Europa.
DATETIME	vgl. TIMESTAMP
DECIMAL(i,n) /	Dezimalzahl mit bis zu 15 Insgesamtstel-

DEC(i,n)	len (i) und Nachpunktstellen (n): DECIMAL(6,2) = 6 Stellen, darin 2 Nachpunktstellen. DEC(6,0) entspricht INTEGER.
DOUBLE PRECISION	Binäre Gleitkommazahl mit Doppelpräzision (siehe FLOAT).
FLOAT(i) /	Binäre Gleitkommazahl, wenn i = 1 bis 21: Einfachpräzision; i = 22 bis 53: Doppelpräzision; ohne Angabe von i: Doppelpräzision.
INTEGER / INT	Ganzzahl zwischen –2147483648 und +2147483647.
LONG VARCHAR / LONG	alphanumerische Daten in jeder Länge und binäre Daten. Nur alphanumerische Daten werden von SQLTalk gesucht, sie können nicht in WHERE-Bedingungen eingesetzt werden.
NUMBER	Festkommazahl mit bis zu 15 Ziffern ohne Angabe der Präzision und der Nachkommastellen.
REAL	Binäre Gleitkommazahl mit Einfachpräzision (siehe FLOAT).
SMALLINT	Ganzzahl zwischen –32768 und +32767.
TIME	Uhrzeit hh.mm.ss im 24-Stunden-Format oder hh.mm am/pm im 12-Stunden-Format.
TIMESTAMP DATETIME	Datum und Uhrzeit: jjjj-mm-tt-hh.mm.ss oder jjjj-mm-tt-hh.mm.ss.nnnnnn, wobei nnnnnn für Mikrosekunden steht.

13.4 SQL in INFORMIX

Unsere Beispiele haben wir auf dem Datenbanksystem INFORMIX-SE in der Windows-kompatiblen Version 4.10 im Einplatzbetrieb entwickelt. Für das Arbeiten mit SQL unter DOS wurde das menügesteuerte Datenbankprogramm INFORMIX-SQL und für das Arbeiten unter Windows das Programm INFORMIX-DBA eingesetzt.

Im folgenden werden die wesentlichen Bedienfunktionen für die beiden INFORMIX-Datenbankprogramme behandelt.

13.4.1 INFORMIX-SQL handhaben

INFORMIX-SE starten und beenden

Im ersten Arbeitsschritt ist der DOS-Server der INFORMIX-SE zu laden:

C:\>PSTARTSQ ← Starten

Nach Abschluß der Datenbanksitzung entfernen Sie ihn aus dem Arbeitsspeicher mittels

C:\>PSTARTSQ -Q ← Beenden

Arbeitsumgebung festlegen: INFORMIX benötigt eine Arbeitsumgebung. Es hat sich als sinnvoll erwiesen, sie in einer eigenen Batchdatei zu vereinbaren. Die Batchdatei, die beispielsweise INFUM.BAT genannt wird, sollte folgende Anweisungen enthalten:

```
SET DBCOLOR=BLUE                                          (1)
SET DBMONEY=.                                             (2)
SET DBDATE=DMY4.                                          (3)
SET DBPRINT=LPT1                                          (4)
```

(1) Setzt blaue Hintergrundfarbe für weiße Schrift. Für schwarze Schrift auf weißem Hintergrund geben Sie ein: SET DBCOLOR=WHITE/BLACK.
(2) Legt den Dezimalpunkt als Trenner für Dezimalzahlen fest.
(3) Definiert das Ausgabeformat des Datums in der Form tt/mm/jjjj, die in unseren Beispieldateien eingesetzt ist. Andere Formate sind zum Beispiel: DMY2 = tt/mm/jj, DMY1 = mm/tt/jjjj
(4) Vereinbart Schnittstelle LPT1.

Diese Anweisungen könnten Sie auch in der AUTOEXEC.BAT eintragen. Dann nehmen die Umgebungsvariablen aber unnötig Speicherplatz in Anspruch, wenn Sie nicht mit INFORMIX arbeiten. Deshalb wird empfohlen, die Anweisungen in einer Batch-Datei zu erfassen und die Datei nach dem Laden des Servers zu starten, zum Beispiel

C:\>INFUM

INFORMIX-SQL aufrufen: INFORMIX-SQL starten Sie im Protected-Modus mit der Eingabe der Anweisung PISQL:

C:\>PISQL

INFORMIX-SQL meldet sich mit seinem Hauptmenü. Es besteht aus einer Funktionszeile, einer Informationszeile sowie der Trennstrich-Zeile mit Angabe der aktuellen Datenbank und dem Hinweis *Press F1 for Help*. In der UNIX-Umgebung steht *Press CTRL-W for Help*.
Die Funktionszeile des Menüs enthält die Hauptauswahlpunkte *Form*, *Report*, *Query-Language*, *User-Menü*, *Database*, *Table* sowie *Exit*.

Hauptauswahl	**Bedeutung**
Form	Maskengenerator zum Erstellen von Ein- und Ausgabemasken.
Report	Listengenerator zum Erstellen von Listen mit Überschriften, Blattwechsel und Summen.
Query-Language	Ermöglicht direkten Zugriff auf Daten.
User-Menü	Menügenerator zum Aufbau von Anwendermenüs.
Database	Erlaubt menügesteuertes Auswählen, Erstellen und Löschen von Datenbanken.
Table	Erlaubt menügesteuertes Erstellen, Ändern, Aufrufen und Löschen von Tabellen.
Exit	Rückkehr zum Betriebssystem.

Sie wählen einen Auswahlpunkt an, indem Sie den Cursorbalken mit Hilfe der Pfeiltasten oder mit der Leertaste auf den gewünschten Auswahlpunkt positionieren. In der Informationszeile zeigt Ihnen das System an, welche Aufgaben in dem positionierten Untermenü durchgeführt werden können. Mit ↵ wird das Untermenü des Auswahlpunktes aufgerufen oder ein positionierter Befehl ausgeführt. Sie können einen Menüpunkt oder auch einen Befehl durch Eingabe des ersten Buchstabens der Menüpunktbezeichnung aktivieren.

INFORMIX-SQL schließen: Sie schließen INFORMIX-SQL mit der Positionierung der Auswahl *Exit* oder Eingabe von [E]. Das gilt auch für jedes weitere INFORMIX-Untermenü.

SQL-Anweisungen mit INFORMIX-SQL eingeben und bearbeiten
SQL-Anweisungen werden im Untermenü *SQL* (in früheren Versionen *RDSQL*) eingegeben und bearbeitet. Sie rufen dieses Menü über den Hauptmenüpunkt *Query-Language* auf:
Wenn Sie vorher noch keine Datenbank ausgewählt haben, wird das Datenbankauswahlmenü angezeigt: Positionieren Sie mit den Pfeiltasten den Namen der gewünschten Datenbank, und bestätigen Sie die Auswahl mit [↵].

Das SQL-Menü meldet sich mit zehn Auswahlpunkten. Die Auswahlpunkte im Menü *SQL* haben folgende Bedeutung:

Auswahl	**Bedeutung bzw. Funktion**
New	Stellt den SQL-Editor für die Eingabe einer SQL-Anweisung zur Verfügung.
Run	Startet die aktuelle Anweisung.
Modify	Stellt den SQL-Editor für Änderungen einer Anweisung bereit.
Use-editor	Eröffnet die Möglichkeit, einen anderen Editor aufzurufen.
Output	Angabe, in welche Datei oder auf welchen Drucker die Abfrageergebnisse ausgegeben werden sollen.
Choose	Aufruf von SQL-Anweisungen in Kommandodateien.
Save	Speichern von SQL-Anweisungen in Kommandodateien.
Info	Aufruf von Informationen über Tabellen der aktuellen Datenbank, Spalten der Tabellen (Columns), Indexeintragungen (Indexes), Privilegien (Privileges) und den Status.
Drop	Löscht eine Kommandodatei.
Exit	Veranlaßt die Rückkehr zum Hauptmenü.

Wie SQL-Anweisungen eingegeben, korrigiert, gespeichert, aufgerufen und gestartet werden, wird nachstehend in Einzelschritten dargelegt.

a) Anwahl des Menüpunktes *New* im *SQL*-Menü. Das System öffnet daraufhin das Editor-Fenster. Zum Editieren stehen folgende Funktionen zur Verfügung:

Taste	**Bedeutung**
ESCAPE/ [Esc]	Beendet die Befehlseingabe und veranlaßt die Rückkehr in das SQL-Menü zum Auswahlpunkt *Run*.
DELETE/ [Entf]	Löscht das positionierte Zeichen.
INSERT/ [Einfg]	Gestattet das Einfügen von Zeichen an der positionierten Stelle.
CTRL-D/ [Strg]+[D]	Löscht ab der positionierten Stelle alle Zeichen in der Zeile.

b) Geben Sie die Anweisung ein. Bei der Eingabe sind Sie in der Gestaltung an keine Form gebunden. Mit [↵] veranlassen Sie Zeilenvorschübe.

```
SELECT pname, gehalt
  FORM persdat
   WHERE geschlecht = 'M'
```

c) Drücken Sie die Taste [Esc] zur Beendigung der Eingabe.
d) In dem *SQL*-Menü starten Sie die Ausführung über den Menüpunkt *Run*.
e) Da bei der Eingabe statt FROM das Wort FORM eingetastet wurde, gibt das System eine Fehlermeldung aus. Der Cursorbalken steht automatisch auf der Auswahl *Modify*. Bestätigen Sie die Auswahl mit [↵].
f) Rufen Sie *Modify* auf, so steht der Cursor auf der fehlerhaften Stelle. Korrigieren Sie nun die fehlerhafte Stelle in der Anweisung.
g) Betätigen Sie [Esc] zur Beendigung der Korrektur.
h) Im *SQL*-Menü starten Sie die Befehlsausführung über den Menüpunkt *Run*. Die gewünschten Daten werden ausgegeben.
i) Um die SQL-Anweisung zu speichern, rufen Sie im *SQL*-Menü den Punkt *Save* auf. In der Eingabezeile geben Sie den Namen der Kommandodatei ein, beispielsweise *S1*. Das System meldet die Speicherung und kehrt in das *SQL*-Menü zurück.

j) Um eine gespeicherte SQL-Anweisung aufzurufen, wählen Sie im *SQL*-Menü die Funktion *Choose* an. Das System zeigt daraufhin die gespeicherten Kommandodateien an. Um Sie ausführen zu lassen, stellen Sie den Cursorbalken auf den Dateinamen und bestätigen Ihre Wahl mittels [↵]. Anschließend starten Sie die Ausführung der Anweisung durch *Run*.

k) Möchten Sie eine Kommandodatei löschen, so rufen Sie den Auswahlpunkt *Drop* auf. Die Namen der verfügbaren Kommandodateien werden angezeigt. Stellen Sie den Cursorbalken auf die gewünschte Kommandodatei, und geben Sie [↵] ein. Das System bittet um Bestätigung. Um die Löschung zu bestätigen, stellen Sie hinter *CONFIRM* den Cursorbalken auf *YES* und betätigen [↵].

13.4.2 INFORMIX-DBA handhaben

INFORMIX-DBA starten und beenden
Zum Aufruf der grafischen Oberfläche INFORMIX-DBA laden Sie zuerst den Datenbankserver und starten dann Windows:

```
C:\>PSTARTSQ
C:\>WIN
```

Es meldet sich Windows in der Regel mit dem Objekt *Programm-Manager*. In dem Windows-Bildschirm steht unter anderen das Objekt *Informix*.

Umgebungsvariablen in Windows vereinbaren: Zur Gestaltung der Arbeitsumgebung benötigt INFORMIX-DBA die Umgebungsvariablen, die im vorhergehenden Abschnitt in der Batchdatei INFUM.BAT erläutert worden sind. Sie veranlassen die Ausführung der Batchdatei auf folgende Weise:

Fenster/Menü	**Eingabe/Auswahlpunkt**	**Aktion**
Programm-Manager	Datei	links-klicken
Datei	Ausführen	links-klicken
Ausführen	c:\infum OK	eingeben links-klicken

INFORMIX-DBA starten: Mit einem Doppelklick auf das Sinnbild von *INFORMIX* öffnen Sie das Objekt. In dem Ordner *INFORMIX* aktivieren Sie mittels eines Doppelklicks das Objekt *INFORMIX-DBA*.

INFORMIX-DBA beenden: Klicken Sie im Fenster *INFORMIX-DBA* zweimal mit der linken Maustaste das Systemfeld an.

SQL-Anweisungen mit INFORMIX-DBA eingeben und bearbeiten
Die grafische Oberfläche INFORMIX-DBA besteht aus der Titel- und einer Menüzeile mit sieben Auswahlpunkten. Öffnen Sie das Pull-down-Menü des Hauptauswahlpunktes *File*:

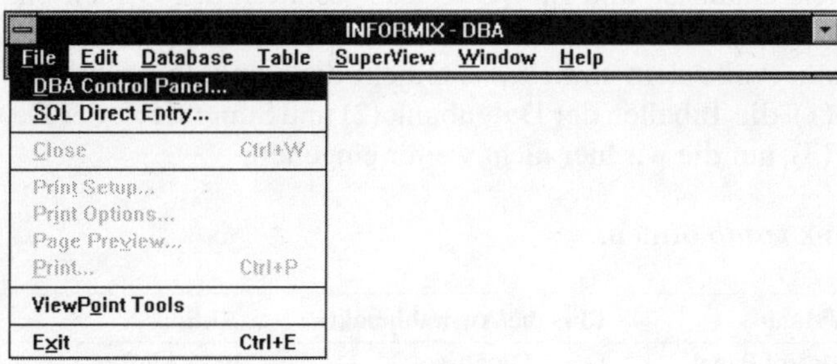

Datenbank einrichten und öffnen: Das Erstellen neuer Datenbanken, das Öffnen sowie das Löschen bestehender Datenbanken erfolgt über das Fenster *DBA Control Panel*. Es wird wie folgt aufgerufen:

Fenster/Menü	Eingabe/Auswahlpunkt	Aktion
INFORMIX-DBA	File	links-klicken
File	DBA Control Panel	links-klicken

Das Fenster *DBA Control Panel* weist folgende Struktur auf:

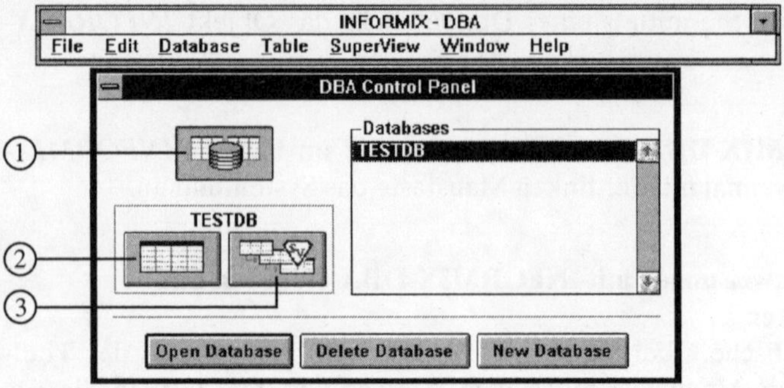

Das Objekt zeigt in dem mit *Databases* betitelten Fenster die Namen der bestehenden Datenbanken an. Die Schaltflächen *Open Database*, *Delete Database* und *New Database* gestatten das Öffnen und Löschen bestehender Datenbanken sowie das Erstellen einer neuen Datenbank. Außerdem enthält das Objekt die Symbole für die Datenbank (1), die Tabellen der Datenbank (2) und Superviews der Datenbank (3), auf die wir hier nicht weiter eingehen.

Datenbank *testdb* öffnen:

Fenster/Menü	**Eingabe/Auswahlpunkt**	**Aktion**
DBA Control Panel	Open Database	links-klicken

Nach Öffnen der Datenbank sind die Symbole für die Tabellen und die Superviews ansprechbar. Um sich die vorhandenen Tabellen der Datenbank anzeigen zu lassen, verfahren Sie wie folgt:

Fenster/Menü	**Eingabe/Auswahlpunkt**	**Aktion**
DBA Control Panel	Tabellensymbol	links-klicken

In dem Objekt werden die Tabellen in dem Fenster *Databases* genannt. Die drei Schaltflächen haben jetzt die Bezeichnungen *Edit Table*, *Delete Table* und *New Table*. Mittels dieser Schaltflächen kann die Tabellenstruktur aufgerufen, eine Tabelle gelöscht oder eine neue Tabelle erstellt werden. Ein Links-Klick auf *Edit Table* ruft die Struktur der Tabelle auf, auf deren Namen im Fenster *Databases* der

Cursorbalken steht. Mit *New Table* können Sie im Dialog eine neue Tabelle erstellen.

Eingabe von SQL-Anweisungen: In dem Fenster *SQL Direct Entry* erfolgt die Eingabe von SQL- und Datenbank-Anweisungen. Das Fenster wird wie folgt geöffnet:

Fenster/Menü	Eingabe/Auswahlpunkt	Aktion
INFORMIX-DBA	File	links-klicken
File	SQL Direct Entry	links-klicken

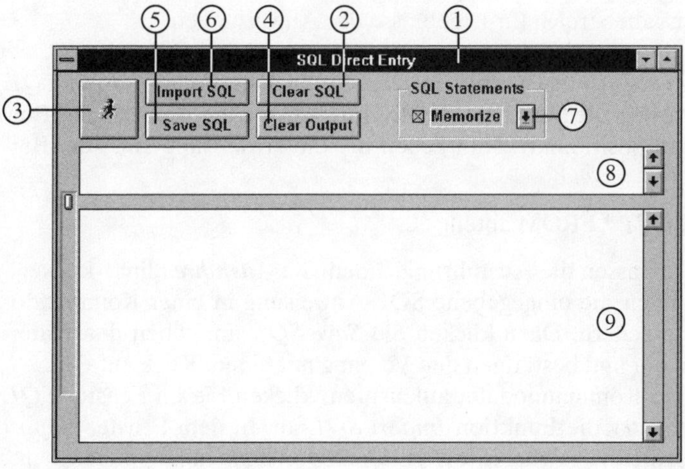

Erläuterungen:

(1) Titelzeile mit dem *Systemfeld*, dem *Entfernenfeld* und dem *Vollbildfeld*.

(2) *Clear SQL*: Aktiviert in dem Eingabebereich (8) den Cursor zum Eingeben neuer Anweisungen. Vorhandene Anweisungstexte in diesem Bereich werden gelöscht.

(3) Schaltfläche *Ausführen*: Mit dem Klicken dieses Knopfes werden eingegebene SQL-Anweisungen ausgeführt. Die Ergebnisse werden im Ausgabebereich (9) angezeigt.

(4) *Clear Output*: Die Ergebnisanzeigen im Ausgabebereich werden gelöscht.

(5) *Save SQL*: Die im Eingabebereich stehenden Anweisungen wer-

den gespeichert. Dazu geben Sie in dem mit dem Klicken von *Save SQL* aktivierten Fenster *Save* den Namen der Datei an, in der die Anweisung stehen soll. Die Kommandodatei erhält die Kennung .SQL.

(6) *Import SQL*: Damit öffnen Sie das Fenster *Import*, in dem Sie Kommandodateien zur Übertragung in den Eingabebereich (8) aufrufen.

(7) In der Memory-Datei werden die letzten 20 durchgeführten Anweisungen gespeichert. Sie können die Memory-Datei abstellen, indem Sie im Rechteck das Kreuz durch Anklicken entfernen.

(8) Eingabebereich für Anweisungen.

(9) Ausgabebereich für Ergebnisse der Anweisungen.

Um eine SQL-Anweisung einzugeben, klicken Sie im Fenster *SQL Direct Entry* die Funktion *Clear SQL* an. Der Cursor wird in das Eingabefeld positioniert. Nun geben Sie die Anweisung ein, zum Beispiel

```
SELECT * FROM abteilg
```

Sie veranlassen die Ausführung, indem Sie *Ausführen* links-klicken. Sie können die eingegebene SQL-Anweisung in einer Kommandodatei speichern. Dazu klicken Sie *Save SQL* an, geben den Dateinamen ein und bestätigen den Vorgang mit einem Klick auf *OK*.
Um eine Kommandodatei aufzurufen, klicken Sie im Fenster *SQL Direct Entry* die Funktion *Import SQL* an. In dem Fenster *Import* wählen Sie die gewünschte SQL-Datei durch einen Doppelklick aus.
In der Memory-Datei werden die jeweils letzten 20 SQL-Anweisungen gespeichert. Klicken Sie *Pfeil unten* an, so werden die Anweisungen aufgelistet. Durch ein Klick auf die gewünschte Anweisung wird diese in das Eingabefeld übernommen und kann anschließend ausgeführt werden.

13.5 SQL in DB2/2 (DATABASE 2 OS/2)

DB2/2 ist eine Datenbank von IBM unter dem Betriebssystem OS/2. Nach der Installation stehen die Objekte des Datenbanksystems in den Ordnern *DB2/2* und *Dienste für Benutzerprofilverwaltung*.

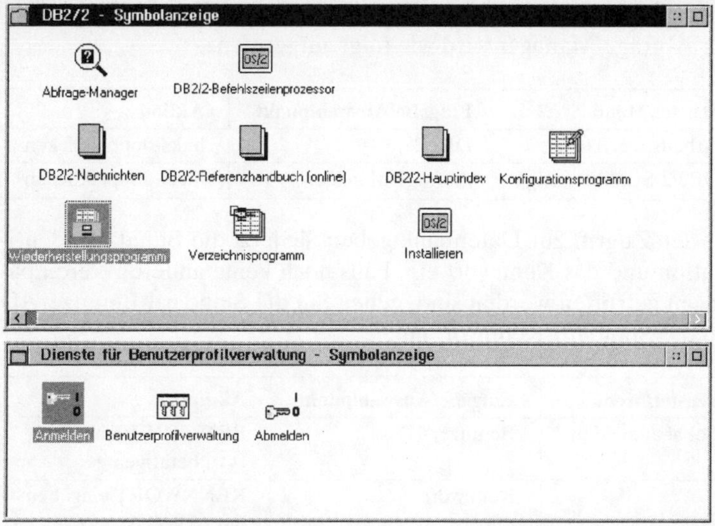

Im Ordner *DB2/2* finden Sie unter anderem die Objekte *Abfrage-Manager* und *DB2/2-Befehlszeilenprozessor*. SQL-Anweisungen werden in DB2/2 entweder im Fenster *SQL-Abfrage* des Abfrage-Managers oder mit dem Befehlszeilenprozessor DBM am OS/2-Bereitschaftszeichen eingegeben.

Ab Frühjahr 1996 gibt es die Datenbank DB2 in der Version 2. Die neue Version 2 bietet u. a. eine stark verbesserte Performance, einen erweiterten SQL-Compiler und die Möglichkeit, LOB-Datentypen (Large Object-Typen wie große Texte, Bilder, Filme, Tonfolgen) zu speichern. Den Abfrage-Manager in der nachfolgend beschriebenen Weise gibt es darin nicht mehr. Er wird durch eine Palette von Endverbraucher-Produkten ersetzt, die Visualizer heißen. Die Schnittstelle Befehlszeilenprozessor starten Sie mit DB2 und nicht mehr mit DBM. Diese neue Version beschreiben die gleichen Autoren im rororo-Buch 9834 *DB2 für OS/2*.

13.5.1 Abfrage-Manager starten

Um in das Abfragefenster *SQL-Abfrage* SQL-Anweisungen eingeben zu können, rufen Sie den Abfrage-Manager auf. Sie können ihn entweder aus der Arbeitsoberfläche von OS/2 aufrufen oder am OS/2-Bereitschaftszeichen starten.

Abfrage-Manager in der Arbeitsoberfläche starten

Der Abfrage-Manager wird wie folgt aufgerufen:

Fenster/Menü	Eingabe/Auswahlpunkt	Aktion
Arbeitsoberfläche	DB2/2	links-doppelklicken
DB2/2-Symbolanzeige	Abfrage-Manager	links-doppelklicken

Für den Zugriff zur Datenbank geben Sie jetzt die Benutzer-Identifikation und das Kennwort ein. Falls noch keine anderen Vereinbarungen getroffen worden sind, geben Sie die Standard-Benutzer-ID und das Standard-Kennwort ein:

Fenster/Menü	Eingabe/Auswahlpunkt	Aktion
Lokal anmelden	Benutzer-ID	BENUTZER eingeben [⇆] betätigen
	Kennwort OK	KENNWORT eingeben links-klicken

Das Fenster *Abfrage-Manager* wird angezeigt.

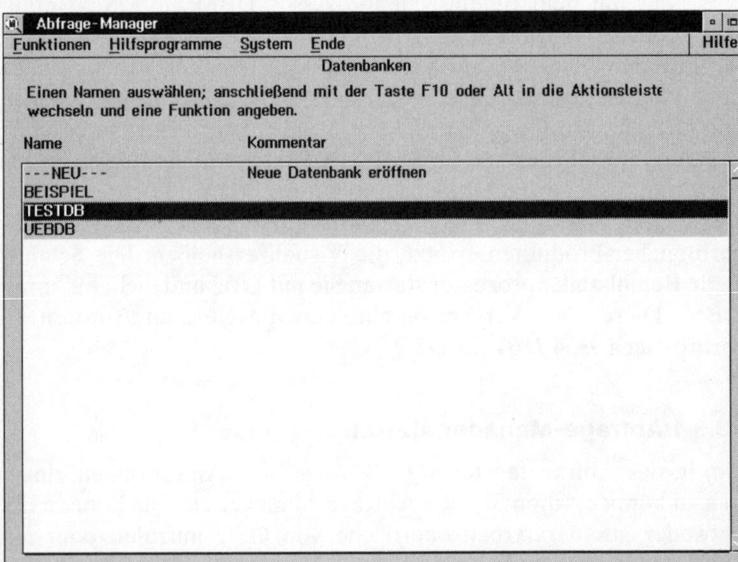

Datenbank aufrufen: Um mit der Datenbank *testdb* zu arbeiten, aktivieren wir sie im Fenster *Abfrage-Manager* und wählen in dem Menüpunkt *Funktionen* die Auswahl *Eröffnen*:
Das Hauptmenü des Fensters *Abfrage-Manager für TESTDB* enthält in der Menüzeile die Punkte *Befehle*, *Ende* sowie *Hilfe* und im Rumpf sieben Möglichkeiten zum Verzweigen in neue Fenster.

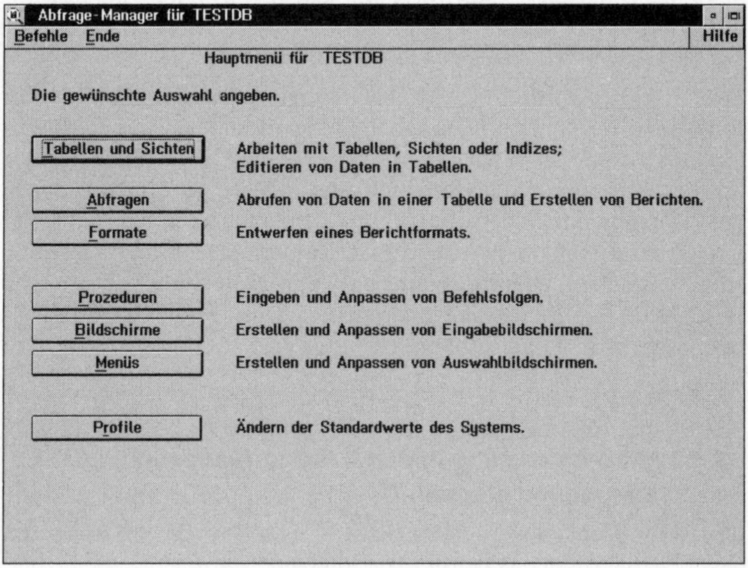

Für die Eingabe von SQL- und Datenbankbefehlen ist es nicht erforderlich, daß Sie in eine dieser Auswahlmöglichkeiten verzweigen.

Abfrage-Manager am OS/2-Bereitschaftszeichen starten

In der Regel werden Sie den Abfrage-Manager im Ordner *DB2/2* aufrufen. Es besteht aber auch die Möglichkeit, den Abfrage-Manager am OS/2-Bereitschaftszeichen zu starten. Dann müssen Sie hinter dem Bereitschaftszeichen den Datenbankbefehl QUERYMGR (Query-Manager) eingeben:

```
[C:\SQLLIB] QUERYMGR
```

Wenn Sie den Abfrage-Manager und gleichzeitig die Datenbank *testdb* öffnen wollen, geben Sie ein:

[C:\SQLLIB] QUERYMGR /DATABASE:TESTDB oder:
[C:\SQLLIB] QUERYMGR /DAT:TESTDB

Auch bei diesem Start werden Sie aufgefordert, die Benutzeridentifikation und das Kennwort einzugeben. Nach erfolgreicher Anmeldung erscheint das oben gezeigte Fenster *Abfrage-Manager für TESTDB*.

Fenster *SQL-Abfrage* im Abfrage-Manager öffnen: Im Fenster *Abfrage-Manager für TESTDB* haben Sie im Menü des Hauptauswahlpunktes *Befehle* die Möglichkeit, entweder das Objekt *SQL-Abfrage* für die Eingabe von SQL-Befehlen oder *Befehlszeile* für die Eingabe von Datenbankbefehlen aufzurufen. Datenbankbefehle rufen auf das jeweilige Datenbanksystem zugeschnittene Hilfsprogramme auf, zum Beispiel zum Importieren von Daten. Mit SQL-Anweisungen werden die in einer Datenbank gespeicherten Daten abgefragt, aktualisiert, ergänzt und gelöscht.

13.5.2 SQL-Anweisung in der Abfrage-Manager-Umgebung eingeben

SQL-Anweisungen werden im Fenster *SQL-Abfrage ---NEU---* eingegeben. Sie rufen das Fenster wie folgt auf:

Fenster/Menü	Eingabe/Auswahlpunkt	Aktion
Abfrage-Manager TESTDB	Befehle	links-klicken
Befehle	SQL-Abfrage	links-klicken

Im dem nun eingeblendeten Fenster *SQL-Abfrage ---NEU---* geben Sie die SQL-Anweisungen ein. Die Anweisungen können übersichtlich gestaltet werden. Die Betätigung der Taste ↵ bedeutet nicht das Ende des Befehlsstrings.

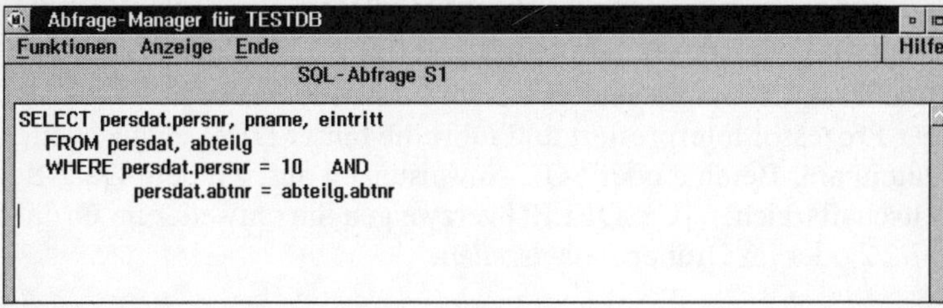

Die Ausführung einer eingegebenen SQL-Anweisung wird wie folgt veranlaßt:

Fenster/Menü	**Eingabe/Auswahlpunkt**	**Aktion**
Abfrage-Manager TESTDB	Funktionen	links-klicken
Funktionen	Ausführen	links-klicken

Aus dem Menü *Funktionen* können Sie ferner die Speicherung der eingegebenen SQL-Anweisung veranlassen. Dazu wählen Sie die Funktion *Speichern* aus. Mit der Funktion *Aufrufen* kann ein gespeicherter Befehl zur Ausführung in das Fenster *SQL-Abfrage* geholt werden. Durch die Funktion *Rücksetzen* wird der Bildschirm für neue Eingaben gelöscht.
Die im Abfrage-Manager erstellten und gespeicherten SQL-Anweisungen können nicht gesondert auf einer Diskette gespeichert werden. Das ist nur möglich, wenn sie in OS/2-Batchdateien gespeichert wurden. Diese Batchdateien werden mit dem Befehlszeilenprozessor erstellt.

Abfrage-Manager beenden: Sie verlassen den Abfrage-Manager, indem Sie in der Menüzeile die Auswahl *Ende* aufrufen. Im Untermenü wählen Sie dann den Punkt *Abfrage-Manager verlassen*.

13.5.3 SQL-Anweisungen mit dem Befehlszeilenprozessor eingeben

SQL-Anweisungen in DB2/2 können Sie auch am Bereitschaftszeichen des Betriebssystems mit dem Befehlszeilenprozessor eingeben.

Der DB2/2-Befehlszeilenprozessor ist eine Schnittstelle zwischen dem Betriebssystem und DB2/2. Sie starten ihn mit der Eingabe des Befehls DBM hinter dem OS/2-Bereitschaftszeichen [C:\SQLLIB]. Der Prozessor interpretiert und führt die hinter DBM eingegebenen Datenbank-Befehle oder SQL-Anweisungen aus. Zu dem OS/2-Bereitschaftszeichen [C:\SQLLIB] verzweigen Sie entweder im Ordner *DB2/2* oder im Ordner *Befehlszeilen*.

Bereitschaftszeichen im Ordner *DB2/2* aufrufen:

Fenster/Menü	Eingabe/Auswahlpunkt	Aktion
Arbeitsoberfläche	DB2/2	links-doppelklicken
DB2/2-Symbolanzeige	DB2/2-Befehlszeilen-prozessor	links-doppelklicken

Damit wird das Fenster *DB2/2-Befehlszeilenprozessor* geöffnet. Ein Informationstext erklärt, daß Sie hinter dem darin angezeigten OS/2-Bereitschaftszeichen [C:\SQLLIB] SQL- und Datenbankbefehle ausführen können, wenn Sie den Anweisungen den Befehl DBM voranstellen.

Bereitschaftszeichen im Ordner *Befehlszeilen* aufrufen:

Fenster/Menü	Eingabe/Auswahlpunkt	Aktion
Arbeitsoberfläche	System	links-doppelklicken
System-Symbolanzeige	Befehlszeilen	links-doppelklicken
Befehlszeilen-Symbolanzeige	OS/2 Gesamtbild-schirm	links-doppelklicken
Hinter [C:\]	CD SQLLIB	eingeben

Datenbank starten: Vor der Eingabe von DBM-Befehlen muß die Datenbank geöffnet sein. Dazu wird der Datenbank-Befehl STARTDBM oder START DATABASE MANAGER verwendet. Um die Verbindung zur Datenbank *testdb* herzustellen, wird der CONNECT-Befehl eingesetzt.

```
[C:\SQLLIB] STARTDBM
[C:\SQLLIB] DBM CONNECT TO testdb
```

Befehlseingaben mit dem Befehlszeilenprozessor

Bei der Eingabe von Befehlen hinter DBM muß der Befehl entweder vollständig eingetastet werden, bevor mit der Taste [↵] die Ausführung veranlaßt wird, oder es muß mit dem Zeichen \ ein Zeilenvorschub angewiesen werden. Der Befehl darf insgesamt 254 Zeichen nicht überschreiten.

Beispiel: Befehlseingabe ohne Zeilenvorschub.

[C:\SQLLIB] DBM CREATE TABLE ueb (uebnr SMALLINT) [↵]

Beispiel: Befehlseingabe mit Zeilenvorschub.

```
[C:\SQLLIB] DBM CREATE TABLE ueb \
dbm (Forts.) => ( \
dbm (Forts.) => uebnr SMALLINT \
dbm (Forts.) => ) [↵]
```

Besonderheit bei der Eingabe der Operatoren > und <: In der Betriebssystemoberfläche werden die Zeichen > und < als Umleitungsoperatoren verstanden. Sie müssen deshalb diesen Zeichen innerhalb von SQL-Befehlen das Zeichen ^ voranstellen oder die gesamte Anweisung hinter DBM in Anführungsstriche einschließen.

Beispiel: Befehlseingabe ohne ^.

```
[C:\SQLLIB] DBM SELECT * FROM persdat
                WHERE   pname > 'M'
```

Das Zeichen > wird in dieser Befehlskette als Umleitungsoperator definiert; deshalb wird die entsprechende Fehlermeldung im Verzeichnis C:\SQLLIB in eine Datei mit dem Namen M geschrieben. Korrekte Befehlseingaben:

```
[C:\SQLLIB] DBM "SELECT * FROM persdat
                WHERE   pname > 'M'"
```

```
[C:\SQLLIB] DBM SELECT * FROM persdat
                WHERE   pname ^> 'M'
```

Druckerausgaben: Mit dem Zusatz > PRN wird das Ergebnis der SQL-Abfrage zum Drucker umgeleitet:

[C:\SQLLIB] DBM SELECT * FROM persdat > PRN

DB2/2 am OS/2-Bereitschaftszeichen schließen: Die mit CONNECT TO erstellte Verbindung wird gelöst, wenn mit CONNECT TO eine andere Datenbank in Zugriff genommen oder die Verbindung mit CONNECT RESET gelöst wird. Der Befehl zum Beenden von DB2/2 und zur Freigabe des belegten Speichers lautet STOP DATABASE MANAGER / STOPDBM. Er wird wirksam nach CONNECT RESET.

[C:\SQLLIB] DBM CONNECT RESET
[C:\SQLLIB] STOPDBM

13.5.4 CMD-Kommandodateien erstellen und aufrufen

Die im Abfrage-Manager gespeicherten Anweisungen sind nicht im ASCII-Code abgelegt und können auch nicht mit dem Befehlszeilenprozessor aufgerufen werden. Um Kommandodateien im ASCII-Code zu erstellen, muß man die SQL-Anweisungen mit einem ASCII-Editor als OS/2-Batchdatei mit dem Dateikennzeichen .CMD speichern. Da die Datei am OS/2-Bereitschaftszeichen gestartet werden soll, muß sie den Befehl DBM enthalten.

Beispiel: Die Anweisung

SELECT DISTINCT eintritt FROM persdat

soll als Datei SELDIS1.CMD gespeichert werden. Rufen Sie dazu Ihren ASCII-Editor auf, und schreiben Sie damit in eine einzige Zeile

DBM SELECT DISTINCT eintritt FROM persdat

Speichern Sie die Datei beispielsweise in [C:\SQLLIB]. Eine CMD-Kommandodatei darf aus maximal 254 Zeichen bestehen.

CMD-Kommandodateien starten: Die Batchdatei SELDIS1.CMD starten Sie bei geöffneter Datenbank mit der Eingabe des Batch-Namens SELDIS1 am Bereitschaftszeichen [C:\SQLLIB].

[C:\SQLLIB] SELDIS1

Möchten Sie mehrere SQL-Anweisungen in einer Kommandodatei speichern, so müssen Sie die Anweisungen mit dem CALL-Befehl aneinanderreihen (vgl. Kapitel 3.4).

13.6 SQL in SQLWindows von GUPTA

SQLWindows Corporate Edition ist eine Datenbank von Gupta Corporation unter dem Betriebssystem Windows. Wir haben für unsere Beispiele die Datenbank SQLWindows 4.0 lokal unter Windows eingerichtet. Nach der Installation stehen die Objekte des Datenbanksystems in dem Ordner *SQL Windows 4.0*. Er enthält mehrere Objekte.
Geöffneter Ordner *SQLWindows 4.0* im *Programm-Manager*:

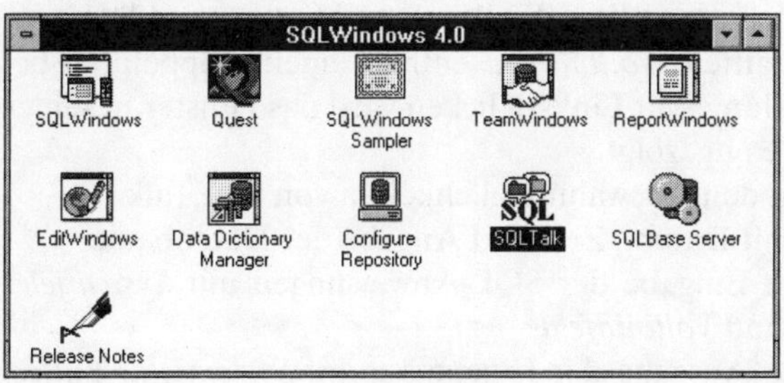

SQL-Anweisungen werden im Fenster *SQLTalk* eingegeben und bearbeitet.

13.6.1 *SQLTalk* aus *SQL-Windows* starten und beenden

Um in das Abfragefenster *SQL-Talk* SQL-Anweisungen eingeben zu können, rufen Sie *SQLTalk* im Fenster *SQL-Windows 4.0* auf:

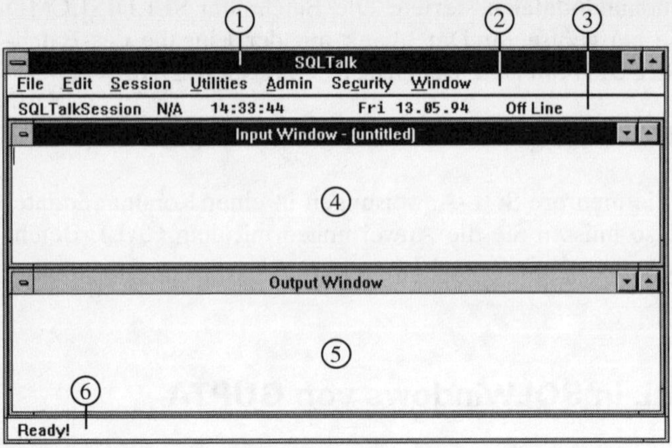

Erläuterungen:

(1) Titelzeile mit *Systemfeld*, *Entfernenfeld* und *Vollbildfeld*. Mit Links-Klicken auf das *Systemfeld* – Schaltfeld mit waagerechtem Strich – wird das zu dem Fenster gehörende Systemmenü angezeigt. Mit Links-Doppelklicken auf das *Systemfeld* wird das Fenster geschlossen. Mit Links-Klicken auf das *Entfernenfeld* – Feld mit dem nach unten zeigenden Pfeil – wird das Fenster auf Symbolgröße verkleinert und auf die Windows-Hintergrundfläche gestellt. Das Schaltfeld *Vollbildfeld* enthält einen Doppelpfeil bei Vollbilddarstellung. Mit Links-Klicken wird das Fenster in seiner Ausgangsgröße angezeigt.

(2) Menüleiste mit den Auswahlmöglichkeiten von SQLTalk.

(3) Sitzungszeile mit Datum, Zeit und Angabe der Datenbank.

(4) Fenster für die Eingabe der SQL-Anweisungen mit *Systemfeld*, *Entfernenfeld* und *Vollbildfeld*.

(5) Fenster für die Ausgabe der Ergebnisse mit *Systemfeld*, *Entfernenfeld* und *Vollbildfeld*.

(6) Statusfeld.

SQLTalk beenden: Zum Beenden der Sitzung doppelklicken Sie das *Systemfeld* von *SQLTalk*.

Sie können das Fenster *SQLTalk* auch am DOS- oder OS/2-Bereitschaftszeichen mit dem Startbefehl für Windows und dem Aufruf der Startdatei WINTALK.EXE für *SQLTalk* öffnen:

C:> WIN WINTALK

Sie beenden die Sitzung mit der Eingabe von

[Alt]+[F4]

13.6.2 Eine Datenbank einrichten

Der in Kapitel 2 besprochene Befehl CREATE DATABASE kann in SQL-Talk nicht eingesetzt werden. Um eine neue Datenbank einzurichten, wählen Sie im Fenster *SQLTalk* die Hauptauswahl *Admin* und darin die Funktion *Install Database*:
In dem Fenster *Install Database* geben Sie Ihr Paßwort ein – zum Beispiel SYSADM – und den Namen der neuen Datenbank – zum Beispiel *testdb* –, kreuzen mit Links-Klicken das Feld *New* an und klicken dann *OK*.
Fenster *Install Database* nach den Eingaben:

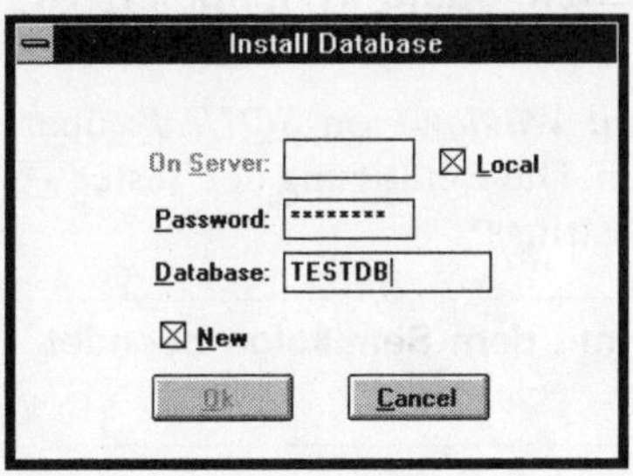

Datenbank öffnen

Bevor Sie SQL-Anweisungen eingeben können, müssen Sie eine Datenbank öffnen. Eine vorhandene Datenbank öffnen Sie in der Menüauswahl *Session* mit der Funktion *Connect*.
In der Statuszeile erscheint die Meldung «Loading Databases...». Nach einigen Sekunden Suchzeit wird das Fenster *Connect Database* angezeigt. Darin geben Sie den Namen der Datenbank, zum Beispiel *testdb*, ein und bestätigen die Eingabe mit einem Klick auf *OK*.

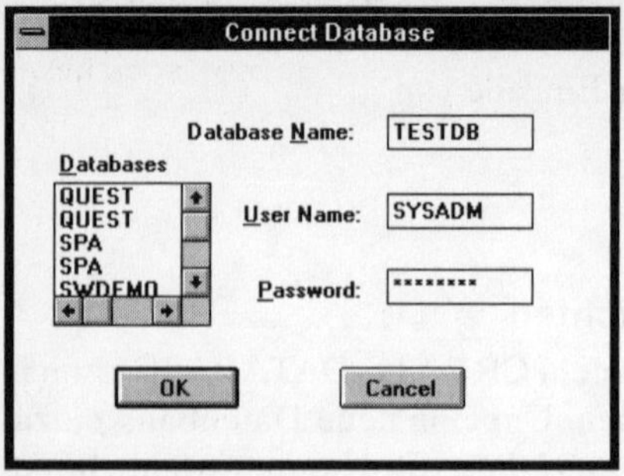

Das erfolgreiche Öffnen wird in der Sitzungszeile angezeigt. Dort steht an der Stelle von *N/A* jetzt *TESTDB/SYSADM*. Anstelle von *Off line* finden Sie bei lokaler Datenbank den Hinweis *SQLBase/Server*. Der Cursor steht im Eingabefeld.

13.6.3 SQL-Anweisungen eingeben, ausführen, speichern und laden

SQL-Anweisungen können im *Input Window* von *SQLTalk* übersichtlich gestaltet eingegeben werden. Die Betätigung der Taste [↵] bedeutet nicht das Ende des Befehlsstrings.

> **Achtung: Jede Anweisung muß mit dem Semikolon beendet werden.**

Sie veranlassen die Ausführung einer SQL-Anweisung durch Aufruf des Menüpunktes *Session*. Hier wählen Sie die Funktion *Current Command* an. Die Tastenkombination [⇧]+[F2] veranlaßt ebenfalls die Befehlsausführung.
Das Ergebnis der Abfrage wird im Ausgabebereich angezeigt.
Möchten Sie die SQL-Anweisung drucken, so aktivieren Sie das INPUT-Fenster, indem Sie mit dem Mauszeiger in das Fenster zeigen und klicken. Anschließend rufen Sie im Menüpunkt *File* die Funktion *Print* auf. Um das Ergebnis einer Abfrage zu drucken, aktivieren Sie das OUTPUT-Fenster und verfahren entsprechend.
Sind die Eintragungen im INPUT- bzw. OUTPUT-Fenster zu löschen, rufen Sie im Menüpunkt *Edit* die Auswahlpunkte *Clear Input Window* bzw. *Clear Output Window* auf.

SQL-Anweisung für spätere Aufrufe speichern
Wollen Sie eine Anweisung, die im Eingabebereich steht, speichern, so rufen Sie im Menüpunkt *File* die Funktion *Save* oder *Save As* auf. Die Kommandodatei wird unter dem angegebenen Namen mit dem Zusatz .WTS im Ausgangsverzeichnis von GUPTA im ASCII-Code gespeichert.

Gespeicherte SQL-Anweisung aufrufen und starten: Besitzt eine Kommandodatei die Kennung .WTS, kann sie im Menü *File* mit der Funktion *Open* aufgerufen werden. Die in den Eingabebereich übertragene Anweisung wird im Menü *Session* mit *Current Command* gestartet.
Mit der Funktion *Script* im Menü *Session* wird eine gespeicherte Anweisung geöffnet und sofort gestartet:

Ergebnisausgaben speichern
Sie können auch die Inhalte des Ausgabebereichs in Dateien speichern. Dazu verfahren Sie wie folgt:

Fenster/Menü	**Eingabe/Auswahlpunkt**	**Aktion**
SQLTalk	File Save Output	links-klicken links-klicken
Save Output	AUS1.TXT Printable Text OK	eingeben links-klicken links-klicken

Die Datei AUS1.TXT wird in C: gespeichert und kann dort aufgerufen werden, zum Beispiel mit TYPE AUS1.TXT. Wenn Sie die Ausgabe als ASCII-Datei mit variabler Länge wünschen, wählen Sie im Fenster *Save Output* die Auswahl *Comma Delimited*. Der von Ihnen ohne Dateikennung eingegebene Name der Ausgabedatei erhält die Kennung .CSV. Die Datei wird in C: gespeichert und kann dort aufgerufen werden. Die Spalten einer Tabellenzeile sind in dieser Datei durch Komma getrennt, nichtnumerische Werte sind in Anführungszeichen eingeschlossen.

13.7 SQL in ORACLE

Wir haben unsere Beispiele im Einplatzbetrieb im ORACLE-Dienstprogramm SQL*Plus mit Online-Eingaben mit ORACLE5 unter DOS und im SQL*Plus-Windows-Bildschirm mit ORACLE7 unter OS/2 getestet. Bei ORACLE7 für OS/2 ist die Software für das Managementsystem RDBMS für OS/2, das Dienstprogramm SQL*Plus für Windows für OS/2 und die virtuelle DOS-Maschine SQL*VDM für OS/2 installiert worden. SQL*VDM für OS/2 von ORACLE macht es möglich, daß aus Windows-Sitzungen mit SQL-Anweisungen auf den lokalen Server – oder über OS/2-SQL*Net-Protokolle auf einen im Netz installierten Server – zugegriffen werden kann. SQL*VDM ist ein TSR-Programm (Terminate-and-Stay-Resident), das nach seiner Installation automatisch geladen wird, sobald eine DOS- oder Windows-Sitzung durchgeführt wird.

13.7.1 ORACLE starten

Sie starten ORACLE mit der im System implementierten Batchdatei ORACLE.BAT beziehungsweise mit ORACLE.CMD unter ORACLE7. Die Pfade zu den benötigten ORACLE-Unterverzeichnissen sind bei der Installation eingetragen worden.
Mit der ORACLE-Batchdatei werden in ORACLE5 unter DOS das Steuerprogramm SQPLME für den Protected-Modus und die Programme ORACLE5.EXE und IOR.EXE gestartet. In ORACLE7 unter OS/2 wird SQLDBA.EXE zum Starten der Datenbank aufgerufen, mit der Anweisung CONNECT INTERNAL die Verbindung aufgebaut und mit STARTUP die Komponente ORACLE-Instance des Datenbanksystems (bestehend aus Datenbank-Cache SGA – Shared Global Area – und Server-Hintergrundprozessen) gestartet. Die Aktivitäten der einzelnen Anweisungen werden auf dem Bildschirm protokolliert.

```
C:\>ORACLE
```

Für das Arbeiten mit der Datenbank rufen Sie dann als Benutzer das Programm SQL*Plus auf.

SQL*Plus aufrufen

Unter ORACLE5 starten Sie SQL*Plus mit

```
C:\>SQLPLUS
```

Unter ORACLE7 für OS/2 rufen Sie zunächst im OS/2-Bildschirm den mit SQL*VDM installierten SQL*VDM-OS/2-Listener auf, der die Verbindung mit der Datenbank aufbaut:

C:\>VDMSRV
ORACLE SQL*VDM Listener Online Version ... ← Meldung

Verzweigen Sie jetzt in die Arbeitsoberfläche von OS/2, indem Sie [Strg]+[Esc] eingeben. In der Arbeitsoberfläche ist die Fensterliste von OS/2 geöffnet. Sie enthält die Eintragungen

- Arbeitsoberfläche-Symbolanzeige und
- Gesamt-VDMSRV.EXE.

Öffnen Sie Windows und darin SQL*Plus:

Fenster/Menü	Eingabe/Auswahlpunkt	Aktion
Arbeitsoberfläche	Windows	links-doppelklicken
Programm-Manager von Windows	Oracle	links-doppelklicken
Oracle	SQL*Plus 3.1	links-doppelklicken

Benutzerkennung und Paßwort

Nach dem Start von SQL*Plus werden Sie aufgefordert, die vereinbarte Benutzerkennzeichnung und das Paßwort einzugeben. Bei der Erstinstallation werden automatisch die Kennzeichen/Paßwörter SYS/CHANGE_ON_INSTALL und SYSTEM/MANAGER eingerichtet. In einer Organisation wird der Datenbankadministrator diese Namen unmittelbar nach der Installation ändern. Wenn die Änderung noch nicht durchgeführt ist, geben Sie diese Namen ein und bestätigen die Eingabe mit [↵]:

User-name: system
Password: manager

Nach korrekter Eingabe meldet sich SQL*Plus mit seinem Bereitschaftszeichen

SQL>

Hinter dem Bereitschaftszeichen geben Sie SQL-Anweisungen oder SQL*Plus-Befehle ein. SQL*Plus-Befehle sind Kommandos des ORACLE-Systems.

SQL*Plus beenden

Sie beenden SQL*Plus durch Eingabe von EXIT oder QUIT.

13.7.2 SQL-Anweisungen und Datenbankbefehle eingeben

SQL-Anweisungen geben Sie am SQL-Bereitschaftszeichen mit dem ORACLE-Editor ein. Die Eingaben werden in den SQL-Puffer (SQL-Buffer) geschrieben und daraus mit dem SQL*Plus-Befehl RUN gestartet. Sie können die Anweisungen auch mit Ihrem gewohnten Editor schreiben und sie mit dem SQL*Plus-Befehl GET in den SQL-Puffer übertragen und dann starten.

Beispiel: Sie wollen aus der Tabelle *persdat* die Werte der Felder *persnr* und *eintritt* jener Mitarbeiter anzeigen, deren Personalnummern größer sind als 8:

```
SQL> SELECT persnr, eintritt ↵
  2  FROM persdat ↵
  3  WHERE persnr > 8 ↵
  4  ↵
```

Nach jeder Betätigung der Taste ↵ erfolgt ein Zeilenvorschub mit Angabe der nächsten Zeilennummer. Wenn Sie hinter einer Zeilennummer keine Eingabe vornehmen und sofort ↵ drücken, wird die Eingabe beendet.

SQL-Anweisungen starten

Sie veranlassen die Befehlsausführung mit dem Befehl RUN:

SQL> RUN

Danach wird zunächst die Befehlszeichenfolge wiederholt. Die letzte Befehlszeile ist mit einem Stern gekennzeichnet. Nach einer Leerzeile werden dann die Daten unter Spaltenüberschriften angezeigt:

PERSNR	EINTRITT
9	15-MAY-85
10	01-Jan-85

SQL-Anweisungen in Kommandodateien speichern

Zum Speichern geben Sie den Namen der Speicherdatei – zum Beispiel: SEL1 – hinter dem SQL*Plus-Befehl SAVE ein. Namen, die ohne Dateikennung eingegeben werden, erhalten vom System den Zusatz .SQL.

```
SQL> SAVE sel1
```

Die Dateien werden in dem Verzeichnis abgelegt, aus dem das System gestartet worden ist, unter ORACLE5 im Hauptverzeichnis C: und unter ORACLE7 in C:\ORAWIN\BIN. Mit dem Befehl HOST/$ zum Aufruf der Betriebssystemebene und TYPE zur Ausgabe von Dateiwerten können Sie das prüfen:

```
SQL> HOST                          <- oder: HO, $
C:\>   TYPE sel1.sql               <- ORACLE5
```

bzw.

```
[C:\]  TYPE C:\ORAWIN\BIN\sel1.sql <- ORACLE7
```

Kommandodateien aufrufen und ausführen

In Kommandodateien gespeicherte SQL-Anweisungen können Sie mit dem SQL*Plus-Befehl START dateiname ausführen:

```
SQL> START sel1
```

Sie können aber auch die Befehlszeichenfolge mit dem Befehl GET in den SQL-Puffer laden und dann mit RUN starten:

```
SQL> GET sel1
SQL> RUN
```

Die Eingabe GET/RUN ist nicht möglich, wenn Sie mehrere Anweisungen zu einer Befehlsfolge in einer Kommandodatei zusammengefaßt haben. In diesem Fall muß das Kommando START verwendet werden.

Beispiel: Im Unterverzeichnis KAP3 auf der Diskette im Laufwerk A: befindet sich die Kommandodatei CRINSTAB.ORA. Sie soll ausgeführt werden. Das Kommando lautet:

```
SQL> START A:\KAP3\crinstab.ora
```

SQL-Anweisungen mit dem ORACLE-Editor bearbeiten

Der ORACLE-Editor eignet sich auch zur Bearbeitung kleinerer Änderungen und Ergänzungen. Nachstehend zeigen wir, wie Sie SQL-Anweisungen mit Editierbefehlen auflisten, ändern, aktualisieren und löschen können. Diese Editierbefehle können Sie in voller Länge eingeben oder mit dem ersten Buchstaben.

Editierbefehle:	**Bedeutung:**
L bzw. LIST	Zeigt den Inhalt des SQL-Puffers an.
L bzw. LIST n	Ruft eine bestimmte Befehlszeile auf.
C bzw. CHANGE /alt/neu/	Ersetzt Zeichenfolge *alt* durch Zeichenfolge *neu*.
A bzw. APPEND text	Hängt Text an aktuelle Zeile an.
DEL	Löscht die aktuelle Zeile.
I bzw. INPUT text	Fügt Text hinter der aktuellen Zeile ein. Neue Zeilen mit [↵] beginnen, mit [Strg]+[Alt]+[Pause] beenden.
CL BUFF bzw. CLEAR BUFFER	Löscht den SQL-Puffer.

Beispiel: Mit LIST/L die aktuelle SQL-Anweisung im Puffer mit allen Zeilen anzeigen lassen:

```
SQL> L
  1  SELECT persnr, eintritt
  2  FROM persdat
  3* WHERE persnr > 8
```

Möchten Sie eine Zeile bearbeiten, rufen Sie die betreffende Zeile mit dem LIST-Kommando auf. Die Zeile 2 wird angezeigt durch

```
SQL> L 2
  2  FROM persdat
```

Nun können Sie in der Zeile Änderungen vornehmen.

Beispiel: Mit CHANGE/C in der zweiten Zeile die Zeichenfolge *persdat* durch *abteilg* ersetzen und anschließend anzeigen:

```
SQL> C /persdat/abteilg/
SQL>  L 2
  2* FROM abteilg
```

Beispiel: Mit APPEND/A in der zweiten Zeile hinter *abteilg* die Zeichenfolge *, persdat* anhängen:

```
SQL> A , persdat
    2*  FROM abteilg, persdat
```

Beispiel: Mit DEL die aktuelle Zeile 2 löschen:

```
SQL> DEL
```

Wenn Sie lieber mit Ihrem eigenen ASCII-Editor arbeiten wollen, so können Sie ihn auf zweierlei Weise aufrufen. Wollen Sie generell mit Ihrem gewohnten ASCII-Textprogramm arbeiten, so vereinbaren Sie in der im ORACLE-Verzeichnis gespeicherten Kommandodatei LOGIN.SQL:

```
DEFINE _EDITOR = "editorname"
```

Möchten Sie aus der aktuellen ORACLE-Sitzung einen anderen Editor einbinden, so verzweigen Sie mit dem SQL*Plus-Befehl HOST/$ in das Betriebssystem und rufen dort Ihren gewünschten Editor auf.

Tabellenstrukturen anzeigen
Mit dem SQL*Plus-Befehl

```
DESC[ribe] tabellenname
```

wird die Tabellenstruktur ausgegeben, und zwar mit Angabe des Tabellennamens, des Benutzerkennzeichens, des Datentyps der Tabellenspalten, Speicherhinweisen und vorhandenen Kommentaren.

Ausgaben kopieren oder direkt drucken
Für die Ausgabe von Ergebnissen in eine Datei oder auf einen Drucker wird der Befehl SPOOL verwendet.

```
SPO[OL] [dateiname / OFF / OUT]
```

Der Begriff Spool ist die Abkürzung für Simultaneous Peripheral Operations on Line. Der SQL*Plus-Befehl SPOOL dateiname speichert Bildschirmausgaben in eine Datei. Wenn keine Dateikennung hinter dem Dateinamen definiert wird, ergänzt das System den Dateinamen mit der Kennung .LST oder .LIS. Mit dem Zusatz OFF wird das Spooling beendet, mit OUT wird die Ausgabe direkt zum

Drucker geleitet. Die Druckausgabe erfolgt aber erst nach Beendigung der SQL-Sitzung.

Beispiel: Speichern Sie die Ergebnisausgaben der Anweisung SELECT * FROM persdat in der Datei P1.TXT:

```
SQL> SPO p1.txt                          (1)
SQL> SELECT * FROM persdat               (2)
SQL> HOST                                (3)
C:\>  TYPE C:\ORACLE5\PBIN\p1.txt        (4a)
```

bzw.

```
[C:\]  TYPE C:\ORAWIN\BIN\p1.txt         (4b)
```

(1) Eingabe der SPOOL-Anweisung.
(2) Befehlseingabe.
(3) In die Betriebssystemebene verzweigen.
(4) In Betriebssystemebene feststellen, ob die Datei existiert.

13.8 Literaturverzeichnis

Petkovic, Dusan: Informix, Das relationale Datenbanksystem, Bonn und München 1991
Hagen, Manfred; Will, Liane: Relationale Datenbanken in der Praxis, Berlin und München 1993
Eiler, H.; Jansen, W.; de Volder, H.: SQL in der Praxis, Bonn und München 1990
Vetter, M.: Aufbau betrieblicher Informationssysteme mittels objektorientierter, konzeptioneller Datenmodellierung, Stuttgart 1991

Hinweis:
Autoren, Herausgeber und Verlag haben sämtliche Angaben, Hinweise und Programmlistings, die in diesem Buch aufgeführt sind, sorgfältig geprüft. Dennoch können Fehler nicht völlig ausgeschlossen werden. Die Autoren und der Verlag können deshalb keine Gewährleistung für die einwandfreie Funktion aller Angaben, Hinweise und Beispielprogramme übernehmen. Für eventuell auftretende Folgeschäden an Geräten und Programmen, die durch Benutzung der Inhalte dieses Buches entstehen können, wird keine Haftung übernommen. Für Hinweise auf Fehler und Verbesserungsvorschläge zu den Beispielprogrammen sind wir jederzeit dankbar.

Benutzte Produkt- und Warennamen
DB2/2, OS/2 sind eingetragene Warenzeichen von IBM Corporation.
SQLBase, SQLWindows, SQLTalk sind eingetragene Warenzeichen von Gupta Technologies Inc.
INFORMIX ist eingetragenes Warenzeichen von Informix Inc.
SQL*Plus ist eingetragenes Warenzeichen von ORACLE Corporation.
Windows ist eingetragenes Warenzeichen von Microsoft Corporation.
UNIX ist eingetragenes Warenzeichen von UNIX SYSTEM LABORATORIES.

13.9 Sachwortregister

Grundkurs Computerpraxis

Benno Brudermanns
Office 97: Lösungen mit Excel
(rororo computer 9868)
Excel für Windows 95
(rororo computer 9831)
Excel 5 für Windows
(rororo computer 9281)

Benno Brudermanns / Ernst Tiemeyer
Excel für Profis *Programmieren mit VBA*
(rororo computer 9257)
Office für Profis *Integrierte Lösungen mit VBA*
(rororo computer 9879)
Office 97: Lösungen mit PowerPoint
(rororo computer 9869)
PowerPoint für Windows 95
(rororo computer 9833)

Gisela Engeln-Müllges / Klaus Niederdrenk
Fortran 90 *mit Fortran 95*
(rororo computer 9826)

Paul Klimsa / Michael Maruschke
ISDN *Das schnelle Netz für alle Dienste*
(rororo computer 9843)

Helmut Erlenkötter / Volker Reher
Java *HTML, Skripts, Applets und Anwendungen*
(rororo computer 9872)

Werner Wehmeier / Gregor Kuhlmann / Bernhard Karrasch
KHK Classic Line 8 *mit Version 97*
(rororo computer 9845)

Peter Freese
MS-DOS *bis Version 6.2*
(rororo computer 9259)

rororo computer

Jochen Waßermann
MS-Money für Windows 95
(rororo computer 9847)

Paul Klimsa
Multimedia *Anwendungen, Tools und Techniken*
(rororo computer 9823)

Peter Freese / Heinrich Tofall / Werner Wehmeier
Novell NetWare *bis Version 3.11*
(rororo computer 9222)

Peter Freese
PC-Starter *Computer einfach bedienen*
(rororo computer 9856)

Bernd Neuhaus / Joachim Röhl / Johannes Verhuven
Power für den PC *Sinnvoll aufrüsten, gezielt Schwächen beseitigen*
(rororo computer 9835)

rororo computer wird herausgegeben von *Ludwig Moos*. Ein Gesamtverzeichnis aller lieferbaren Titel finden Sie in der *Rowohlt Revue*. Jedes Vierteljahr neu. Kostenlos in Ihrer Buchhandlung.

Grundkurs Computerpraxis

Grundkurs Computerpraxis bietet Schulungskurse im Taschenbuchformat, die systematisch die Grundlagen für gängige Anwendungsprogramme vermitteln. Von erfahrenen Didaktikern in der Ausbildungspraxis erprobt, bieten sie einen effektiven Zugang zu Standardsoftware, Betriebssystemen und Programmiersprachen.

Benno Brudermanns / Gregor Kuhlmann / Lutz Seemann
Office 97: Lösungen mit Access
(rororo computer 9870)
Access für Windows 95
(rororo computer 9832)
Access 2 für Windows
(rororo computer 9810)

Reiner Backer
Assembler
(rororo computer 9249)

Hans Stiehl / Dirk Helbig
AutoCAD für Windows *Der Einstieg*
(rororo computer 9809)

Helmut Erlenkötter / Volker Reher
Programmiersprache C *Visual C, Quick C, MS-C/C++, Turbo-, Borland C++*
(rororo computer 8166)
C++ für Windows 95 / NT *32-Bit-Programmierung mit MFC*
(rororo computer 9866)
C für Windows *Visual C++, Borland C++, Turbo C+*
(rororo computer 9234)
Objektorientiertes Programmieren in C++
(rororo computer 9282)

rororo computer

G. Kuhlmann / A. Parkmann
J. Röhl / J. Verhuven
Computerwissen für Einsteiger
(rororo computer 9825)

Michael Monka / Werner Voß
CorelDraw 5 *Mit Corel Ventura*
(rororo computer 9280)

Gregor Kuhlmann / Friedrich Müllmerstadt
DB 2 *für OS/2*
(rororo computer 9834)

Helmut Erlenkötter / Volker Reher
Delphi für Windows
(rororo computer 9858)

rororo computer wird herausgegeben vom *Ludwig Moos*. Ein Gesamtverzeichnis aller lieferbaren Titel finden Sie in der *Rowohlt Revue*. Vierteljährlich neu. Kostenlos in Ihrer Buchhandlung.

Rowohlt im Internet:
http://www.rowohlt.de

3434/6